本发掘报告由
河南省文物局2020年度省级文物保护专项补助资金
河南大学历史文化学院科研经费
资助出版

2015年度国家社会科学基金重点项目
“河南开封潘湖遗址考古发掘报告”（15AKG002）结项成果

开封潘湖遗址考古发掘报告

开封市文物考古研究所
河南大学历史文化学院 编

科学出版社
北京

内 容 简 介

潘湖遗址位于开封市区中心北部的龙亭公园一带，大部分被淹没于龙亭公园范围内的潘湖和杨湖底部，潘湖遗址发现于1981年春，当时，开封市的园林部门在潘湖中堆筑湖心岛的过程中，意外地“触摸”到了明代周王府的遗迹，由此拉开了开封城下城考古的帷幕，蒙在开封城下城之上的神秘面纱也随之被层层揭开。本书为潘湖遗址多年来发掘文物及遗迹成果的系统整理及研究，对于揭露宋元明清时期开封的古建筑历史、城市面貌、文物特色具有重要价值。

本书适合对于开封城市历史、考古发掘与文物研究感兴趣的专家学者及社会人士阅读。

图书在版编目（CIP）数据

开封潘湖遗址考古发掘报告 / 开封市文物考古研究所，河南大学历史文化学院编．—北京：科学出版社，2021.9

ISBN 978-7-03-069696-0

Ⅰ.①开… Ⅱ.①开… ②河… Ⅲ.①考古发掘－发掘报告－开封
Ⅳ.① K872.613

中国版本图书馆CIP数据核字（2021）第180543号

责任编辑：张亚娜　郑佐一 / 责任校对：王晓茜
责任印制：肖　兴 / 封面设计：美光设计

科学出版社 出版
北京东黄城根北街16号
邮政编码：100717
http://www.sciencep.com

北京汇瑞嘉合文化发展有限公司 印刷
科学出版社发行　各地新华书店经销
*
2021年9月第　一　版　开本：889×1194　1/16
2021年9月第一次印刷　印张：10　插页：60
字数：306 000

定价：198.00元

目　录

插图目录

插 表 目 录

彩 版 目 录

图 版 目 录

第一章　概　　述

第一节　开封地理环境与历史沿革

一、开封地理环境

豫东平原地处黄河大冲积扇的东南翼，与鲁、苏、皖三省接壤，跨黄河、淮河两大水系。开封位于豫东大平原的中心部位，介于东经113° 52′ 15″—115° 15′ 42″、北纬34° 11′ 45″—35° 01′ 20″之间，海拔69—78米，西距省会郑州70余千米，东邻商丘，南邻许昌和周口，北依黄河、与新乡隔河相望（图一）。

开封属于暖温带大陆性季风气候，主要受蒙古高压、太平洋副热带高压交替控制，四季分明，光照充足，气候温和，雨量适中；冬季寒冷干燥，春季干旱多风沙，夏季高温多雨，秋季天高气爽，春秋短促，冷暖适宜。年均气温14℃，年均降水量670毫米，降水多集中在夏季七八月份。

开封位于黄河南岸，属于典型的黄河冲积扇平原，为第四纪松散层所覆盖，沉积物深达300—500米。地势总趋势由西北向东南倾斜，由于黄河多次在开封境内决口、泛滥、改道，留下了许多故道残堤、缓岗、沙丘与槽状洼地。境内微地形起伏不平，微地貌差异显著，形成了类型多样、差异明显的中小地貌和微地貌形态。根据引力作用的不同和堆积物的特性，以及地表基本形态的差异，可分为临黄滩地，背河洼地，冲积、风积砂地，黄河故道，黄土岗地，泛淤平地六种微地貌单元①。

开封地区土壤的形成和发育由于受黄河冲积的影响，成土母质主要为黄河冲积物。长期以来，受自然变化和农耕活动的影响，土壤可分为4类，8个亚类，13个土属，55个土种。其中潮土②是开封境内广为分布的土壤类型，占全市总土壤面积的百分之九十七。潮土是由黄河

---

① 开封市地方史志编纂委员会：《开封简志》，河南人民出版社，1988年，第25页。

② 潮土是河流沉积物受地下水运动和耕作活动影响而形成的土壤，因有夜潮现象而得名，曾称冲积土，后又相继易名为碳酸盐原始褐土、浅色草甸土和淤黄土，1959年全国第一次土壤普查后定为现名，其主要特征是地势平坦、土层深厚。潮土在我国多分布于黄河中、下游的冲积平原及其以南江苏、安徽的平原地区和长江流域中、下游的河、湖平原和三角洲地区。

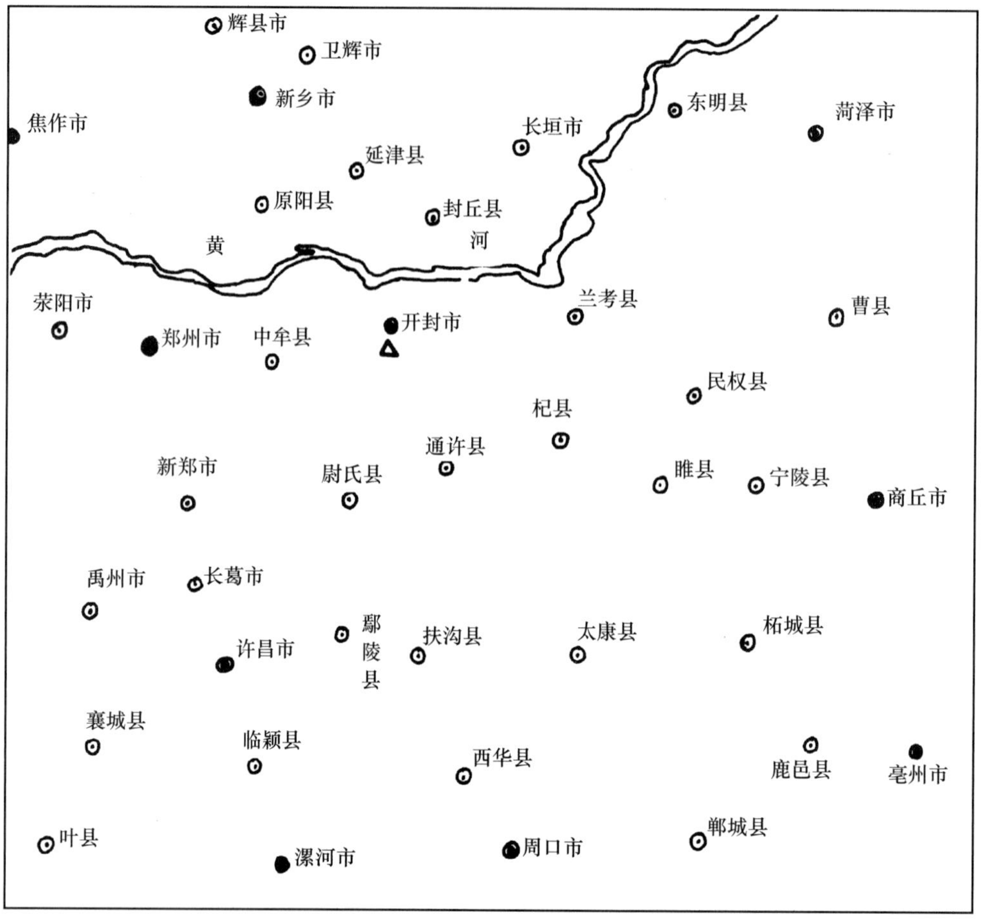

图一　开封市地理位置示意图

冲积物发育而成，受地下水的影响，土体内氧化还原过程交替发生，形成明显的锈纹、锈斑；质地受河流泛滥影响，分选作用明显。水平分布上成土母质颗粒差异大，垂直分布上分选差异明显，沉积层次分明，沙黏相间，厚度不一，土体结构复杂。依据成土母质来源和受地下水影响程度不同，潮土又分为潮土、灌淤潮土、盐化潮土、碱化潮土、褐土化潮土、湿潮土 6 个亚类[①]。

开封境内地平无山，河流、湖泊较多，地上、地下水资源丰富，自然生态环境较好。境内河流分属黄河、淮河两大水系，黄河大堤以北滩区为黄河水系，流域面积约 263.76 平方千米；黄河大堤以南属淮河水系，主要河道有惠济河、马家河、黄汴河、贾鲁河、涡河等，流域面积约 5913 平方千米。开封城区内有包公湖、龙亭湖、铁塔湖、阳光湖等，湖水面积约占城区面积的四分之一，素有“北方水城”之美称。另外开封境内地下水储量比较丰富，埋藏一般较浅，总体来说北部地区地下水位高、南部地区地下水位低。黄河大堤以北高滩地带地下水位约 5—8 米；黄河大堤以南至陇海铁路以北地区约 1—2 米；陇海铁路以南地区约 2—4 米不等。

① 开封市地方史志编纂委员会：《开封简志》，河南人民出版社，1988 年，第 34 页。

二、开封历史沿革及行政区划

开封历史悠久，文化底蕴厚重，是驰名中外的八朝古都。早在1956年，考古工作者就曾在开封城南的尉氏兴隆岗采集到了距今8000—7000年、属于新石器时代裴李岗文化特征的石磨盘和陶器等，由此唤醒了人们对远古时期开封的憧憬[①]。1989—1992年，开封市文物工作队与郑州大学历史系考古专业等单位组成考古队，先后对开封所属的杞县段岗、牛角岗、鹿台岗等遗址进行了大规模的考古发掘，相继发现了一批距今5000—3000年的河南龙山文化、二里头文化、先商文化、岳石文化、早晚商文化以及东周时期文化的遗迹和遗物，开创了开封地区新石器时代和夏、商、周考古的先例，初步填补了开封地区新石器时代考古学文化的空白[②]，并据此揭示出今杞县一带，曾经是夏代夏、商、夷三族及其考古学文化的重要交汇地域[③]。

另据历史文献记载，夏代还曾在今开封附近建都。《古本竹书纪年辑证》记载："帝宁（杼）居原，自原迁于老丘。"老丘一地，《左传·定公十五年》杜预注："老丘，宋地也。"清顾栋高《春秋大事表》曰："今开封府陈留县东北四十五里有老邱城。"《大清一统志·开封府·古迹》引《寰宇记》云："（老邱城）在陈留县北四十五里。"可见夏都老丘的位置就在今开封陈留一带[④]。另有学者考证，今开封城东北约45华里的开封杜良乡"国都里"村及其附近，就是夏都老丘所在地[⑤]。

在距今2700多年前的春秋时代时期，周王室衰落，列国争霸，各地的诸侯国不断增建新城，形成了中国城市发展史上一次城市建设的高潮。开封地区已经考古探明最早的建城历史，也出现在这一历史时期。当时雄心勃勃，一心想称霸诸侯的郑庄公（前743—前701年）看到开封一带地处平原，土地肥沃，为兵家必争之地，遂在此圈地为城，取"启拓封疆"之意命名"启封"。汉初因避景帝刘启之名讳，将"启封"更名为"开封"，这便是开封名称的由来。后经考古探明，"启封城"位于今开封城南约25千米的朱仙镇古城村附近[⑥]。

战国时期，魏惠王将国都由山西安邑东迁至大梁（今开封），并在此建筑大梁城。这是有明确历史记载在今开封城位置的第一次建都。大梁城在魏迁都前名为"仪"，原是卫国南部边境上的一座城邑，与郑庄公所筑之启封城隔蓬泽相望，距离约25千米。魏惠王迁都大梁后，大规模营建城池，建宫殿，造苑囿，开凿鸿沟，铸造钱币，聚集人口，发展农业、手工业和商业。仅仅十多年时间，大梁城面貌骤变，由普通城邑一跃为中原地区著名的工商都会，魏国也

---

① 开封地区文物管理委员会、新郑县文物管理委员会、郑州大学历史系考古专业：《裴李岗遗址一九七八年发掘简报》，《考古》1979年第3期。

② 郑州大学文博学院、开封市文物工作队：《豫东杞县发掘报告》，科学出版社，2000年。

③ 宋豫秦：《夷、夏、商三种考古学文化交汇地域浅谈》，《中原文物》1992年第1期。

④ 李民、张国硕：《夏商周三族源流探索》，河南人民出版社，1998年，第145、146页。

⑤ 刘春迎：《夏都"老丘"考——从开封地区已经发现的二里头文化遗存中求证》，《中原文物》2014年第3期。

⑥ 丘刚：《启（开）封故城遗址的初步勘探与试掘》，《中原文物》1994年第2期。

随之成为“拥土千里，带甲三十六万”的强盛国家。魏都大梁共140年，历七代君王，是开封城历史上第一个强盛时代。

公元前225年，魏国为秦所灭。在围攻大梁的战役中，秦将王贲久攻不下，引鸿沟之水灌城，魏王被迫请降。秦灭魏后，以魏地为砀郡，将大梁改置为砀郡属辖的浚仪县，被洪水淹没后的大梁城也成了一片废墟。

西汉建立后，高祖刘邦分立梁国，于公元前202年封彭越为梁王，国都大梁。公元前196年，彭越以谋反罪被杀，刘邦改立其子刘恢为梁王，以后又有吕产、刘楫先后为梁王，都城均在大梁。公元前168年，汉文帝迁淮南王刘武为梁（孝）王，刘武嫌大梁地势低洼潮湿，遂迁都睢阳（今商丘）。此后，大梁又成了普通的县治（浚仪）。

南北朝时期，浚仪先在北魏的统治下，后属于东魏和北齐的领土。东魏孝静帝天平元年（534年），在浚仪设置梁州。北朝周武帝建德五年（576年），北周灭掉北齐占领梁州，因城临汴水，为黄河与淮河间的水运要地，又改称汴州。这是开封称作汴州的开始。

隋初沿用北周时期的州、郡、县三级地方行政制度，开皇三年（583年）废除郡制，实行州、县两级制，陈留郡被废除，只留汴州建置。隋炀帝开凿的大运河，疏通了鸿沟故道，开通了汴河，使汴州成为隋朝东部沟通江淮的东大门户，值此良机，汴州很快便发展成为南北物资和人才的汇聚之地。

唐代，由于汴河漕运的通畅，汴州城的经济和军事地位也日益重要。唐德宗建中二年（781年），时任汴州刺史的李勉开始扩筑汴州城，历史上也称“筑罗城”。根据《北道刊误志》等文献记载，李勉扩筑后的汴州城规模宏大、坚固宽广，周长约20里155步，面积较今日之开封城略小；共有7座城门，其中宋门、曹门、大梁门等名称沿用至今；当时城内修建的州桥、相国寺等著名的桥梁和宗教建筑，在今天的开封城中仍可探寻到其踪迹。

五代时期，后梁、后晋、后汉、后周先后定都汴州，号为东京开封府，开封城获得新的发展，城市地位也大大提高。唐天祐四年（907年），朱温废唐哀帝建梁，史称“后梁”。朱温升汴州为开封府，命为东都。后梁政权共存17年，都城和皇宫基本上因袭唐汴州城。后晋天福二年（937年），石敬瑭迁都汴州。后晋开运四年（947年），河东节度使刘知远在太原称帝，后立都汴州，改国号“汉”，史称“后汉”。后汉乾祐四年（951年），枢密使郭威灭汉称帝，改国号“周”，史称“后周”，仍都汴州。后周广顺二年（952年），太祖郭威诏开封府修补京师“罗城”，在原有城墙的基础上修补罗城。后周显德二年（955年）世宗柴荣颁诏兴建新城，新城周长48里233步，为了与原唐汴州城区别，称为“外城”。周世宗新建的外城，扩大了原汴州城规模、拓宽了街道，彻底改变了已沿用170余年的唐汴州城的面貌，自此形成了由外城、内城、皇城三重城垣层层套叠的开封城新格局。

显德七年（960年），后周殿前都点检赵匡胤发动“陈桥兵变”，夺取政权，建立宋朝，史称“北宋”。北宋定都开封后，仍沿用后周时的三重城垣，并多次对其进行修葺、增筑或扩建，逐步完善了其军事防御功能。北宋时期，汴河、蔡河、金水河、五丈河等河流横贯东京城，漕运交通便利，使东京城处于“天下之枢”“万国咸通”的有利地位。东京城经济繁荣、文化生活丰富，人口逾百万，富丽甲天下，不仅是全国的政治、经济、文化中心，也是当时世界上人口最多、最繁华的大都市。有宋一代，出现了泽被后世的“四大发明”，造就了保留至今的铁塔、繁塔，成就了流传千古的《清明上河图》，孕育了脍炙人口的宋词。

北宋靖康元年（1126年），东京城被金人攻破，大宋政权退守临安（今杭州），遭金人洗劫后的东京城满目疮痍、一片凋零，昔日繁华的都会顿成一座空城。南宋绍兴二年（1132年），金人的傀儡政权大齐政权迁都开封。南宋绍兴七年（1137年），金废大齐政权，在开封设行台尚书省，称汴京。金贞元元年（1153年），大金皇帝完颜亮改汴京为南京开封府，作为陪都，并营建南京宫室，在宋皇宫之外新筑一道城作为皇城，将原宋皇城作为宫城，完成了皇城与宫城的正式分离，使其宫室制度更趋于完善和合理[①]。金正隆六年（1161年）三月，完颜亮正式迁都汴京。同年九月，金国后方叛乱，完颜亮被弑，夺权上位的金世宗仍定都中都燕京（今北京），至此金人的第一次迁都汴京宣告结束，开封又降为陪都。金代后期，崛起于漠北草原上的蒙古族逐渐强大，日益成为金人的劲敌，开始向金国大举进攻，并很快就屯兵燕京城下。为形势所迫，金贞祐二年（1214年）秋七月，金宣宗不得不再次迁都汴京，自此至天兴元年（1232年）金哀宗出逃，开封作为金朝末年的国都共历二帝，为时近20年。宣宗迁都开封后，曾在开封“再筑子城”，即在原东京内城的基础上，东、西墙位置不变，南、北墙分别向外拓展300余米，改建后的城墙便是今日开封城墙的前身[②]。

公元1233年，蒙军占领了汴京，经过长年战争破坏，汴京一片凄凉，失去往日都城的繁盛风采。元灭金后，在开封设置河南江北行省，并改开封府为南京路，后又更名汴梁路，此为开封称汴梁之始。元末明初，小明王韩山童、刘福通率领的红巾起义军，在安徽亳州建立了国号为大宋的农民政权，建元“龙凤”，至正十八年（1358年），汴梁成为“龙凤”政权迁都之地。

公元1368年，朱元璋称帝，建立明朝。洪武元年（1368年）朱元璋两次巡幸开封，并于该年五月改汴京路为开封府，八月又下令以金陵（今南京）为南京、开封为北京，开封成了明朝的陪都。朱元璋诏令在金代汴京里城的基础上修建“砖城”。洪武十一年（1378年），朱元璋废去开封“北京”称号，改封第五子吴王朱橚为周王，建藩开封，开封自此成了周王的府地。因明朝的开封地处中原，漕运、交通便利，财力雄厚，位居城中核心位置的周王府又建在宋、金皇宫故基之上，故曾有“势若两京”“天下藩封数汴中”之美誉。

明代，黄河河道逐渐南移，开封成为黄河水患首当其冲的受害者。自洪武元年（1368年）至弘治十八年（1505年）的138年间，黄河在开封城周边有决溢的达59年，其间两次水淹开封城区[③]，给开封城带来严重的危害。为了抵御黄河水患，河南境内军民开始在黄河南北两岸构筑堤防，开封城的四周还陆续修建了护城大堤。明末崇祯十五年（1642年），李自成率领的农民起义军三围开封，是年农历九月十五日夜，黄河被人为决口[④]，洪水直冲开封城而去，开封城遭受灌城之灾，

---

① 刘春迎：《金汴京（开封）皇宫考略》，《文物》2005年第9期。

② 刘春迎：《金代对汴京（开封）城的营建》，《河南文物考古论集·4》，大象出版社，2006年。

③ 刘春迎：《考古开封》，河南大学出版社，2006年，第236页。

④ 史学界有李自成起义军决黄河口之说，也有官军决黄河口之说，尚无定论，为避免争议，此处采用“人为决口”的说法。

“居人溺死者十有八、九，救援不及一、二”①。洪水退后，泥沙掩埋了城池，只有开封城墙、铁塔、繁塔等高大建筑露出水面，河床被淤没，土地盐碱化，自此，开封城昔日的繁华消失殆尽。

清代，开封仍为省、府治所，且仍不断遭遇水患，每次洪水退后清政府都要对开封城进行整治、修复。道光二十一年（1841 年），洪水再次围困开封城达 8 个月之久，幸经王鼎、林则徐等人率众筑堤，才使开封城免受了又一次的沉溺之灾。道光二十二年清政府对开封城再次重修，重修后的开封城墙周长 28 里许，高 3 丈 4 尺，女墙高 6 尺，上宽 1 丈 5 尺，底宽 2 丈，城墙外壁用一色青砖砌筑，内侧护坡为三七灰土夯筑，城门升高一丈，月城、城楼皆复其旧，全城共有城楼 5 座，角楼 4 座，马面 84 处，城门之外恢复了瓮城，城墙的四周环绕有护城河②。经本次修复后即成为今日开封城墙。

民国二年（1913 年）废府改道，开封属于豫东道。民国十八年（1929 年），设立开封市。民国二十一年（1932 年）设开封行政督察区。1938 年日军占领开封，省会西迁，次年日伪在开封成立河南省政府。1945 年日本投降，民国政府恢复开封原来的建置。1948 年，开封解放，成立开封特别市，仍为河南省会。1954 年，省会由开封迁往郑州，开封改为省直辖市。1955 年郑州专区驻地迁至开封，改称开封专区，1958 年开封市委托开封专区管辖，1962 年开封恢复为省直辖市。1983 年实行“市带县”体制，撤销开封专区，将原属专区的杞县、通许、尉氏、开封、兰考五县划归开封市管辖。

开封现辖杞县、通许县、尉氏县、兰考县和祥符区、龙亭区、顺河回族区、鼓楼区、禹王台区、城乡一体化示范区，其中兰考县系省直管县、城乡一体化示范区归龙亭区建制。全市总面积 6266 平方千米，其中市辖区面积 1849 平方千米，根据 2010 年第六次全国人口普查，全市常住人口为 4676159 人。

三、开封与黄河的特殊关系

开封几千年的历史变迁、沧桑巨变，很大程度上与黄河息息相关，在史学界，曾有人用一句话总结历史上开封的兴衰，那就是“兴也黄河，衰也黄河”。黄河，这条举世无双的地上悬河在缔造了五千年光辉灿烂的中华文明的同时，也给位于它脚下的古城开封带来了严重的安全威胁和无数次的生死劫难。

“黄河之水天上来，奔流到海不复回”是唐代著名诗人李白对黄河自天而降、一泻千里宏伟景观的咏叹；“河底日隆堤日高，黄河竟是天上涛”则是开封人对黄河的描述和评价。黄河每年从中上游特别是黄土高原一带挟带来的大量泥沙，在进入华北平原以后，由于地势平坦，流速降低，便大量沉淀下来。黄河是世界上含沙量最大的河流，从 1919 年开始对黄河的实际测量数据显示，平均每年由黄河挟带来的泥沙多达 16 亿吨，而在多沙的年份，下游河道最大的淤积量可达 20 亿吨（图二）。

① 孔宪易校注：《如梦录·著者原序》，中州古籍出版社，1984 年，第 14 页。

② 此据开封博物馆馆藏《重修汴梁城记》《重修河南省城碑记》。

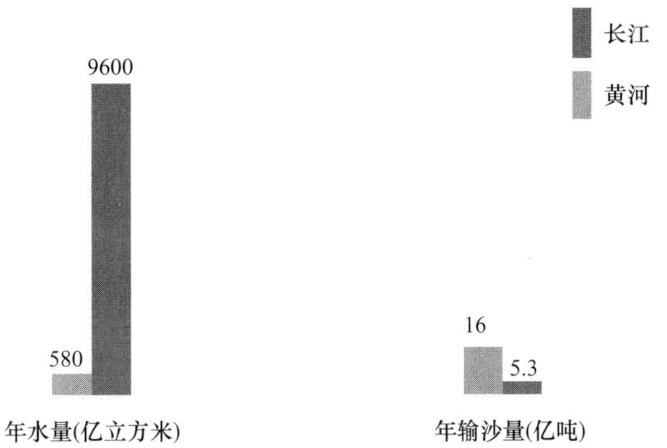

图二　黄河、长江年水量与年输沙量对照图
（摘自《中国地理杂志》2008 年第 5 期）

黄河泥沙淤积的现象在开封境内尤为明显。据统计，开封段的黄河河床，平均每年抬高约 10 厘米，这样年复一年，开封境内的黄河便形成了名副其实的“地上悬河”奇观。

历史上每次洪水过后，都在地面上形成了厚厚的淤沙和黄泥，这样，一层层的淤沙黄泥，便把开封历史上的一座座古代城池深深地淤没在了地下。大量的考古勘探和发掘表明，开封城下共埋有六座城池，分别是：战国时期魏的大梁城、唐代的汴州城、五代及北宋时期的东京城、金代汴京城、明代开封城和清代开封城。这些城池按照时代由早到晚，地层自下而上的顺序叠压在了一起，从而构成了开封“城下城”“城摞城”的奇特景观①（图三）。

时至今日，从开封城地势的特点上，仍然可以看出这些淤积层的影子。今天开封城的特点是城外高、城内低，这是因为每次洪水围城时，由于受到了城墙的阻挡，泥沙在城外形成的堆积较厚、在城内形成的堆积较薄所造成的。

今开封大南门外地面的海拔约 72 米，门内地面的海拔约 69 米，城门内外海拔落差仍可达 3 米左右。如今，开封历史上的夷山、繁台、禹王台等早已被泥沙淤平；北宋时期兴建的铁塔底座也早已被黄河泥沙掩埋，开封近郊的黄河河床底部，已与铁塔的第③层持平；元代修建的延庆观之玉皇阁，当年的地面也已经“下沉”到了今地面的 3 米以下②（彩版一）；位于开封闹市中心的鼓楼广场竟然低于黄河河床 10 多米。据测量，黄河的河床底部比开封市内的地面平均要高出超过 13 米左右（图四）。

开封市文物工作队综合近年来在开封城区文物勘探的情况，绘制出了开封城下城地层堆积示意图，其中汉、唐时期的文化层距今地表深约 12—14 米；宋代文化层距今地表深约 10—12 米；金代文化层深距今地表深约 8—9 米；明代文化层距今地表深 6—7 米；清代文化层距今地表深约 3—4 米，其中明清文化层之间以及清代文化层之上均有厚厚的淤沙层（图五）。

---

① 刘春迎：《揭秘开封城下城》，科学出版社，2009 年，第 3 页。

② 经国家文物局批准，自 2008 年 11 月开始实施了延庆观玉皇阁的顶升保护工程，2010 年 1 月竣工后始成今状。

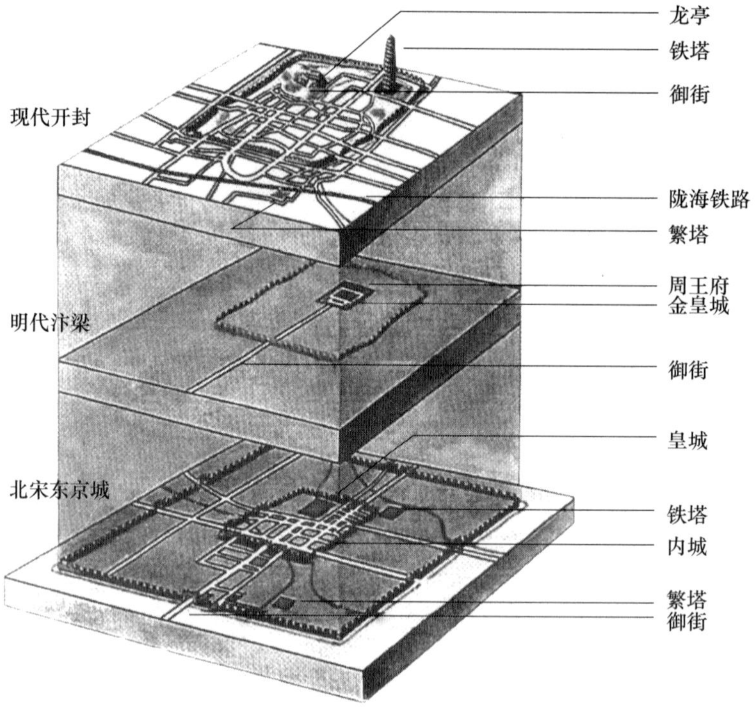

图三　开封城下城示意图

（摘自刘春迎：《考古开封》，河南大学出版社，2006 年）

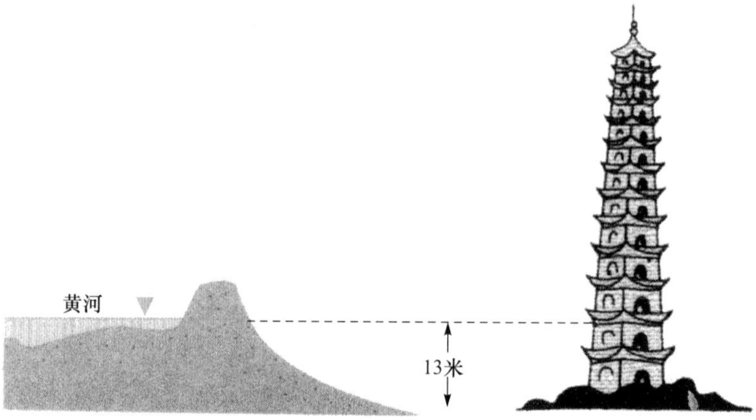

图四　开封附近"悬河"示意图

（摘自《中国地理杂志》2008 年第 5 期）

从今开封城郊内外地表以下厚厚的泥沙中，人们至今仍然可以感受到滔滔的黄河水给这座古老的城市所带来的一次次沉重的灾难，给这座城市的先民们所造成的一次次心灵的创伤。然而，开封历史上一代代的先民们，特别热爱自己脚下的这片热土，面对着一次次洪水退后的一片片废墟，他们一次次重建家园，真可谓"银筝金甲都消歇，弹指桑田又可耕"[①]。因此，从某种意义上来说，黄河就是开封城沧桑变化最原始的推动力。

① （清）宗观：《大梁》，《祥符县志 · 艺文》卷一十一。

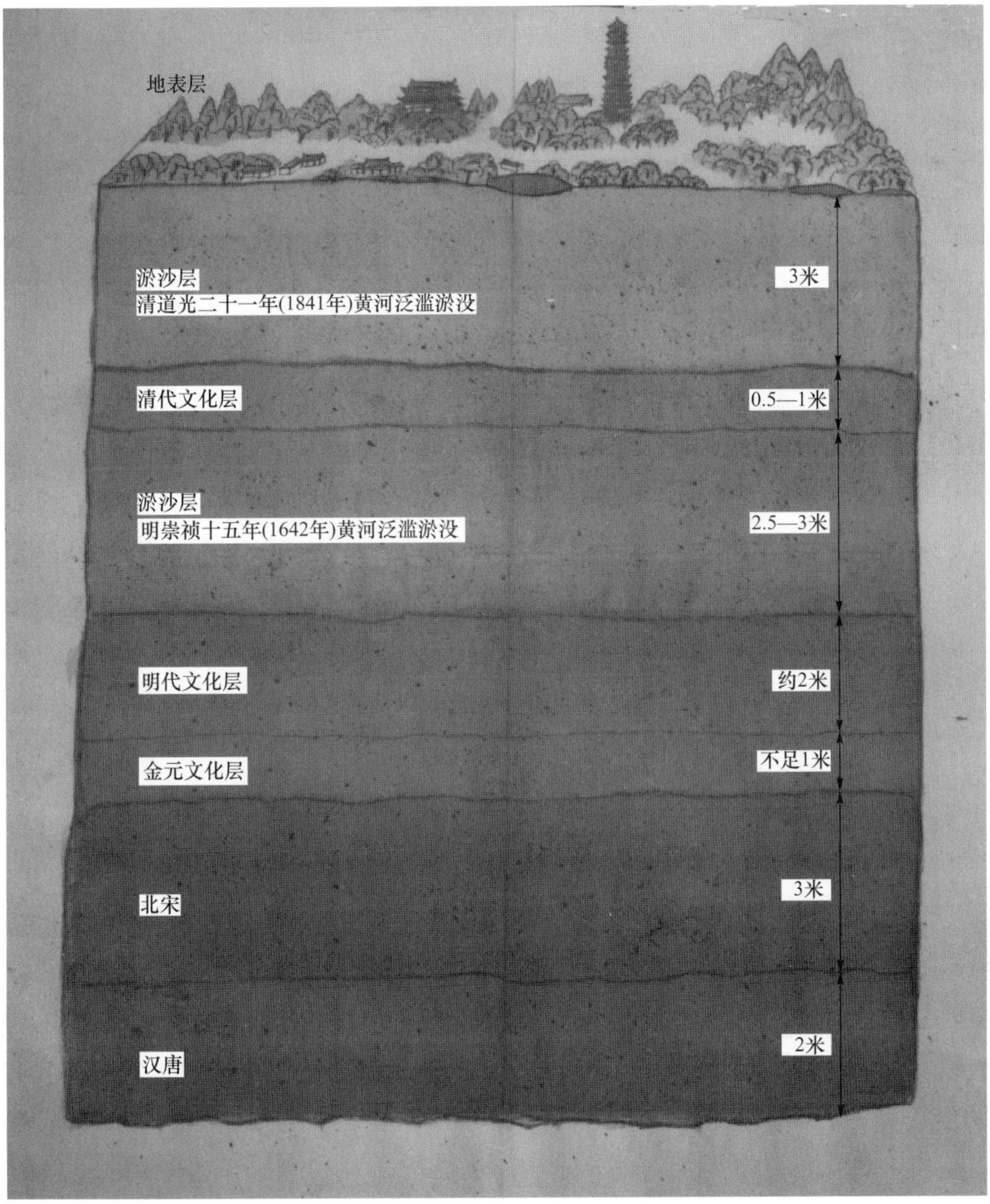

图五　开封城下城地层堆积示意图
（摘自刘春迎:《考古开封》，河南大学出版社，2006年）

第二节　遗址的发现与发掘经过

一、遗址的发现

潘湖遗址位于开封市区中心北部的龙亭公园一带，大部分被淹没于龙亭公园范围内的潘湖和杨湖底部，遗址中心所在位置地理坐标大致为东经 114° 20′ 47.02″，北纬 34° 48′ 25.70″（图六）。

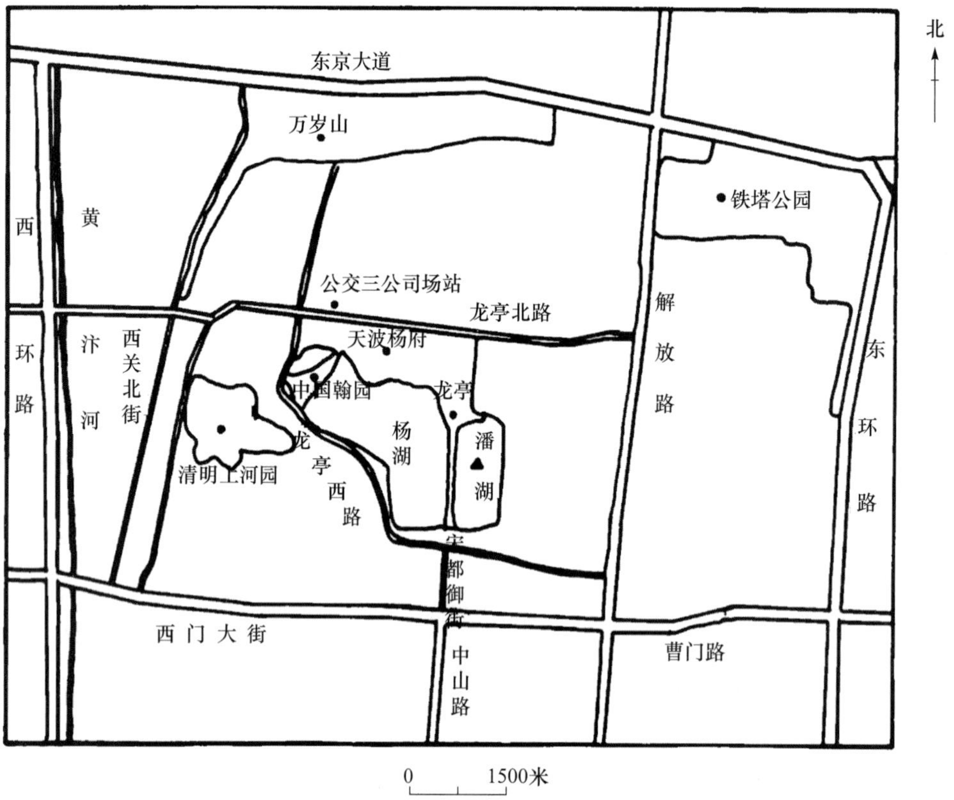

图六　潘湖遗址位置示意图

1981 年春，开封市园林部门在潘湖湖底清淤、堆筑湖心岛的过程中，意外地“触碰”到了明代周王府的遗迹，由此拉开了开封城下城考古的帷幕，蒙在开封城下城之上的神秘面纱也随之被层层揭开。

当年，龙亭公园拟利用潘湖的清淤工程，在潘湖的正中心规划堆筑湖心岛（彩版二：1）。当施工人员将湖水抽干，用推土机进行作业的过程中，在湖底发现了大量的龙纹瓦当、滴水、绿釉板瓦、筒瓦和青砖等建筑构件，这一现象立即引起了文物部门的高度重视，随即指派开封博物馆组织相关业务人员到现场察看、保护现场，并逐级上报上级文物管理部门。当年 5 月，开封市博物馆组织工作人员对潘湖进行了考古勘探和试掘，结果表明潘湖遗址不仅文化堆积层厚，而且文化遗存非常丰富。试掘期间，国家文物局与河南省文物局多次派专家到现场视察和指导工作，伴随着试掘工作的不断推进，专家们越来越认识到潘湖遗址的重要性，遂决定对潘湖遗址进行大规模正式的考古发掘。1981 年 12 月 8 日，在国家文物局、河南省文物局，以及开封市政府等有关部门的支持下，由河南省文物研究所（今河南省文物考古研究院前身）、开封市博物馆抽调专业人员联合组建开封宋城考古队（今开封市文物工作队前身），时由河南省文物研究所的李京华先生任队长、开封市博物馆王一沙馆长任副队长、开封市博物馆李克修副馆长任业务组组长，具体负责潘湖遗址的考古发掘工作，所需经费由国家文物局专款拨付。自此，潘湖遗址大规模考古发掘的帷幕徐徐拉开。

鉴于潘湖遗址的大部分区域位于潘湖、杨湖的水面之下，开展考古调查、勘探、发掘工作成本高、困难大，成立伊始的开封宋城考古队还与国家文物局文物保护科学技术研究所、安徽省滁县地区文物保护研究所等单位开展技术合作，采用当时较为先进的电探、磁探技术和传统的考古钻探相结合的方法，对位于水面之下的潘湖遗址进行物理测探，为潘湖遗址的准确布方、科学发掘提供依据，取得了事半功倍的效果[①]。在对潘湖遗址进行发掘清理的同时，受国家文物局委托，开封宋城考古队还组织工作人员开始对开封历史上各个时期的城址的分布情况进行了综合调查和勘探，逐步搞清了今开封城区和近郊范围内历代古城址的位置、基本结构和布局等，为研究古代开封城的起源、发展、鼎盛、衰落等相关学术课题提供了极其珍贵的考古资料。

二、发 掘 经 过

通过物理探测以及以龙亭公园为中心区域大面积的考古调查和勘探发现，潘湖遗址不仅分布范围较广，而且文化遗存丰富。遗址的中心区域集中分布在龙亭公园的潘湖、杨湖一带，其外围区域则以龙亭公园为中心向四周辐射，约北至龙亭北路，南至开封东、西大街，东至龙亭东路、西至大兴街沿线，区域总面积约 175 万平方米。遗址范围内文化遗存分布比较集中，仅地上文物就有河南省文物保护单位——龙亭，龙亭公园门前的宋代石狮子（彩版二：2），龙亭公园内的宋代太湖遗石以及明代的龙墩等遗物。

自 1981 年以来，开封宋城考古队先后对潘湖遗址进行过四次不同规模的考古发掘，大致情况如下：

遗址的第一次发掘工作于 1981 年 5 月开始，到 1983 年 8 月结束，历时两年有余。此次发掘主持者为领队李京华，主要工作人员有王一沙、李克修、孙新民、董祥、马新常、王玮、王辉霆、吕宗光、刘广钧、韩顺发、李健、张继忠、赵洪等。发掘地点主要集中在潘湖湖底，共布大小不等的探方、探沟 45 个（编号分别为 I 潘 T1—45，其中 I 代表第一发掘区，潘代表潘湖，T 代表探方），发掘面积约 4600 平方米（图版一）。

本次发掘过程中，在距探方开口（当时在抽干水后的潘湖底部布方，开口即指湖底）深约 1.5 米处普遍发现有建筑基址（图版二），探方挖掘深度多以揭露该层建筑遗址为目的，故本次发掘大部分探方清理出该群建筑基址即停止向下发掘，仅个别探方如 I 潘 T8、I 潘 T10、I 潘 T11、I 潘 T12 等为了解地层叠压关系而继续向下层发掘（图版三）。当时因为受发掘区域地势低、地下水位高、发掘期间阴雨天气多等多种因素制约，整个潘湖发掘区未能全部布方开挖，仅以揭露遗址内主要遗迹现象为目的而有所选择的布方。甚至当时所布探方的大小和方向都是根据客观情况和实际需要酌情而定。当时还与国家文物局文物保护科学技术研究所和安徽省滁县地区文物保护研究所等单位合作，引用较为先进的地球物理勘探技术和文物勘探相结合的方式进行考古测探，为准确寻找、界定遗址内标志性建筑的位置带来了技术突破，为有的放矢的布方发掘提供了依据。

1983 年 8 月，因连日阴雨天气，与潘湖比邻的杨湖水面不断上涨，最终导致湖水倒灌，在

① 张寅生：《电探考古新技术在宋东京城考古中的应用》，《开封文博》1994 年第 1 期。

部分探方刚刚清理出的遗物尚未来及提取以及工棚内临时存放的文物尚未安全转移的情况下，发掘现场很快就被湖水淹没，潘湖遗址的第一次发掘被迫中止（图版四）。本次发掘清理出的主要遗迹有铺砖地面、房址、门址台基、残墙体、夯土台基、亭子台基、花坛、水池，以及沟槽和涵洞等排水设施，出土遗物有大量的建筑构件和生活用品，其中建筑构件主要有琉璃瓦当和滴水、灰陶瓦当和滴水、琉璃条砖、脊兽、吻、青砖等，生活用品主要有瓷碗、瓷碟、瓷盘、瓷杯、陶罐、陶盆、铜镜、钥匙、钱币、玉佩、石盆、漆木器等。此次发掘囿于发掘面积，未能揭露遗址全貌，但也局部展现了位于遗址中心区域部分重要建筑的布局及其规模等（图版五）。

遗址的第二次发掘工作始于1982年10月，至1983年底结束。参与发掘的工作人员主要有丘刚、董祥、师宗林等。发掘地点位于开封市汽车公司停车场院内（今开封市公交三公司场站）临近东围墙处，因在前期勘探过程中在该区域发现有呈东西走向的大型夯土墙体，推测为周王府萧墙北墙，故在此处布两个相邻的探方（沟）对墙体进行重点解剖。探方（沟）分别编号为北萧T1和北萧T2[①]（北代表北墙，萧代表萧墙，T代表探方），均为正南北方向，其中北萧T2位于北萧T1的西南部。因为探方（沟）所处位置地下水位高，在发掘过程中曾出现塌方现象，后几经扩方，最终北萧T1开口呈南北20、东西5米的长方形，北萧T2开口呈南北18.5、东西8.85米的长方形。发掘过程中为防止发生塌方事故，探方四壁采取向下逐级内收的方法进行。本次发掘清理出了大型的夯土墙体，通过对其进行局部重点解剖，了解了墙体的结构、建筑方法和建筑年代等，根据夯土中的包含物及地层关系推测该墙体的使用年代可从明代上溯到宋代（图版六）。

遗址的第三次发掘工作于1985年8月初开始，月底结束。参加发掘工作人员主要有董祥、丘刚等。此次发掘为配合龙亭公园玉带桥修建工程而进行，当时仅在潘、杨两湖中间的中山路北段（即今龙亭公园内玉带桥位置）布东西长20、南北宽15.5米的探方一个，编号为Ⅰ潘T46，方向为8°。该探方内清理出清代门址（MZ3）一处（图版七），出土有青石板、青砖、石柱础等遗物（图版八）。在清代门址下还发现有明代的砖铺地面，遗憾的是因当时探方下层渗水严重，无法继续向下发掘，仅在门址台基南壁中部向下开挖一处探坑，对明代砖铺地面进行了局部了解（图版九）。

遗址的第四次发掘工作于1986秋季进行。参加此次发掘的工作人员主要有李克修、董祥、丘刚、王玮等，发掘地点位于今龙亭大殿台基东侧约38米处的龙亭公园东围墙内。因在前期勘探过程中在该区域发现有呈东西走向的大型夯土墙体，故在此处布一个正南北方向的探方对墙体进行重点解剖，编号为KBD皇北T1[②]（K代表开封，B代表北宋，D代表东京城，皇代表皇城，北代表北墙，T代表探方）。该探方最初开挖时范围为南北20米，东西10米的长方形，发掘过程中因地下水位高、土质松软易塌方等原因，经不断扩方最终至南北40.5米，东西

---

① 北萧T1即已发表资料中的KBD内北T1，K代表开封，B代表北宋，D代表东京城，内代表内城，北代表北墙，因明周王府萧墙北墙和北宋东京城内城北墙叠压，故二者实际为同一探方。

② 通过该探方的发掘，发现明周王府紫禁城的北墙与北宋东京皇城的北墙相叠压，故发掘资料统一以北宋东京皇城命名。

7.5—10米，探方平面呈中字形，自上而下逐渐阶梯状内收。此次发掘清理出了大型夯土墙体及明代铺砖地面，其中铺砖地面下仍见夯土墙体（图版一〇；图版一一）。为了进一步了解夯土墙体的叠压情况，在夯土墙体南北两侧局部分别向下解剖，其中北侧探沟南北长5.1米、东西宽1.35米，南侧探沟东西长2.7米、南北宽2.6米。向下解剖的夯土墙体深达5.3—9.8米、残高4.2—4.5米，夯土墙体之下即为生土层。根据出土物及地层关系推测该夯土墙体的使用年代可从明代上溯到宋代。

第三节 发掘资料的整理及报告编写

令人遗憾的是，虽然距潘湖遗址发掘已经过去三十多年的时间了，然而期间由于机构改革、发掘单位库房多次搬家和单位负责人人事变动等原因，截至本报告编写前，这批珍贵的考古资料一直沉睡库房，未能得到系统的整理。已经公布的考古成果仅有《河南开封明周王府遗址的初步勘探与试掘》简报一篇（见《文物》2005年第9期。简报是建立在零星整理的基础上，结合潘湖遗址的调查勘探和历次发掘简要介绍了遗址的概况。简报内容如与本发掘报告有出入，则以本发掘报告为准），所反映的潘湖遗址的考古成果也仅仅是管中窥豹、点到为止。时至今日，当年参与发掘的主要工作人员大多已年近古稀，若再不及时着手该项工作，一大批重要的考古资料也许将会永无重见天日的机会，开封城市考古、明代藩王制度等相关方面的研究也会留下永久的缺憾。

2009年，在时任开封市文物工作队（其前身即开封宋城考古队，1992年元月更名）队长刘春迎的提议和主持下，曾一度将潘湖遗址考古资料的整理工作提到议事日程，并抽调了部分业务人员着手开展工作，但因不久后北宋东京城顺天门遗址考古发掘工作的展开，文物工作队的工作重心发生了转移，整理工作中途搁置。

2013年6月，开封市文物工作队原队长刘春迎调至河南大学历史文化学院工作，此后不久被聘为河南大学中原考古研究所所长，有充分的时间和精力保障开展专题考古研究工作，为了能顺利完成原在文物队工作时未竟的事业，早日把潘湖遗址的考古发掘成果公诸于世，遂再次把潘湖遗址的资料整理和报告编写工作提上了日程。在刘春迎的提议和积极推动下，河南大学中原考古研究所和开封市文物工作队抽调业务人员联合组成了《河南开封潘湖遗址考古发掘报告》课题组，由刘春迎教授作为课题负责人积极向“全国哲学社会科学规划办公室”申报国家社会科学基金项目，2015年6月，课题顺利获批国家社科基金重点项目，为潘湖遗址的资料整理和报告编写工作提供了经费保障和绝好的时机。

《河南开封潘湖遗址考古发掘报告》获立项批复后，以此为契机，在项目负责人刘春迎教授的带领下，课题组成员精诚合作，分工有序，全力推进该项工作。本课题的前期资料整理工作主要包括收集、梳理发掘资料和出土文物；整理、修复出土文物；绘制出土器物图纸；描绘各遗迹单位硫酸纸图；拍摄出土器物照片等工作。其中参加前期文字资料收集、整理工作的人员有刘春迎、王三营、葛奇峰、曹金萍等；参加前期图纸收集、整理并重新绘图工作的人员有葛超、寇小石等；参加器物修复的人员有翟渊民、魏成龙、董祥、曹金萍等；参加遗迹和出土器物拍摄者有张继忠、祝贺、胡永庆、魏成龙等；参加后期报告编写的工作人员有刘春迎、吴爱琴、曹金萍等。

关于资料整理和报告编写过程中的一些情况说明如下：

潘湖遗址发掘时隔已久，当年发掘工作的直接参与者，如今或已退休、或早已调离原单位，且大多已年近古稀，给发掘资料的收集、梳理、统计、整理工作带来诸多困难；

考古发掘结束后，没有及时对出土文物和资料进行归类、统计和系统整理，加之文物库房多次搬家，出土文物资料多次转移、交接，增加了资料整理工作的难度；

潘湖遗址第一次也是最大规模的一次发掘，最后是因湖水倒灌而被迫中止，部分出土遗物尚未转移便被淹没在湖底（诸如瓷碗、瓷碟、陶盆等生活用品，柱础、青石板、大理石板块以及瓦当、滴水等建筑构件），另外还有保存状况较差的漆木器、铁器等出土时无法提取，所以报告文中提及的部分遗物只能提供出土照片，无法提供线图及正式器物照片；

潘湖遗址考古发掘揭露面积大，而发掘记录、图纸则多是以每个探方、遗迹为单位，对遗址全貌进行整体把握难度较大；

因发掘时出土器物大多是以探方为单位收集的，故报告中涉及的器物标本也大多以探方为单位编号，而非以单元遗迹为单位统一编号，另有 I 潘 T8、I 潘 T10、I 潘 T11、I 潘 T12 等少数发掘较深探方的遗物系按出土层位统一编号；

潘湖遗址除 I 潘 T46、北萧 T1、北萧 T2、KBD 皇北 T1 等四个探方开口于地表外，其余所有探方均开口于潘湖底部（当时湖底距地表深约 3 米），文中未加说明的深度描述均指遗迹现象到探方开口处的深度；

发掘时受照相器材条件的制约，所拍摄的照片，尤其是遗迹照片质量不高。尽管如此，这些来之不易、保存了多年的照片可谓弥足珍贵，为了能够更全面、客观地再现遗址发掘情况，报告仍中大量采用了当年发掘时的照片，力求更准确、更丰富地公布相关考古信息；

鉴于课题组成员中无论是资料的整理者和报告的编写者均未参与过当年潘湖遗址的发掘工作，为了能够及时解决在课题开展过程中出现的各种疑难问题，课题组特邀请当年参加过遗址发掘的李克修、董祥两位前辈作为本课题顾问，帮助课题组成员还原当年考古发掘工作的过程、细节，力求最终的考古成果尽可能全面、客观、准确地反映当年考古发掘的面貌（彩版三）。

第二章　发掘探方与地层堆积

潘湖遗址不仅分布范围广，而且文化遗存丰富。自1981年以来，先后对遗址进行了四次发掘，本章就遗址探方的分布和地层堆积情况介绍如下。

第一节　探方的分布

遗址先后四次发掘共布探方和探沟49个，总发掘面积约5200平方米。在这49个探方（或探沟）中，仅有4个探方在潘湖范围之外（其中Ⅰ潘T46位于今龙亭公园玉带桥位置、KBD皇北T1位于龙亭大殿东部、北萧T1和北萧T2位于亭西北部的开封市汽车公司停车场院内），其余皆集中分布于潘湖底部（图七）。由于该遗址在发掘之前，曾利用电探、磁探和文物勘探（指利用传统的钻探工具洛阳铲进行的勘探）相结合的方法先期探测至重要遗迹的具体位置，然后再针对性的布方发掘，故遗址内大多数探方的大小和方向均根据所揭露遗迹的实际需要而定。现将探方的详细情况介绍如下。

一、探方的面积

在整个潘湖遗址内，仅有Ⅰ潘T1—Ⅰ潘T6、T10、T13、T14、T27、T37等探方系按标准的10×10平方米进行布方，其余探方面积大小各不相同。其中Ⅰ潘T7为东西10米×南北8米、Ⅰ潘T8为东西8米×南北10米、Ⅰ潘T9为东西10米×南北12米、Ⅰ潘T11为东西10米×南北11米、Ⅰ潘T12为东西11米×南北11米、Ⅰ潘T15为东西3.2米×南北40米、Ⅰ潘T16为东西10米×南北11米、Ⅰ潘T17为东西18米×南北2米、Ⅰ潘T18为东西12米×南北13米、Ⅰ潘T19为东西5米×南北5米、Ⅰ潘T20为东西14米×南北10米、Ⅰ潘T21为东西3.4米×南北20米、Ⅰ潘T22为东西12.2米×南北10米、Ⅰ潘T23为东西20米×南北2.5米、Ⅰ潘T24为东西13米×南北13.5米、Ⅰ潘T25为东西10米×南北12米、Ⅰ潘T26为6米×6米、Ⅰ潘T28为东西10米×南北12米、Ⅰ潘T29为东西14米×南北10米、Ⅰ潘T30为东西5米×南北5米、Ⅰ潘T31为东西8米×南北6米、Ⅰ潘T32为东西10米×南北13.3米、Ⅰ潘T33为东西6米×南北5米、Ⅰ潘T34为东西5米×南北2.5米、Ⅰ潘T35为东西13米×南北10米、Ⅰ潘T36为东西10米×南北15米、Ⅰ潘T38为东西4米×南

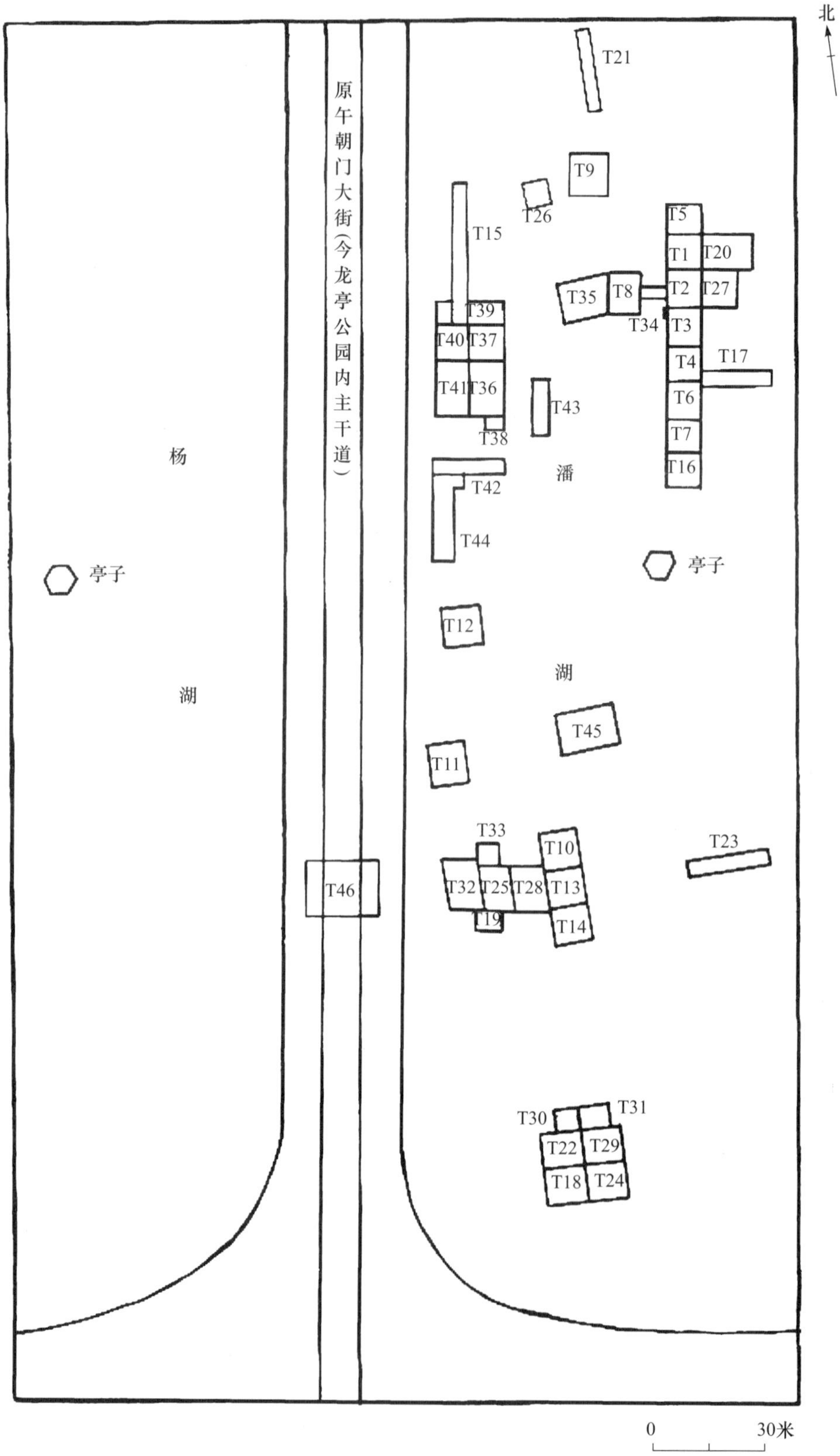

图七　潘湖遗址探方总分布图

北 3.2 米、I 潘 T39 为东西 18 米 × 南北 7 米、I 潘 T40 为东西 8 米 × 南北 10 米、I 潘 T41 为东西 8 米 × 南北 15 米、I 潘 T42 为东西 18 米 × 南北 3 米、I 潘 T43 为东西 5 米 × 南北 15.5 米、I 潘 T44 为东西 5—7.5 米 × 南北 23 米、I 潘 T45 为东西 13 米 × 南北 10 米、I 潘 T46 为东西 20 米 × 南北 15.5 米、北萧 T1 为东西 5 米 × 南北 20 米、北萧 T2 为东西 8.85 米 × 南北 18.5 米、KBD 皇北 T1 为东西 7.5—10 米 × 南北 40.5 米。

二、探方的方向

由于大多数探方（探沟）布方位置是根据该方所要揭露遗迹的分布情况而定，根据实际需要，所布探方（探沟）方向也不尽相同，大致可分为以下三种情况。

（一）方向为 0°

方向为 0° 的探方（探沟）共 22 个，计有 I 潘 T10、I 潘 T11、I 潘 T12、I 潘 T13、I 潘 T14、I 潘 T18、I 潘 T21、I 潘 T22、I 潘 T24、I 潘 T25、I 潘 T26、I 潘 T28、I 潘 T29、I 潘 T30、I 潘 T31、I 潘 T32、I 潘 T35、I 潘 T45、I 潘 T46、北萧 T1、北萧 T2、KBD 皇北 T1 等。

（二）方向为 8°

方向为 8° 的探方（探沟）共 26 个，计有 I 潘 T1—I 潘 T9、I 潘 T15—I 潘 T17、I 潘 T19、I 潘 T20、I 潘 T27、I 潘 T33、I 潘 T34、I 潘 T36—I 潘 T44 等。

（三）方向为 90°

方向为 90° 的探沟仅有 1 个，I 潘 T23。

潘湖遗址发掘的主要收获是发现部分宋、金时期文化遗存、丰富的明代文化遗存以及少量的清代文化遗存，揭露、清理了一批建筑基址、夯土墙体及夯土层等重要遗迹现象（图八），出土了大量的建筑构件、瓷器、铜器、玉石器、陶器等文化遗物，为研究该遗址的历史沿革、文化内涵提供了丰富而珍贵的考古资料。

第二节　地层堆积

潘湖遗址内的地势高低不一，有平地、湖泊和缓坡状台地等。经当年发掘时的实测，潘湖和杨湖中间的路面海拔约 70 米，潘湖底部海拔约 65.9—67.7 米，湖底距当时地表深约 2.3—4.1 米。根据勘探和发掘结果可知，遗址内文化堆积厚度约 5—8 米，包含有唐、五代、宋金、元、明清等各个历史时期的文化遗存，其中以宋明两代文化遗存最为丰富。宋代文化遗存虽然分布比较广泛，但因受发掘深度所限，仅少数几个探方有所揭露；明代文化遗存在

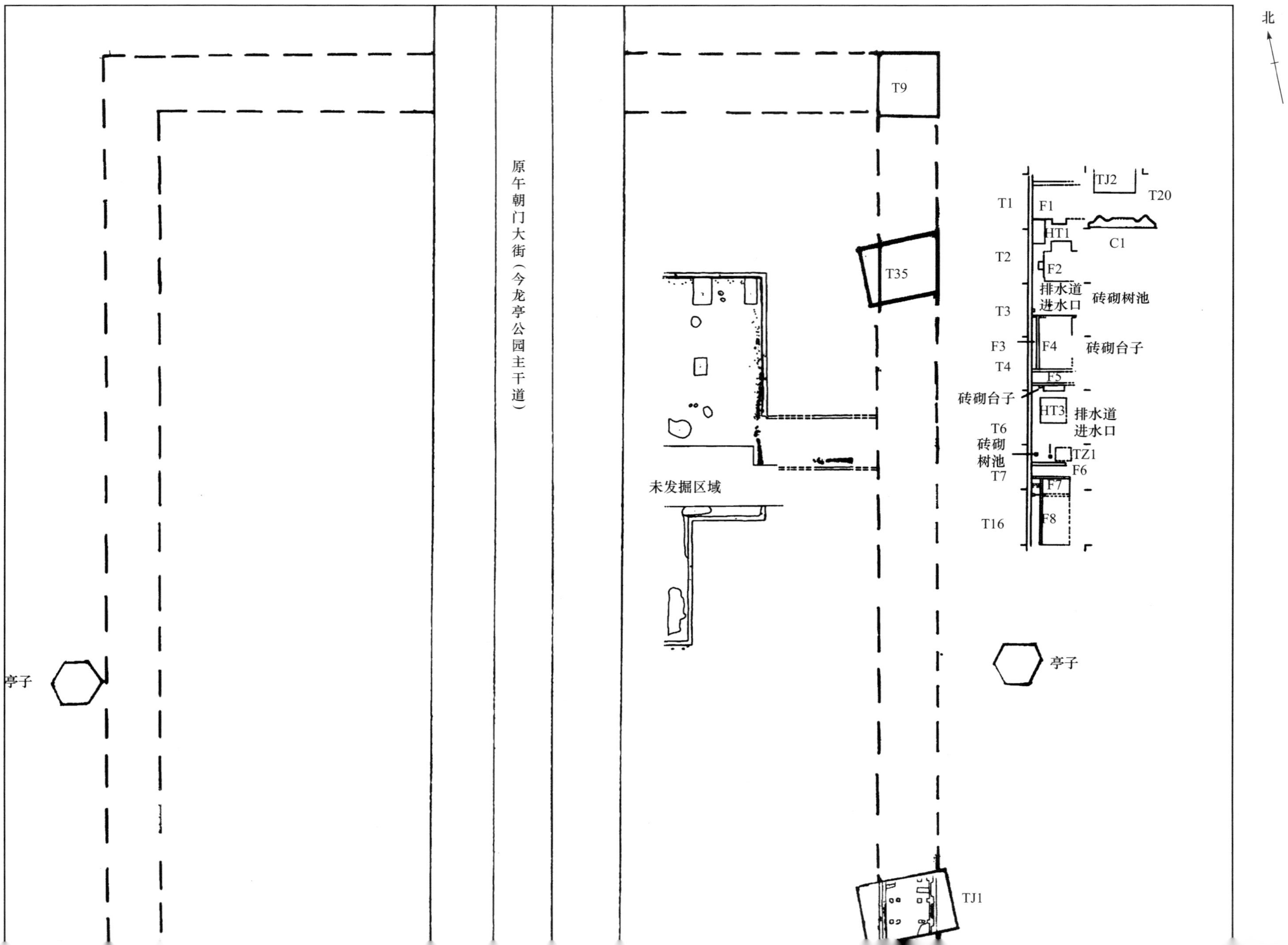
北
T20
TJ2
C1
砖砌树池
砖砌台子
排水道
进水口
TZ1
F6
F1
HT1
F2
排水道
进水口
F4
F5
HT3
F7
F8
T1
T2
T3
F3
T4
砖砌台子
T6
砖砌
树池
T7
T16
亭子
TJ1
T9
T35
未发掘区域
原午朝门大街（今龙亭公园主干道）
亭子

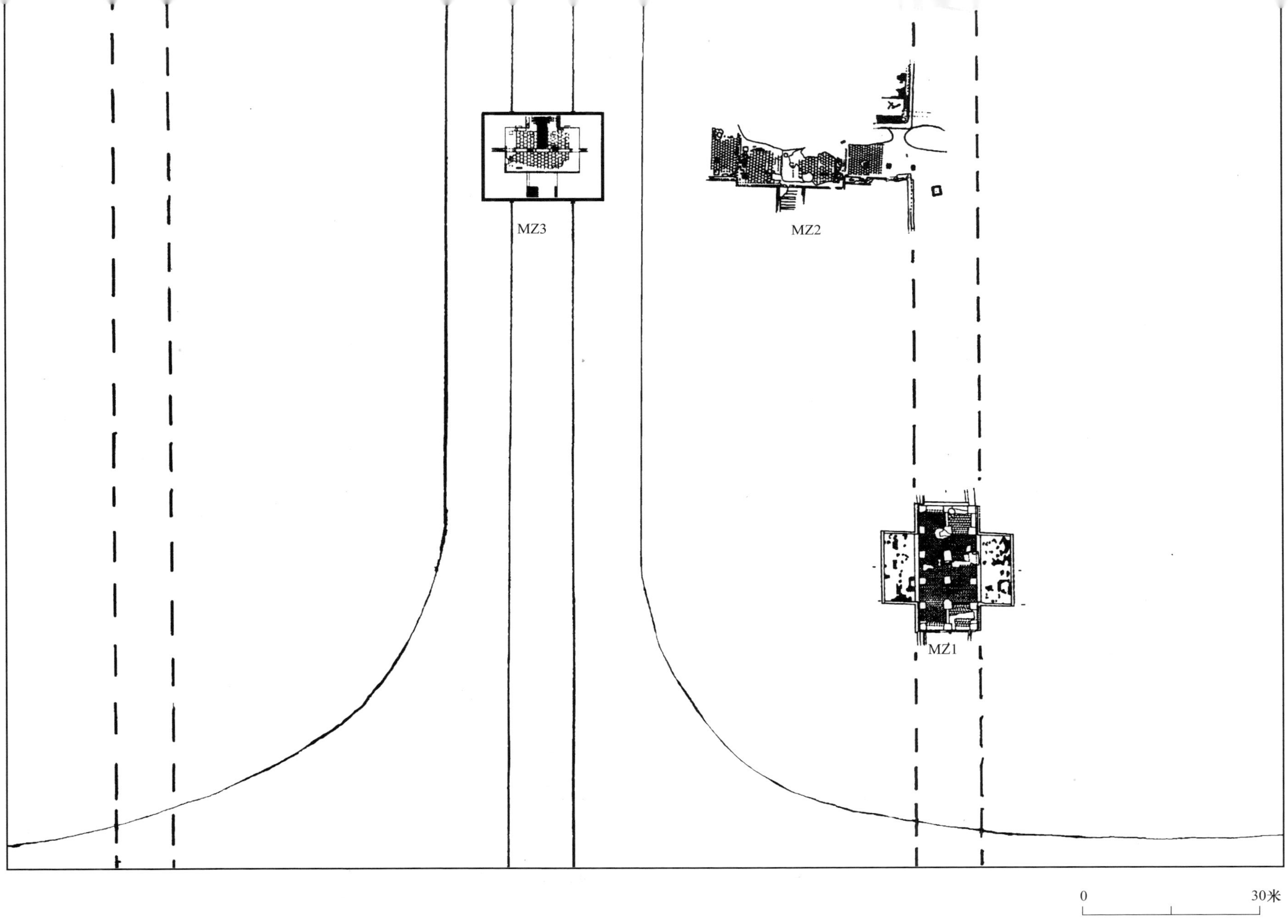

图八　潘湖遗址发掘区遗迹总分布图

所有探方内均有分布，遗迹十分丰富，其中最重要的遗迹当数大型建筑群基址的发现，遗址的第一次发掘也以揭露这些明代建筑群基址为主要目的，故大部分探方清理出该群建筑基址即停止向下发掘，仅I潘T8、I潘T10、I潘T11、I潘T12、北萧T1、北萧T2、KBD皇北T1等少数探方为了进一步了解地层叠压关系而继续向下发掘。为了准确说明遗址内各时期地层堆积的层位关系，现分别以I潘T6东壁剖面、I潘T8北壁剖面、I潘T12东壁剖面、I潘T46北壁剖面、北萧T1西壁剖面、KBD皇北T1东壁剖面等为例将遗址的地层堆积情况介绍如下。

一、I潘T6东壁剖面

I潘T6（图九）位于潘湖遗址第一次发掘区域的东北部，探方南北分别与I潘T7和I潘T4相邻，开挖面积10×10平方米，方向为8°（见图七）。

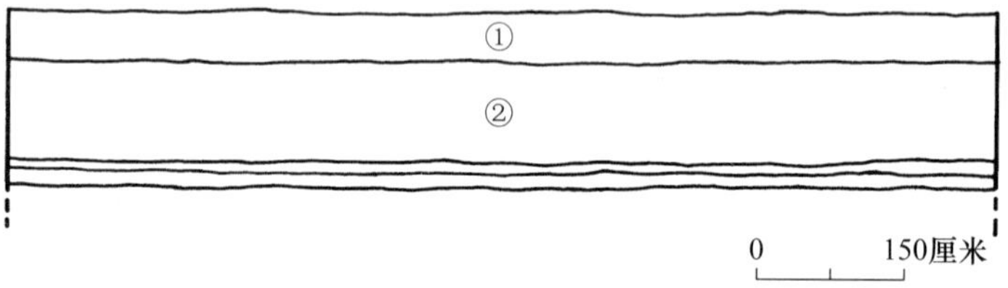

图九　I潘T6东壁剖面图

第①层：灰黑色淤泥层。深0—0.6米，厚约0.5—0.6米。包含有大量的植物根茎、塑料布、玻璃碎片等近现代生活杂物。该层为湖底近现代淤泥层。

第②层：红褐色沉积层。深0.5—1.6米，厚1—1.1米。土质结构细密，黏性大，开封人俗称“胶泥”，没有包含物。结合相关文献记载，该层应为明末崇祯十五年（1642年）黄河洪水淹灌开封城时所形成的淤积层。

第③层：青灰色土层。深约1.5—1.65米，厚约0.03—0.05米。与上层淤泥黏接在一起，夹杂有大量的腐朽殖物根茎、碎蓝砖渣、琉璃瓦当和滴水残块、明代青花瓷片、明代铜钱等。该层为明代文化层。另发现有铺砖地面、房址等遗迹现象，同时还出土有大量瓦当、筒瓦等建筑构件，有明代款识的瓷器以及万历通宝、天启通宝、崇祯通宝等铜钱。③层当属明代文化层。

该探方清理至此即停止向下发掘，下部地层堆积情况不明。

二、I潘T8北壁剖面

I潘T8（图一〇）位于潘湖遗址第一次发掘区域的中部偏北，其东西分别与I潘T34和I潘T35为邻，探方开挖时为5米×5米的正方形，由于在挖掘过程中不断出现渗水、塌方等问题，后采取先挖东半部再挖西半部、潜水泵抽水、用木板支撑坑壁、将坑壁挖成斜坡形以及扩

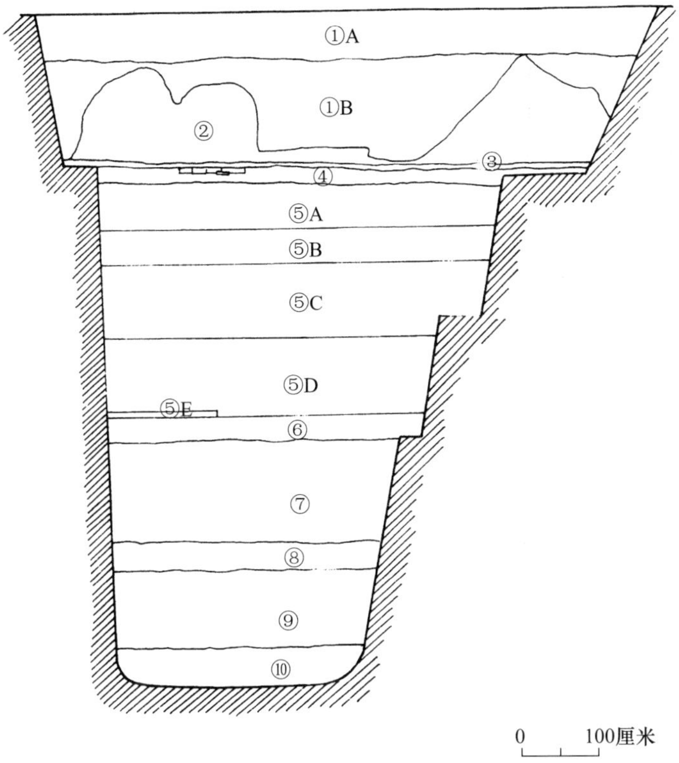

图一〇　I潘T8北壁剖面图

方等措施，探方最终扩至南北长 10 米，东西宽 8 米的长方形，方向为 8°（见图七）。在发掘 I 潘 T8 之前，在位于其东西两侧的几个探方里分别清理出了一处大型的建筑基址和砖墙遗迹，当时发掘 I 潘 T8 的目的，一是对已发现的建筑基址做进一步的地层解剖，二是为了揭示建筑基址与西部砖墙之间的关系。

第①层：黄褐色土层，深 0—1.9 米，又可分为两小层。

① A 层：深 0—0.6 米，厚 0.5—0.6 米，包含物有少量白灰渣、碎瓦片以及明代和清初青釉或青花瓷片等。

① B 层：深 0.5—1.9 米，厚 0—1.3 米，含有少量绿釉残筒瓦、滴水等建筑构件及明代青花瓷片等物。

该层为清初地层，其中① B 层为清初扰明代晚期地层。

第②层：黄色淤泥层，深 0.5—1.9 米，厚约 1.3 米。土质结构细密，俗称“胶泥”，无包含物。该层压在清初黄褐色土层的下边，结合相关文献记载，应为明末崇祯十五年（1642 年）黄河洪水淹灌开封城时所形成的沉积层。

第③层：青灰色土层，深 1.9—1.95 米，仅厚 0.03—0.05 米，土质杂乱疏松，包含物有细碎灰砖渣，明末青花瓷片以及少量腐朽的草木等植物残屑。该层当为明代文化层。

③层下发现有铺砖地面，深 1.95—2.05 米，厚仅 0.1 米。铺砖多为条砖东西向错缝平铺，砖与砖之间未发现黏合物。铺砖残缺较多，磨损严重，砖规格均为 42×24×11 厘米，铺砖之下有一层厚约 0.03—0.05 米的白灰层。根据铺砖地面上下均出土有明代青花瓷片，所用砖也显

具明代特征等分析，应是明代铺修的地坪。又据其磨损严重的情况分析，该层铺砖地面使用年代较长。

第④层：灰褐色硬土层，深1.93—2.1米，厚仅约0.17米，土质较硬，含有颗粒状砖瓦块。该层仍为明代文化层。

第⑤层：夯土层，深2.1—5.1米，厚约3米。按其土质土色又可分为5大层22小层，每小层厚约11—17厘米。

⑤A层：棕褐色夯土层，深约2.1—2.75米，厚约0.6米。土质坚硬，含水量较少，又可分为5小层，在其第3小层与第4小层之间，发现有夯窝痕迹，夯窝直径5、深1厘米，两夯窝间距2厘米（图版一二：1）。夯土中包含有明代影青瓷片，绿釉碎瓦片和宋代的白釉、青釉、黑釉、酱色釉瓷片以及少量的灰陶片、围棋子等。

⑤B层：黄褐色夯土层，深约2.75—3.15米，厚约0.4米，又包括3小层。夯土土质较坚硬，含水量较少。包含物有白釉、黄釉、青釉瓷片等。

⑤A、⑤B两层夯土，包含遗物多为明代以前，但也有少量的明代影青瓷片和绿釉瓦片等，时代应同属明代。

⑤C层：灰褐色夯土层，深约3.15—4.04米，厚约0.9米，又包括7小层。夯土含沙量较大，含水量较多，虽无以上两层夯土坚硬，但仍比较磁实。包含物有宋代白釉、黑釉、青釉、绿釉、酱色釉瓷片以及骨质骰子、小螺蛳和蚌壳等。

⑤D层：灰黑色夯土层，深约4.04—5米，厚约0.95米，又包括6小层。夯土含沙、含水均较多，不太坚硬。包含物有宋代白釉、黑釉、青釉、酱色釉、影青釉瓷片，绿釉陶片、灰陶片以及小螺蛳、蚌壳等。

⑤E层：黄色夯土层，深约5—5.1米，厚仅约0.1米。该层夯土含水量较小，不太坚硬。也许是因为太薄的缘故，未见有包含物。

第⑤C、⑤D、⑤E三层夯土的包含物绝大多数属于宋代，未见宋代以后的文化遗物，应属宋代文化层。

第⑥层：含较多碎砖瓦块的灰褐色硬土层。深约5.1—5.4米，厚约0.3米。在位于探方中、西部的该硬土层之上发现有七、八块阴条纹残砖，平铺在同一水平面上，饰条纹的一面向下，像是有意铺置的，推测亦为砖铺地面。土质较硬，包含物较多且体积也较大，有粗麻布纹瓦片、经加工的骨料、灰陶片，宋代白釉、黑釉、青釉、绿釉、酱色釉、影青釉瓷片，白陶围棋子、骨质骰子以及唐至五代黄釉、青釉瓷片等（图版一二：2）。该层应为宋代文化层。

第⑦层：灰褐色硬土层，深约5.4—6.7米，厚约1.3米，土质较硬，包含物多为隋、唐时期瓷片和少量的宋代瓷片等。该层仍为宋代文化层。

第⑧层：青灰色土层，深约6.7—7米，厚约0.3米。地层中含沙、含水量都较多，土质松软，包含物很少，仅见少量灰陶片和唐代黄釉瓷片等。该层已进入唐、五代地层。

第⑨层：灰褐色土层，深约7—7.9米，厚约0.9米。该层土质不甚坚硬，包含物较多，有粗麻布纹瓦片，绳纹残砖，唐至五代黄釉、青釉、黑釉瓷片，绳纹灰陶片，以及白釉瓷人等。

该层年代仍为唐、五代时期。

第⑩层：黄色沙土层，深7.9米以下，土质较硬，地层中除含有少量沙礓石以外，别无他物。该层已至生土层。

三、I潘T12东壁剖面

I潘T12（图一一）位于潘湖遗址第一次发掘区域的中部，潘、杨湖之间道路（今龙亭公园南北主干道）的东侧，探方南与I潘T11相距30米，北与I潘T44相距12米，开方面积11×11平方米，方向为0°（见图七）。

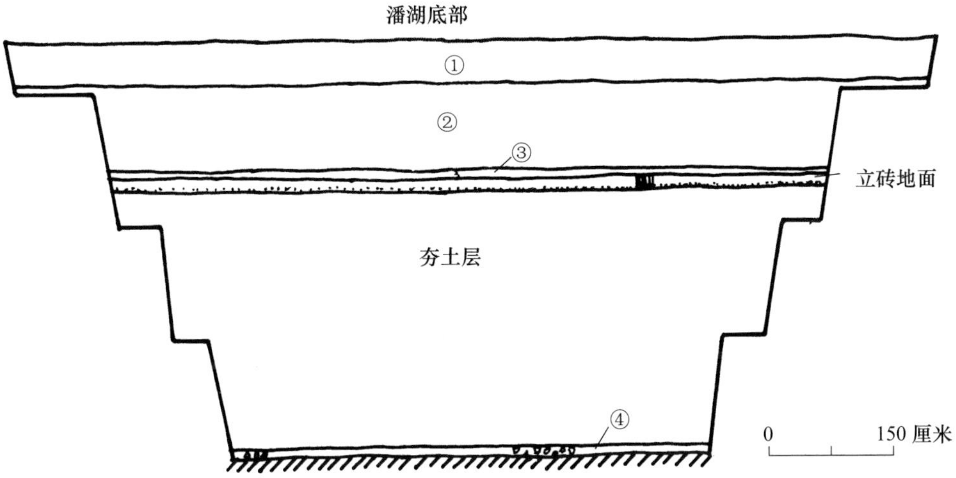

图一一　I潘T12东壁剖面图

第①层：灰黑色淤泥层。深约0—0.6米，厚约0.5—0.6米，土质细密，今水量大，呈黏泥状，包含物有碎砖渣、植物根茎等。为近现代淤积层。

第②层：红褐色沉积层。深0.5—1.5米，厚0.9—1米。可分两小层，其中上层为碎块状红褐色淤泥，土质松散、纯净，深约0.5—0.95米，厚约0.4米；下层为硬膏状红褐色淤泥，含水量大，黏性也大，深0.95—1.5米，厚约0.6米，均未见包含物。结合相关文献记载，应为明末崇祯十五年（1642年）黄河洪水淹灌开封城时所形成的沉积层。

第③层：青灰色土层。深1.5—1.55米，厚约0.03—0.05米，与上层淤泥黏接在一起，土质较疏松，地层中夹杂有大量的腐朽植物茎叶。该层为明代文化层。

③层下见有铺砖地面，均为立砖铺砌，砖大小不尽相同、形制相似，均为楔形砖，上厚下薄，上长下短。立砖大部分已遭破坏，仅残存局部（图版一三：1）铺砖下垫有一层白灰渣，厚5—7厘米。该层铺砖应属明代。铺砖地面下叠压有夯土层，深约1.75—4.65米，普遍厚约2.8米，根据土质土色又可分为19个小夯层（详见第四章HC3部分），夯土细密坚硬，包含有大量的白釉、酱黄釉、青釉、黑釉等釉色的瓷片，还有布纹板瓦残片等。夯土层时代跨度较大，约当宋、元到明代。

第④层：灰褐色硬土层。深约 4.65—4.8 米，厚约 0.12 米。在位于探方西南部的该层开口层面上发现有一层东西向平铺的蓝砖，用途不明。该层为宋、金时代文化层。

④层下即为黄沙土，土质坚硬纯净，除包含料礓石外，别无他物，疑似生土层。

四、I 潘 T46 北壁剖面

I 潘 T46（图一二）为潘湖遗址的第三次发掘所开探方，位于当时潘、杨湖之间的中山路北段的路面下（今龙亭公园南北主干道上御带桥的中心位置），东与 I 潘 T32 相距约 18 米，布方大小为东西 20× 南北 15.5 米，方向为 0°（见图七）。

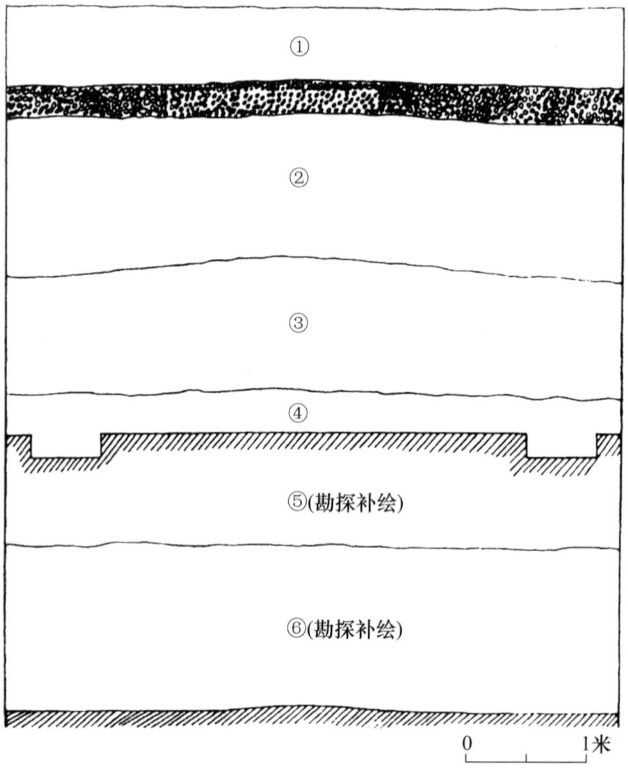

图一二　I潘T46北壁（局部）剖面图

第①层：路基土。深 0—1 米，厚 0.9—1 米，时为中山路路面及路基层，路面为沥青柏油路面，路基的上部为白灰土夯筑，底部铺垫有一层厚约 25—28 厘米的小碎河卵石石子层，质地坚硬。

第②层：浅灰色路土层。深约 0.9—2.2 米，厚约 1.15—1.3 米，质地坚硬，白灰土中夹杂有大量的碎砖瓦块。为清代晚期路土层。

第③层：深灰色路土层。深约 2.04—3.2 米，厚约 1—1.1 米，质地坚硬，白灰土中夹杂有大量的碎砖瓦块。为清代早期路土层。

第④层：铺砖或铺石层。深约 3.14—3.5 米，厚约 0.3—0.34 米，为房基底部铺砖地平，该层的上部为一层铺砖或铺石地平面，厚0.1—0.15米不等，下部为灰色土与白石碴混合后经夯打的基础土。该层应为清代建筑基址。

该探方发掘至第④层后，仅局部向下清理解剖。第④层之下地层堆积情况系根据局部解剖情况并结合勘探资料总结而来。

第⑤层：深褐色垫土层。深约3.5—4.45米，厚约0.9—0.95米，黄褐色、灰褐色与少量的黄胶泥相混合的土层，较为坚硬，应为修建房屋之前所铺垫的基础土层。该层应为清代建筑基址垫层。

第⑥层：红褐色沉积层。深约4.4—5.8米，厚约1.3—1.4米，即当地人所谓的黄色胶泥层，土质坚硬、细密、纯净，无包含物。结合相关文献记载，应为明末崇祯十五年（1642年）黄河洪水淹灌开封城时所形成的沉积层。

在第⑥层下，探方内普遍探至一层青石板或青砖铺面，无法继续下钻，故停止勘探。

五、北萧T2西壁剖面

北萧T2（图一三）是潘湖遗址第二次发掘所开挖的探沟，位于开封市汽车公司停车场（今开封市公交三公司场站）院内，同期所开探沟北萧T2的东北部，布方面积为东西8.85米、南北18.5米的长方形，方向为0°（见图七）。当时布此方的目的是对此前在该位置探明的一大型夯土墙体进行重点解剖。

第①层：浅白色土。深0—0.5米，厚约0.5米。土质杂乱、坚硬，包含大量生活遗弃类杂物。该层为近现代生活杂填土。

第②层：黄褐色细沙沉积土。深约0.45—0.7米，厚约0.15—0.25米。土质较疏松、纯净，无包含物。

第③层：红褐色亚黏土。深约0.6—1.05米，厚约0.2—0.36米。土质细密、纯净，无包含物。

第②、③层为清末洪水形成的淤积层。

第④层：黄褐色土。深约1—1.8米，厚约0.65—0.85米。土质含沙量大，较疏松，并含有大量灰黑色腐朽植物。该层亦系清代洪水淤积层。

第⑤层：红褐色亚黏土，深约1.7—3.7米，厚约2.05米。土质稍硬，含有少量青砖块和黑釉瓷片。系清代文化层。

第⑥层：黄色亚黏土。深约3.6—4.3米，厚约0.55—0.65米。此层黄色亚黏土中夹杂有少量灰色沙土，质地细密，较纯净。

第⑦层：红褐色亚黏土。深约4.2—6.1米，厚约0.7—1.8米。土质细密、纯净，亦即当地人所谓“胶泥”。

第⑥、⑦层应属明代文化层，结合相关文献记载，应为明末崇祯十五年（1642年）黄河决口淹灌开封城时所形成的沉积层。

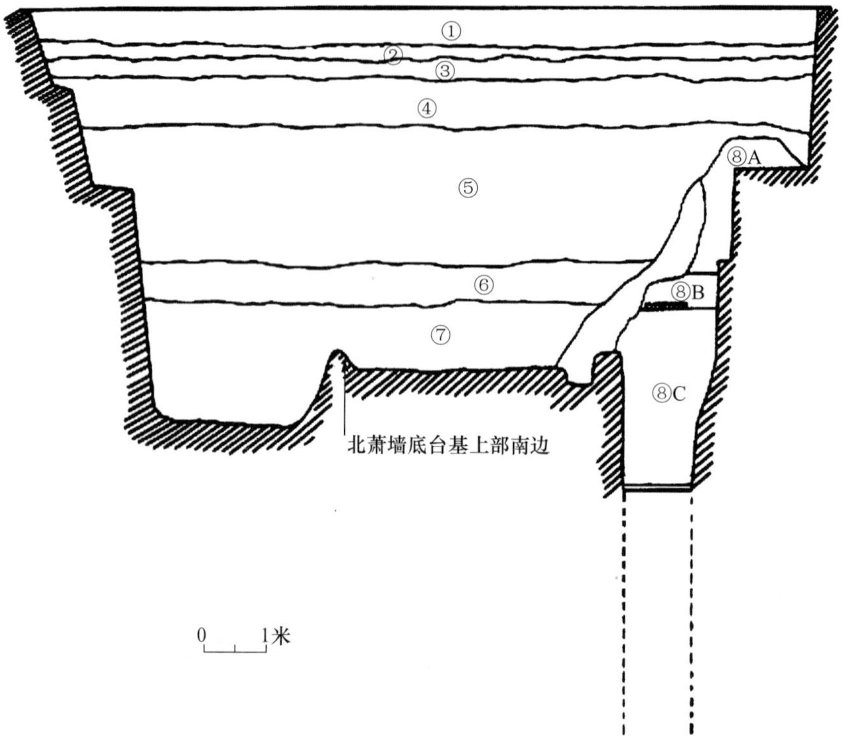

图一三　北萧T2西壁剖面图

在⑦层下发现大型夯土墙体，仅在北部开南北宽2米的小探沟进行解剖清理，其他区域停止发掘。根据解剖结果，墙体均系夯土版筑而成，按照其地层叠压关系及夯土中所含包含物的不同，又可分为三小层，应是三个不同时期所修筑，每个小层的底部都铺设一层碎砖瓦层，作为城墙的基础。为了与后期堆积层的地层相区别，此三层分别标记为⑧A、⑧B、⑧C层。

第⑧A层：青灰色夯土。位于探方北部的⑦层下，深约1.9—4.15米，厚约2.25米。夯土为青灰色，质地坚硬，层次分明，夯层厚约10—20厘米，夯面密布夯窝（图版一三：2）。夯窝呈圆形浅平底，直径3—5、深0.5—1厘米。主要包含物有明影青瓷片、白釉瓷片、宋临汝窑印花瓷片、钧窑瓷片、布纹及绳纹陶片等。夯土层底部铺有厚约5厘米的砖瓦层，共四排，呈东西顺向交错平铺，其间杂以绳纹或素面砖块、布纹瓦片和大量白灰。推测该层为明周王府萧墙北墙。

第⑧B层：灰褐色夯土。深约4.15—4.45米，厚约0.3米。土质较上层夯土松软，包含有宋白釉瓷片、临汝窑瓷片、绿釉及黑釉瓷片、唐民窑白釉瓷片、粗布纹瓦片和灰色陶片等。推测该层为金代皇城北墙。

第⑧C层：灰褐色夯土。深约4.45—7.32米，厚约2.87米。土质较为纯净、坚硬细密。包含物均为宋或宋以前的器物，如宋白釉瓷片，影青瓷片，临汝窑及汝窑瓷片，唐白釉、黄釉、青釉瓷片以及绳纹瓦片，布纹筒瓦和绿釉红胎琉璃瓦片等。推测该层为宋内城北墙。

六、KBD 皇北 T1 东壁剖面

KBD 皇北 T1（图一四）是潘湖遗址第四次发掘所开挖的探沟，位于今龙亭大殿台基东侧约 38 米处的龙亭公园东围墙内，开方为南北 20 米、东西 10 米的长方形，后经扩方至南北 40.5 米、东西 7.5—10 米的中字形，方向为 0°（见图七）。发掘此方的目的亦是拟对之前探至的一大型夯土墙体进行重点解剖。

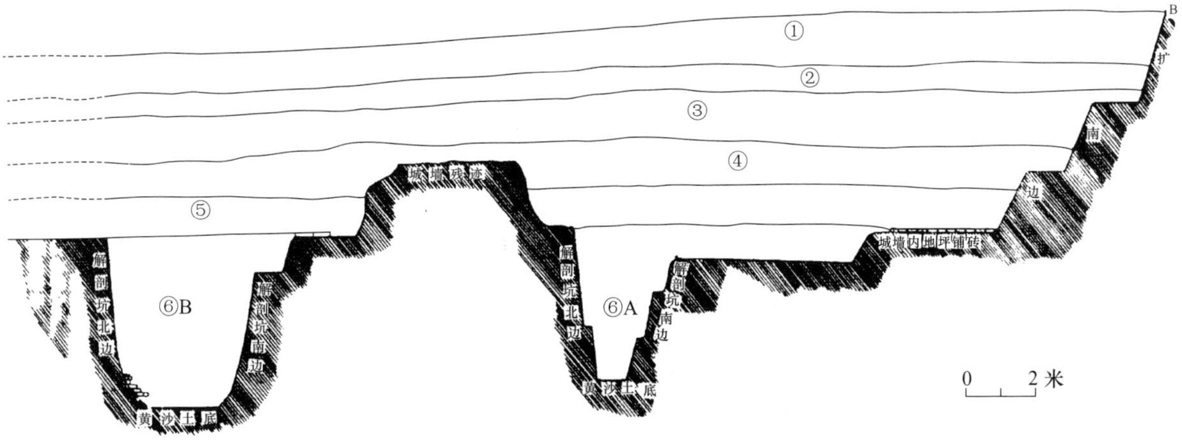

图一四　KBD皇北T1东壁剖面图

第①层：浅黄色淤泥土。深约 0—1.5 米，厚约 1.1—1.5 米。质地细密、纯净，较坚硬，含少量现代生活废弃物。为近现代淤积扰土层。

第②层：灰色淤积土。深约 1.4—2.2 米，厚约 0.6—0.9 米。土质细密，不甚坚硬，含有少量明清时期的砖瓦块和青花瓷片。该层为清代文化层。

第③层：棕褐亚黏土。深约 2.1—3.8 米，厚约 0.8—1.6 米。土质松散，含水分较大，松软，包含有大量明清时期绿釉琉璃板瓦、筒瓦块，灰陶片和青花瓷片等。该层亦为清代文化层。

第④层：灰褐亚黏土。深约 3.6—5 米，厚约 0.8—1.3 米。土质不甚细密，含沙量较大，包含有大量明代砖块、宋砖块、灰陶片以及绿釉瓦当、绿釉白胎残条砖、残绿釉吻鸱等建筑构件。该层为明代文化层。

在该层下的探方中略偏北部发现有夯土墙体。深约 3.4—4.3 米，城墙顶部残宽 3.6—4.2 米，底部残宽 5.05—8.2 米。夯土呈棕褐色，层次分明，层厚约 20—25 厘米，夯窝圆形浅平底状，直径 3、深 1—1.5 厘米。夯窝排列稀疏，间距约 3—6 厘米不等（图版一四：1）。城墙底部紧贴城墙的内外两侧发现有包砖痕迹。包砖仅残留明代地面上的一层，城墙南侧（即内侧）包砖均残，残宽 0.8 米，呈南北向平铺；城墙北侧（外侧）包砖多为整砖，排列整齐呈南北向平铺，砖的尺寸有 0.6 × 0.26 × 0.14 米、0.55 × 0.28 × 0.14 米、0.57 × 0.28 × 0.14 米等，铺砖砖面和城墙两壁发现有明显的白灰砌筑痕迹（图版一四：2）。该夯土层应为紫禁城北墙。

第⑤层：黄褐亚黏土。深约4.95—6.15米，厚约1—1.2米。土质结构细密、黏性较大，包含物与第④层基本相同。该层亦属明代文化层，结合相关文献记载，应为明末崇祯十五年（1642年）黄河洪水淹灌开封城时所形成。

⑤层下普遍发现有较早期的夯土墙体。为了解夯土墙体的结构和性质，当时在已清理出的明城墙底部内外两侧各开挖了一条深沟，城墙南壁探沟东西2.7、南北2.6米；北壁探沟东西1.35、南北5.1米。为了与后期堆积层的地层相区别，把南、北两侧探沟中所解剖的夯土层分别标记为⑥A、⑥B层。

第⑥A层：棕褐色夯土。深约6.05—9.7米，厚约4.2米。

第⑥B层：棕褐色夯土。深约5.3—9.8米，厚约4.2—4.5米。

解剖结果表明⑥A、⑥B层均叠压在第⑤层下所清理出的夯土墙体下，两者结构、特征及包含物一致，应为同一时期所修筑的墙体，以下仅以⑥B层（即北壁解剖坑）为例介绍：解剖的墙体分上中下三部分构筑而成。上层为棕褐色夯土，总厚约3.5米，系分层夯筑而成，厚约8—10厘米，每层夯土系用夯土和砖瓦层上下夯筑而成，即每层上半部为夯土，下半部为碎砖瓦层，这种夯筑结构较仅用夯土夯筑的城墙更加坚固，受长期浸水影响，夯窝已辨认不清；中层为全部采用青砖构砌的砖层，厚约0.6米，共分④层，每层厚约15厘米，砖的尺寸约为18×14.5×5厘米，排列整齐，砖与砖之间用白灰勾缝；下层仍为棕褐色夯土层，厚约0.4米，每层夯土厚约10—20厘米，由于发掘到此层时探沟底部大量出水，夯层虽依稀可辨，但夯窝已辨认不清。城墙内的主要包含物有唐民窑白釉瓷片，唐宋时期的白釉、黑釉、影青、黄釉、绿釉红胎琉璃瓦片，素面、粗布纹、绳纹瓦片以及坩埚残片，炼渣和铁镞头等。

⑥A、⑥B层解剖至的墙体应为宋皇城北墙。根据相关文献记载，北宋皇城原为土筑，宋真宗大中祥符五年（1012年）正月，始下诏“以砖垒皇城”。据此推测，⑥B层中部解剖到的青砖层即是此时所筑，青砖上面的夯土层应是北宋末期或更晚的金、元时期构筑，青砖层下的夯土层应是北宋早期或更早的五代、唐时期所修筑。

⑥A、⑥B层之下即是黄色大砂层，应为生土层。

第三章　宋、金及之前时期文化遗存

由于潘湖遗址的发掘主要集中在抽干湖水后的潘湖湖底进行，发掘区域地下水位较高，且与仅有一路之隔的杨湖距离很近，许多探方（沟）开挖之后渗水严重，受发掘条件的限制，当时大部分探方（沟）清理出明代遗迹后便停止向下作业，仅有个别探方（沟）触及到了早期的地层和遗存。

宋、金及之前时期的文化遗存主要体现在Ⅰ潘T8、Ⅰ潘T10、Ⅰ潘T11、Ⅰ潘T12、北萧T1、北萧T2、KBD皇北T1等7个探方内，虽然揭露面积较小，但揭示出的文化遗存亦相当丰富，清理出的主要遗迹有夯土墙体、夯土层等，出土遗物有大量的细碎瓷片、陶片等。遗迹多直接叠压在更早期的地层之上，且早期地层中的包含物多为唐、五代时期的遗物，其年代可上溯至唐至五代时期。故本章把宋、金与之前的唐、五代时期的文化遗存一并介绍。

第一节　文 化 遗 迹

在潘湖遗址的发掘中，清理出的宋、金时期的文化遗迹主要有大型夯土墙体三处（HQ2、HQ3、HQ5[①]）和重要的夯土层三处（HC1、HC2、HC3[②]），另后期在开封市新街口一带的文物勘探中，还发现了二处宋、金时期的门址MZ5、MZ6[③]。

一、夯土墙HQ2

分布在北萧T1、T2内，叠压在明代夯土墙体HQ1（详见第四章第一节）下，其下又叠压着HQ3，与HQ1和HQ3共同构成一个完整的墙体，但三者应是在不同的历史时期分次修筑的。

北萧T1、T2是潘湖遗址第二次发掘所开挖的探沟，位于开封市汽车公司停车场（今开

---

① H代表夯土，Q代表墙体，阿拉伯数字序号是根据发掘时间由早到晚和地层叠压关系自上而下依次编号。

② H代表夯土，C代表层位，阿拉伯数字序号是根据地层叠压关系自上而下依次编号。

③ M、Z分别是门址二字汉语拼音的首位字母，阿拉伯数字序号是根据遗迹发现的早晚依次编号，其中MZ4为后期勘探所获取资料。

封市公交三公司场站）院内，北萧 T1 在东，北萧 T2 在西，北萧 T1 布方面积为开口呈南北 20、东西 5 米的长方形，北萧 T2 为东西 8.85、南北 18.5 米的长方形，二者方向均为 0°（图一五）。

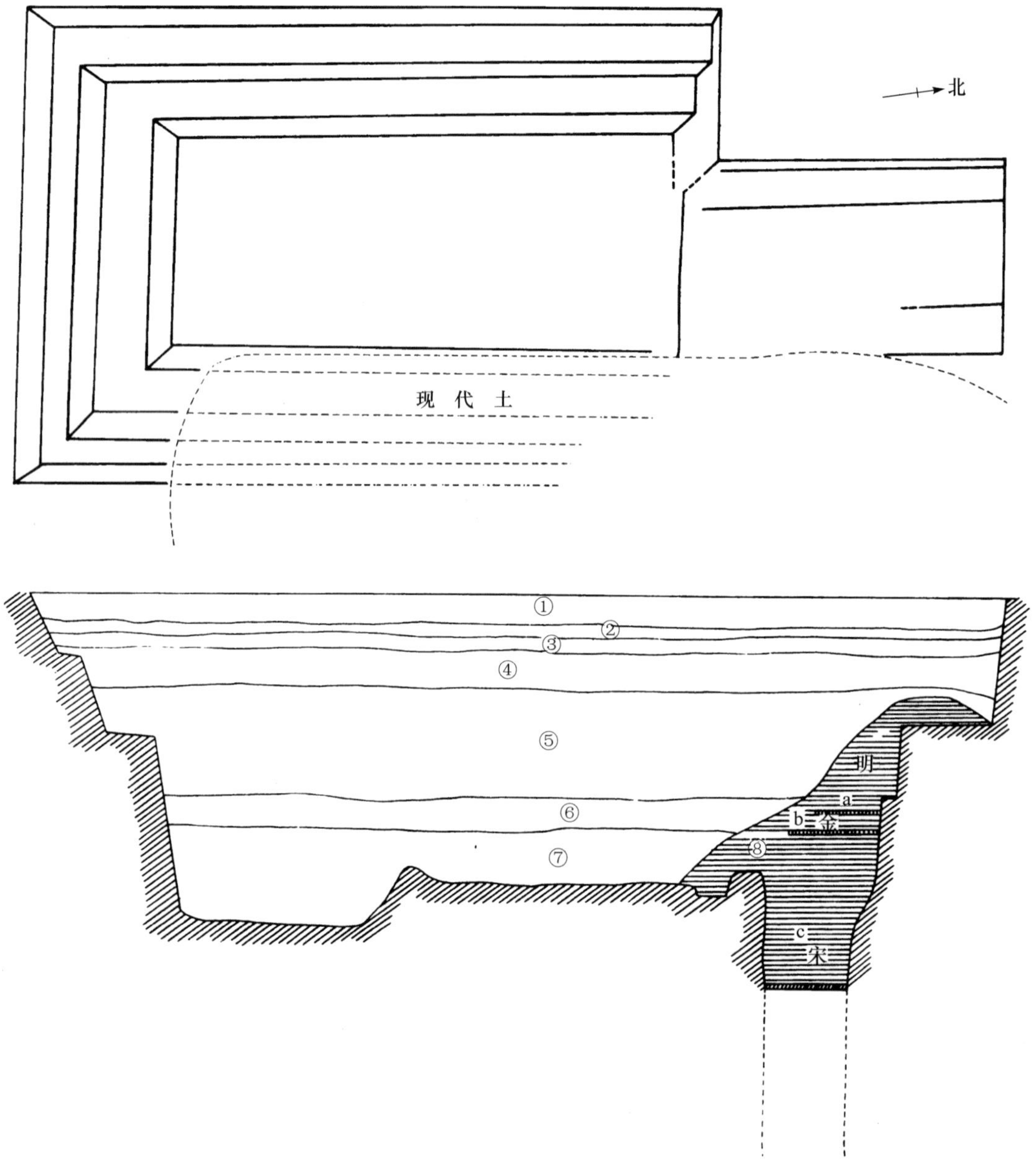

图一五　北萧T1平面图（上）和西壁剖面图（下）

经解剖可知，墙体顶部残宽约 8 米，底部宽度不详，墙体顶部深约 4.15 米，底部深约 4.45 米，厚约 0.3 米（亦即本章图一三北萧 T2 西壁剖面图中的⑧ B 层）。夯土呈灰褐色，夯土土质较上层清理出的 HQ1 墙体稍松软，很难看出明显的夯筑痕迹，夯层夯窝亦不明显。城墙底部铺垫一层厚约 5 厘米的青色残砖层（图版一五：1）。墙内包含物有宋白釉瓷片、临汝窑瓷片、绿釉及黑釉瓷片、唐民窑白釉瓷片、粗布纹瓦片和灰色陶片等。

HQ2的夯筑方法与叠压在其上、下夯土的夯筑方法均有所不同，推测为后期对早期墙体的修复部分，根据北萧T1、T2重点解剖所揭示出的地层叠压关系以及HQ2中的包含物分析，该夯土墙体应为金朝末年所修筑。

二、夯土墙HQ3

HQ3亦分布在北萧T1、T2内，直接叠压在HQ2之下。墙体顶部深约4.45米，底部深约7.32米，厚约2.87米（亦即本章图一三北萧T2西壁剖面图中的8C层）。夯土亦呈灰褐色，土质较为纯净、坚硬细密。夯土有明显分层，每层厚约14厘米。夯窝呈圜底状，直径约6—7厘米，深约1厘米。清理至该层夯土下部时，因探沟周围渗水严重，无法使工作面保持干燥，虽能分层，但部分夯窝已不好辨认（图版一五：2）。夯土层底部，也均匀铺设一层厚约16厘米的垫层，垫层由素面布纹黑板瓦、绿釉红胎布纹黑筒瓦和碎砖块等混合构成。墙体内包含物均为宋或宋以前的器物，如宋白釉瓷片，影青瓷片，临汝窑及汝窑瓷片等，底部垫层中出土有唐白釉、黄釉、青釉瓷片以及绳纹瓦片，布纹筒瓦和绿釉红胎琉璃瓦片等。根据北萧T1、T2重点解剖所揭示出的地层叠压关系以及HQ3中的包含物分析，该夯土墙体应为五代、北宋时期所修筑，底部作为铺垫层的基础部分则似可以上溯至唐代。

北萧T1、T2发掘至HQ3垫层时，由于探方底部渗水严重，探方面临塌方危险，未能继续向下发掘，使用探铲向下探至9.5米深处仍为夯土。

三、夯土墙HQ5

分布在KBD皇北T1探沟内，叠压在明代夯土墙体HQ4下（详见第四章第一节HQ4部分），距地表深约5.3—9.8米，顶部残宽约8米、底部宽度不详，残高4.2—4.5米，其下为生土层（图一六）。

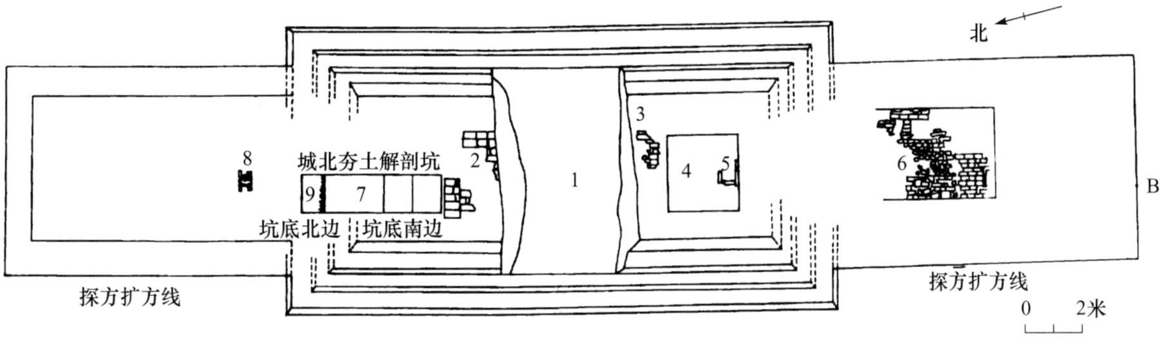

图一六　KBD皇北T1遗迹分布平面图

1. 明周王府紫禁城、北宋皇城残墙　2. 城墙外侧明代包砖　3. 城墙内侧明代包砖　4. 城墙内侧明周王府地面以下解剖坑　5. 砖砌小池类遗迹　6. 明代周王府地面铺砖　7. 城墙外侧解剖坑　8. 城外明代地面上的建筑残迹　9. 蓝砖砌层

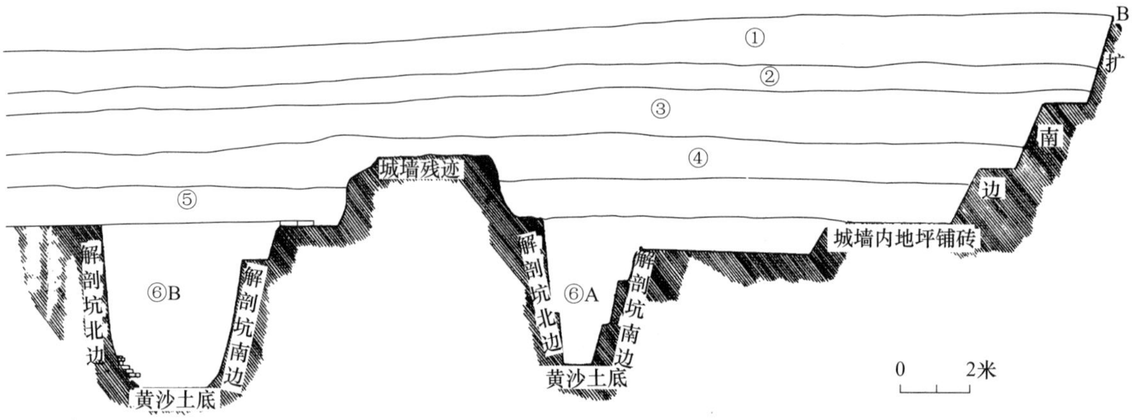

图一七　KBD皇北T1东壁局部解剖图

第①层：浅黄色淤泥　第②层：灰色淤泥　第③层：棕褐色土层　第④层：灰褐色土层

第⑤层：黄褐色土层　第⑥A、⑥B层：城墙夯土层

根据KBD皇北T1的发掘结果可知，HQ5大部分叠压在该探方的第⑤层下，局部叠压在HQ4下，亦即KBD皇北T1局部解剖图中所标记的⑥A、⑥B层。解剖结果表明，⑥A、⑥B层两者结构、特征及包含物一致，应为同一时期所修筑的墙体，以下仅以⑥B层（即北壁解剖坑）为例做一介绍：解剖的墙体分上中下三部分构筑而成。上层为棕褐色夯土，总厚约3.5米，系分层夯筑而成，厚约8—10厘米，每层夯土系用夯土和砖瓦层上下夯筑而成，即每层上半部为夯土，下半部为碎砖瓦层，这种夯筑结构较仅用夯土夯筑的城墙更加坚固，受长期浸水影响，夯窝已辨认不清（见图版一四：1）；中层为全部采用青砖构砌的砖层，厚约0.6米，共分④层，每层厚约15厘米，砖的尺寸约为18×14.5×5厘米，排列整齐，砖与砖之间用白灰勾缝；下层仍为棕褐色夯土层，厚约0.4米，每层夯土厚约10—20厘米，由于发掘到此层时探沟底部大量出水，夯层虽依稀可辨，但夯窝已辨认不清。城墙内的主要包含物有唐民窑白釉瓷片，唐宋时期的白釉、黑釉、影青、黄釉、绿釉红胎琉璃瓦片，素面、粗布纹、绳纹瓦片以及坩埚残片，炼渣和铁镞头等。

⑥A、⑥B层解剖至的墙体应为宋皇城北墙。根据相关文献记载，北宋皇城原为土筑，宋真宗大中祥符五年（1012年）正月，始下诏“以砖垒皇城”。据此推测，⑥B层中部解剖到的青砖层即是此时所筑，青砖上面的夯土层应是北宋末期或更晚的金、元时期构筑，青砖层下的夯土层应是北宋早期或更早的五代、唐时期所修筑。

在墙体南侧底部，还发现有砖砌的疑似小水池一类的建筑残迹一处，用途不清（见图一六：5）。在墙体北侧的底部，还发现有宋代蓝砖砌层（见图一六：9）和砖铺地面残迹等（图版一六）。

四、夯土层HC1

分布在I潘T8内，夯土层开口于明代砖铺地面以下、叠压在宋代文化层之上，深2.05—

5.1 米，最厚处可达 3 米。HC1 按土质土色又可分为 5 个大层（亦即 I 潘 T8 北壁剖面图中的⑤ A—⑤ E 层，见图一〇），其详情如下：

第①层：棕褐色夯土。深约 2.1—2.75 米，厚约 0.6 米。土质坚硬，含水量较少，又可分为 5 小层，在其第 3 小层与第 4 小层之间，发现有夯窝痕迹，夯窝直径 5 厘米，深 1 厘米，两夯窝之间的距离为 2 厘米。夯土中包含有宋代的白釉、青釉、黑釉、酱色釉瓷片以及少量的灰陶片、围棋子等。

第②层：黄褐色夯土。深约 2.75—3.15 米，厚约 0.4 米，又包括 3 小层。夯土土质较坚硬，含水量较少。包含物有白釉、黄釉、青釉瓷片等。

第③层：灰褐色夯土。深约 3.15—4.04 米，厚约 0.9 米，又包括 7 小层。夯土含沙量较大，含水量较多，虽无以上两层夯土坚硬，但仍比较磁实。包含物有宋代白釉、黑釉、青釉、绿釉、酱色釉瓷片以及骨质骰子、小螺蛳和蚌壳等。

第④层：灰黑色夯土。深约 4.04—5 米，厚约 0.95 米，又包括 6 小层。夯土含沙、含水均较多，不太坚硬。包含物有宋代白釉、黑釉、青釉、酱色釉、影青釉瓷片，绿釉陶片、灰陶片以及小螺蛳、蚌壳等。

第⑤层：黄色夯土。深约 5—5.1 米，厚仅约 0.1 米。该层夯土含水量较小，不太坚硬。也许是因为太薄的缘故，未见有包含物。

以上第①—⑤层夯土中的包含物绝大多数属于宋代，未见宋代以后的文化遗物，应属宋代文化层。

五、夯土层 HC2

HC2 分布在 I 潘 T10 内。I 潘 T10 位于潘湖遗址第一次发掘区域的中部略偏南，南与 I 潘 T7 和 I 潘 T13 相邻，北距 I 潘 T145 约 18 米，开挖面积 10 × 10 平方米，方向为 0°（见图七）。

HC2 开口于探方内清理出的明代砖铺地面以下，因探方底部渗水严重，探方面临塌方危险，对 HC2 未能清理至底部，其中已解剖部分夯土层深约 2.5—4.91 米，厚约 2.4 米。HC2 按土质土色可分为 13 个夯层（图一八），其详情如下：

第①层：红褐色夯土。深 2.5—2.53 米，厚 0.16—0.18 米。夯土内包含物有少量的宋代瓷片，其中有汝系瓷一片，可辨器型有碗等。

第②层：探方内不同区域土色略有变化，其中探方北部为黄褐色夯土，南部为黄灰色夯土。深约 2.65—2.66 米，厚约 0.14—0.15 米。夯土内包含物有五片宋代瓷片，其中汝系瓷一片。

第③层：浅灰褐色夯土。深约 2.85—2.98 米，厚约 0.2—0.32 米。夯土内包含物有宋代定、汝、钧、龙泉、三彩等窑系的瓷片，可辨器型有碗、碟、盆等。

第④层：浅灰褐色夯土。深约 3.03—3.18 米，厚约 0.18—0.2 米。夯土内包含物有宋代钧、汝、定、三彩等窑系的瓷片，可辨器型有碗、盆、碟等。

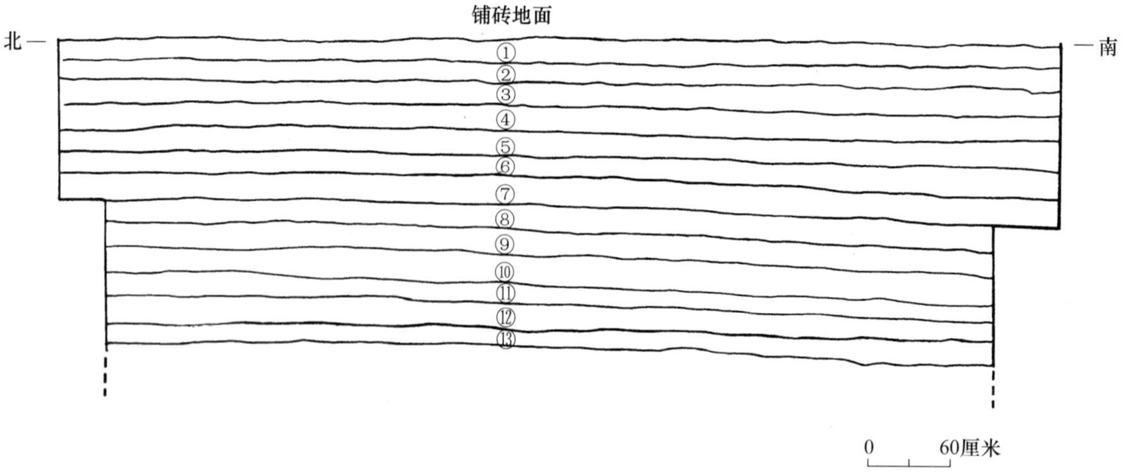

图一八　I潘T10HC2夯土层剖面图

第⑤层：浅灰褐色夯土。深约3.17—3.38米，厚约0.14—0.2米。夯土内包含物有宋代定、钧、汝等窑系的瓷片，可辨器型有盆、碗、碟、缸等。另有少量唐代白、黄釉器鼻。

第⑥层：浅灰褐色夯土。深约3.31—3.58米，厚约0.14—0.2米。夯土内包含物有唐、宋时期钧、汝、三彩等窑系的瓷片，可辨器型有碗、碟、盆等。

第⑦层：深灰色夯土。深约3.51—3.77米，厚约0.2米。夯土内包含物有：宋代汝、钧、定、龙泉、吉州等窑系的瓷片，另有唐代黄釉、白黄釉及三彩瓷片，可辨器型有碗、盆、缸等。

第⑧层：深灰色夯土。深约3.65—3.97米，厚约0.14—0.2米。夯土内包含物有宋代钧、汝、三彩等窑系的瓷片，可辨器型有碗、盆、碟等，另出土白色骰子一个。

第⑨层：深灰色夯土。深约3.18—4.17米，厚约0.16—0.2米。夯土内包含物有宋代汝、吉州、三彩等窑系的瓷片，可辨器型有碗、碟、盅等。

第⑩层：深灰色夯土。深约3.98—4.37米，厚约0.18—0.2米。夯土内包含物有宋代汝、钧、龙泉等窑系的瓷片，可辨器型有碗、盆、缸等。

第⑪层：灰褐色夯土。深约4.17—4.55米，厚约0.12—0.18米。夯土内包含物有宋代定、钧等窑系的瓷片，可辨器型有盆、碗等。

第⑫层：灰褐色夯土。深约4.31—4.75米，厚约0.14—0.2米。夯土内包含物有宋代钧、汝、三彩等窑系的瓷片，可辨器型有碗、盆等。

第⑬层：黄褐色夯土。深约4.44—4.91米，厚约0.13—0.16米。夯土内包含物有宋代钧瓷系、三彩瓷片和唐代三彩瓷片等，可辨器型主要有碗等。

第⑬层下因故未能解剖，经探测应仍为夯土，具体情况不明。

六、夯土层HC3

分布在潘湖遗址第一次发掘的I潘T12内。在该探方的发掘中，首先是在第③层下清理出明代的砖铺地面，HC3开口在明代砖铺地面以下，其下又叠压第④层之上。经解剖，HC3深约1.7—4.65米，厚约2.8米，按土质土色的不同又可分为19个夯层（图一九），其详情如下：

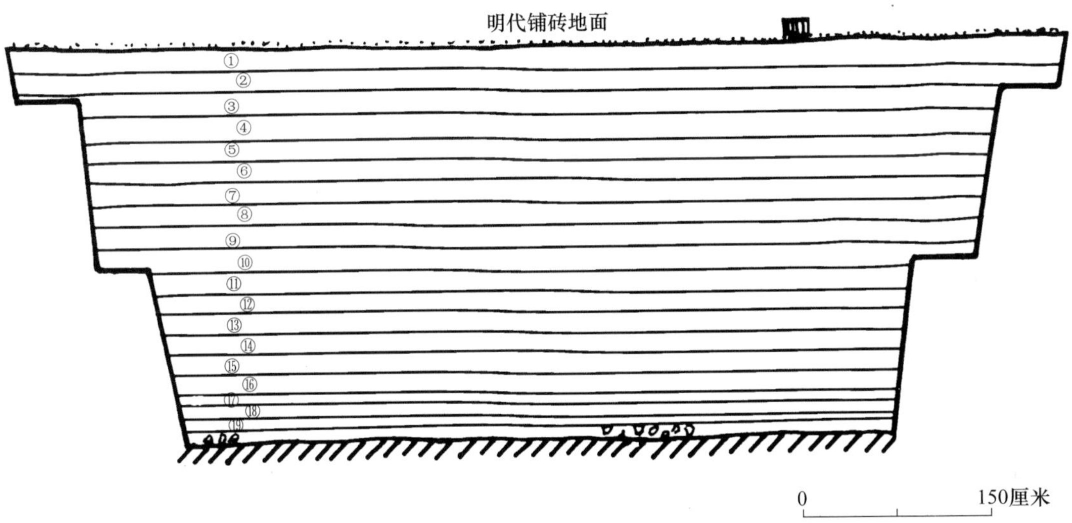

图一九 I潘T12HC3夯土层剖面图

第①层：红褐色夯土。深约1.7—1.88米，厚约0.18米。土质较坚硬，夯土内包含物有宋代白釉、青釉、褐色釉等瓷片，少量宋代粗布纹碎瓦片，另有“乾元重宝”铜钱1枚。

第②层：红褐色夯土。深约1.85—2.02米，厚约0.15—0.17米。土质较坚硬，夯土内包含物有唐末五代时期的黄釉瓷片，宋代越窑、定窑、钧窑等窑系瓷片，其他窑系酱黄釉、褐釉、青釉瓷片，以及素面和印花围棋子各一枚等。

第③层：红褐色夯土。深约2.02—2.2米，厚约0.18米。土质坚硬，夯土内包含物有宋代龙泉窑、定窑等窑系瓷片，其他窑系青釉、白釉瓷片，以及白瓷印花围棋子1枚等。

第④层：红褐色夯土。深约2.2—2.4米，厚约0.2米。土质较坚硬，夯土内包含物有唐代三彩陶片、黄釉瓷片，宋代白釉、黑釉、青釉瓷片，以及绳纹残砖等。

第⑤层：红褐色夯土。深约2.4—2.56米，厚约0.16米。土质坚硬，夯土内夹杂有少量黄色土，包含物有宋代钧窑系瓷片、汝窑系印花瓷片，白釉、青釉瓷片以及灰陶片等。

第⑥层：红褐色夯土。深约2.56—2.73米，厚约0.16米。土质较坚硬，夯土内夹杂有少量黄色土，包含物有唐末五代时期的黄釉瓷片，宋代白釉瓷片、汝窑系印花瓷片以及青釉、褐釉瓷片和孔雀绿釉陶片等。

第⑦层：红褐色夯土。深约2.73—2.9米，厚约0.15—0.17米。土质较坚硬，夯土内夹杂有黄色土，包含物有宋代越窑系印花瓷片、白釉瓷片、酱黄釉瓷片等。

第⑧层：灰褐色夯土。深约2.9—3.07米，厚约0.17米。土质坚硬，夯土内夹杂有少量黄土块，包含物有宋代黑釉瓷片、白釉瓷片、汝窑系瓷片等。

第⑨层：灰褐色夯土。深约3.07—3.25米，厚约0.18米。土质坚硬，夯土内夹杂有黄土块，内包含物有宋代白釉、青釉、黄釉、黑釉等瓷片，以及少量的灰陶片、三彩陶片、粗布纹瓦片等。

第⑩层：灰褐色夯土。深约3.25—3.43米，厚约0.18米。土质坚硬，夯土内夹杂有少量黄土，内包含物有宋代白釉、青釉、褐釉、影青等瓷片，以及残骨簪等。

第⑪层：灰褐色夯土。深约3.43—3.6米，厚约0.17米。土质坚硬，夯土内包含物有宋代白釉、青釉、黑釉瓷片和钧窑系瓷片，灰陶片、粗布纹瓦片和陶、瓷骰子等。

第⑫层：灰褐色夯土。深约3.6—3.75米，厚约0.15米。土质较硬，夯土内包含物有宋代白釉、青釉、褐釉、酱黄釉瓷片以及钧窑系瓷片等。

第⑬层：灰褐色夯土。深3.75—3.91米，厚约0.16米。土质稍松软，夯土内包含有宋代白釉、黑釉、青釉、酱黄釉瓷片以及钧窑系瓷片，另有粗布纹瓦片等。

第⑭层：灰褐色夯土。深约3.91—4.06米，厚约0.15米。土质不够坚硬，局部比较松软，含沙量较大，夯土内包含物有宋代黄釉、酱黄釉、白釉瓷片以及绿釉瓦片等。

第⑮层：灰褐色夯土。深约4.06—4.22米，厚约0.16米。夯土结构较杂乱，褐色土中夹杂有块状黄土，包含物有宋代白釉、青釉、酱黄釉瓷片以及甜瓜籽等。

第⑯层：灰褐色夯土。深约4.22—4.37米，厚约0.15米。土质较硬，夯土内包含物有宋代白釉、酱黄釉、黑釉、青釉瓷片等。

第⑰层：灰褐色夯土。深约4.37—4.45米，厚约0.06—0.09米。土质坚硬，夯土内包含物有宋代白釉、酱黄釉、黑釉、青釉瓷片等。

第⑱层：灰褐色夯土。深约4.45—4.56米，厚约0.1—0.11米。夯土坚硬，夯土内包含物有宋代白釉、青釉、酱黄釉瓷片等。

第⑲层：灰褐色夯土。深约4.56—4.65米，厚约0.09米。夯土杂乱，相对较疏松，夯土内包含物有唐代黄釉瓷片，宋代定窑系白釉瓷片和汝窑系印花瓷片等。

在探方Ⅰ潘T12西南部的第19层夯土下还清理出一层东西向平铺的青砖，因揭露面积较小，其性质和用途不明，青砖之下叠压在探方的第④层宋、金时期的文化层上。

根据以上对HC3的解剖结果，夯土层总厚达2.8米，且夯筑认真、规整，据此推测，应为宋、金时期一大规模建筑遗址的台基部分。

七、门址MZ5、MZ6

1985年，开封市宋城考古队在配合宋都御街工程建设项目的文物勘探中，在今新街口附近，发现一大型古代门址的部分残迹MZ4。MZ4深约4.5米，因位于十字路口，未能探清其范围（MZ4后被认定为明周王府萧墙南门——午门遗址，详见第四章第一节MZ4部分）。1996年5月，在配合新街口附近区域拆迁改造工程的文物勘探中，先是大致探明了MZ4的分布范围，为东西长约80、南北宽约50米的长方形（见第四章图三七），随后通过对MZ4的进一步钻探解剖发现，叠压在MZ4之下，距地表约6.3米和8.3米的不同深度，还有两处更为早期的门址 MZ5、MZ6。

MZ5、MZ6 分布范围和 MZ4 基本一致，根据其埋藏深度、所处位置以及门址残迹中的包含物等情况综合分析，其应为宋、金时期开封皇宫遗址上的两处重要门址建筑[①]。

第二节 文化遗物

该时期的遗物比较丰富，但因多出土于夯土层中，绝大多数器物在夯筑过程中已被夯打的支离破碎，主要有大量的瓷器碎片、陶罐碎片、布纹灰陶瓦片、骨器和石器等（彩版四）。经整理可修复的器物标本主要集中 I 潘 T8 探方内，现将挑选标本介绍如下。

一、瓷　　器

标本共 21 件，其中 5 件为素烧瓷，其他均为施釉瓷，可辨器形主要有碗、罐、盘、人、棋子、骰子等。以下按照器形分别予以介绍。

1. 碗

标本共 9 件。

标本 T8⑥：166，唇口、斜弧腹、矮圈足，胎呈肉粉色、泛灰，夹杂有黑色杂质，釉呈白色泛黄，通体施釉。口径 19.6 厘米、足径 7.2 厘米、高 8 厘米（图二〇：1）。

标本 T8⑥：176，仅残存碗底部分，圈足，胎、釉均呈白色，下腹部及底部未施釉。底径 4.4 厘米（图二〇：2）。

标本 T8⑥：179，敞口、斜弧腹、矮圈足，胎呈肉粉色，釉呈白色泛黄，施釉至足墙，底部施白色化妆土，口径 20.6 厘米、底径 7.8 厘米、高 7.5 厘米（图二〇：3）。

标本 T8⑦：207，敞口外撇。胎呈浅肉粉色，釉呈白色、泛黄，在口部点有绿彩。口径约 14.6 厘米、残高 3.3 厘米（图二〇：4）。

标本 T8⑦：221，敞口、斜弧腹，胎呈白色、夹杂有黑点杂质，釉呈白色、泛黄，仅口沿及内壁施釉，外壁上半部施灰白色化妆土。口径 12.7 厘米、残高 3.6 厘米（图二〇：5）。

标本 T8⑦：224，敞口、斜弧腹、玉璧形足，胎、釉均呈白色，施釉至足墙。口径 14.9 厘米、足径 8.2 厘米、高 3.8 厘米（图二〇：6）。

标本 T8⑦：225—1，敞口、斜弧腹，胎、釉均呈白色。口径 14.3 厘米、残高 3.6 厘米（图二〇：7）。

标本 T8⑦：225—2，敞口、斜弧腹、玉璧形足，胎呈灰白色，夹杂有黑点杂质，釉呈白色泛青，施釉至足墙，口径 13.2 厘米、底径 5.1 厘米、高 4.4 厘米（图二〇：8）。

---

① 刘春迎：《北宋东京城研究》，科学出版社，2004 年，第 204 页。

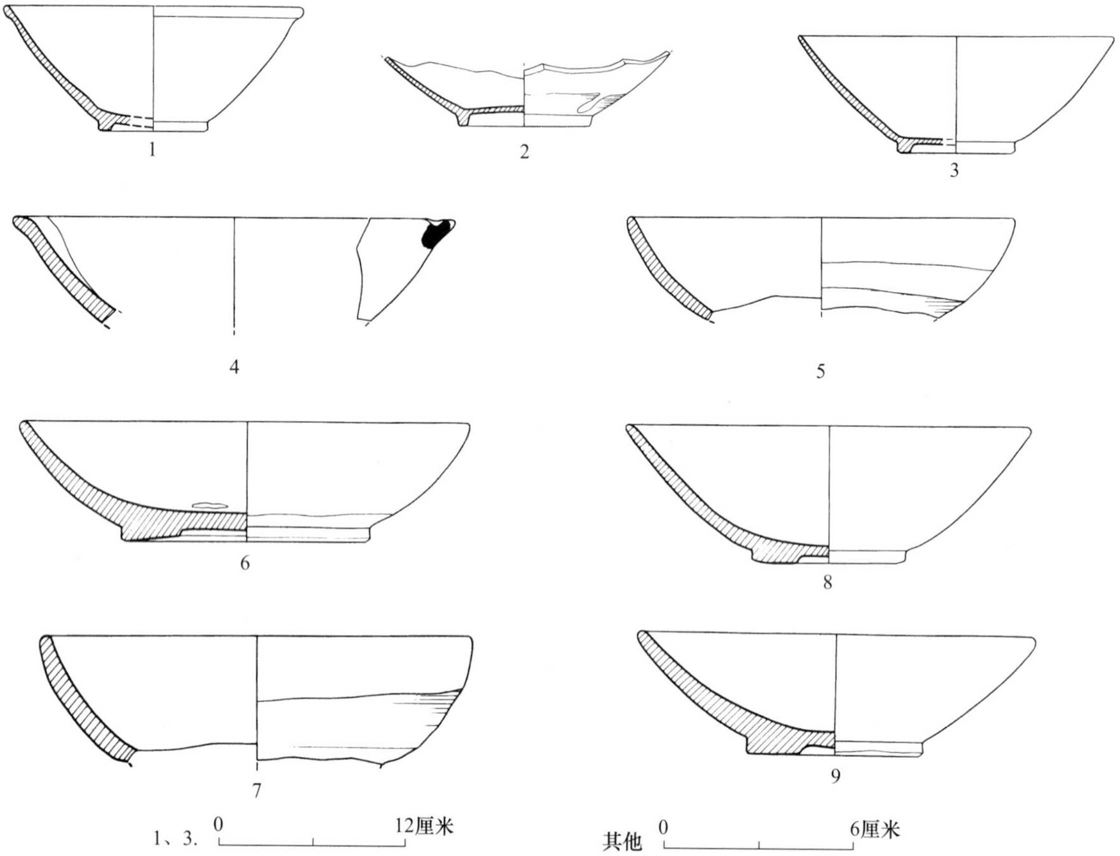

图二〇　瓷碗

1. T8⑥：166　2. T8⑥：176　3. T8⑥：179　4. T8⑦：207　5. T8⑦：221　6. T8⑦：224　7. T8⑦：225—1　8. T8⑦：225—2　9. T8⑨：226

标本T8⑨：226，敞口、斜弧腹、玉璧形足，胎、釉均呈白色，施釉至足墙。口径13厘米、足径5.8厘米、高4厘米（图二〇：9）。

2. 罐

标本共2件。

标本T8⑦：217，直口、矮领、束颈，肩部残存一条系耳。胎体粗糙，颜色不一，整体呈白色泛粉，口沿及外壁施黄釉、内壁未施釉。口径5.6厘米、残高3.3厘米（图二一：1）。

标本T8⑨：226，敛口、折肩、斜弧腹，胎、釉均呈白色，胎质细密，外壁下部未施釉。口径11厘米、最大腹径13.6厘米、残高5.2厘米（图二一：2）。

3. 盘

标本1件。

标本T8⑦：194，仅残存口沿部分，敞口、微外撇、腹部呈反弧形内收。胎呈白色，夹杂有黑色杂质，釉呈青色、泛黄。盘口径约6.1厘米、残高1.8厘米（图二一：3）。

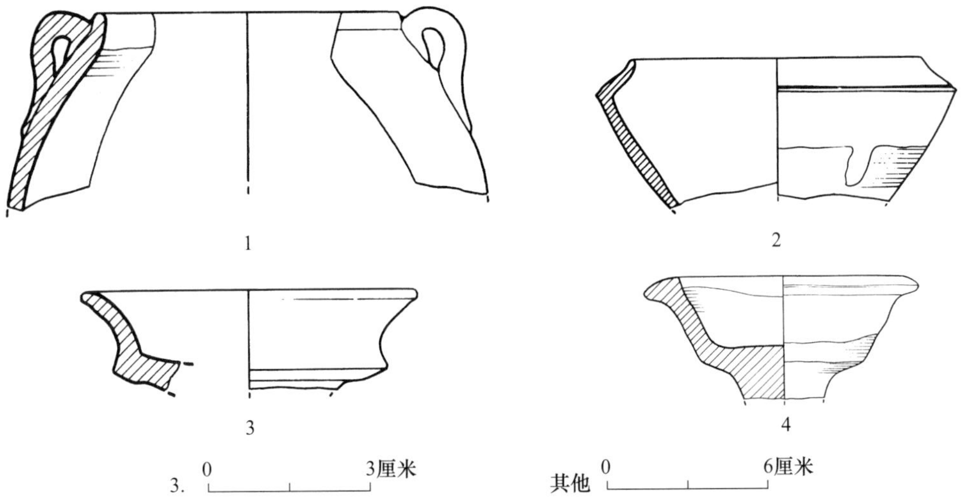

图二一　罐、盘、豆

1. 罐（T8⑦：217） 2. 罐（T8⑨：226） 3. 盘（T8⑦：194） 4. 豆（T8⑨：226）

4. 豆

标本1件。

标本T8⑨：226，仅残存豆盘，柱状柄残缺，盘本身敞口、宽沿外翻、斜弧腹。胎呈肉粉色，仅口沿内外施酱褐色釉，内壁及下腹部均施一层白色化妆土，柄部涩胎。盘口径10.3厘米、残高4.5厘米（图二一：4）。

5. 瓷人

标本1件。

标本T8⑨：230，白釉点彩瓷人，雕塑成婴儿坐在座椅内的形象，胎、釉均呈白色，仅上半部施釉，婴儿身上点绘有几处黄彩。宽3、高2.9、厚1.6厘米（图二二）。

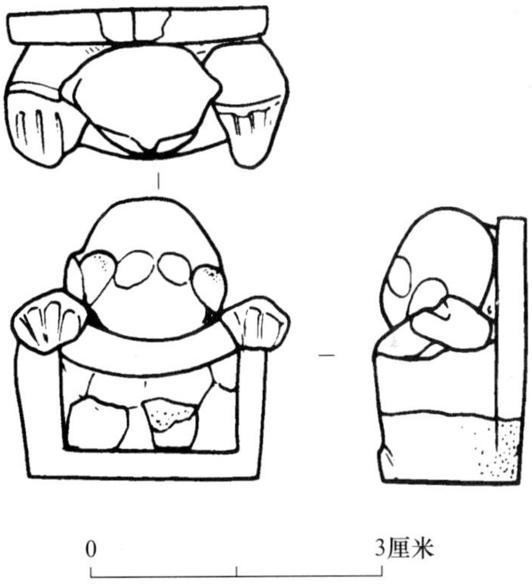

图二二　瓷人

T8⑨：230

6. 围棋子

标本共3件。均为扁圆柱形。素烧，胎呈白色。

标本T8⑤：35，直径1.8、厚0.45厘米（图二三：1）。

标本T8⑤：37，直径1.4、厚0.36厘米（图二三：2）。

标本T8⑤：193，直径1.5、厚0.4厘米。

7. 骰子

标本共5件。均为正方体，六面分别为1至6六个圆点，不施釉，素烧，胎土呈白色。

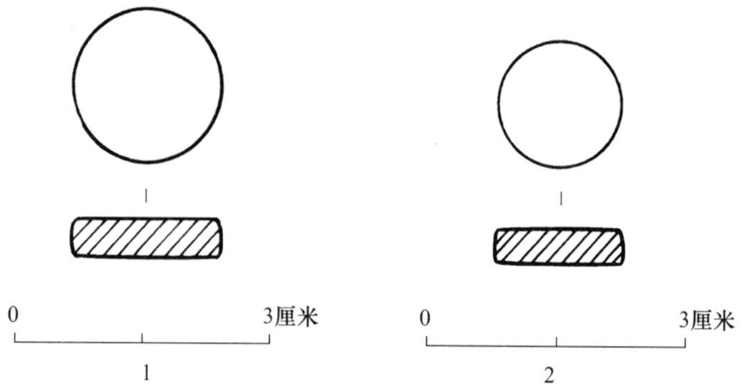

图二三　围棋子

1. T8⑤：35　2. T8⑤：37

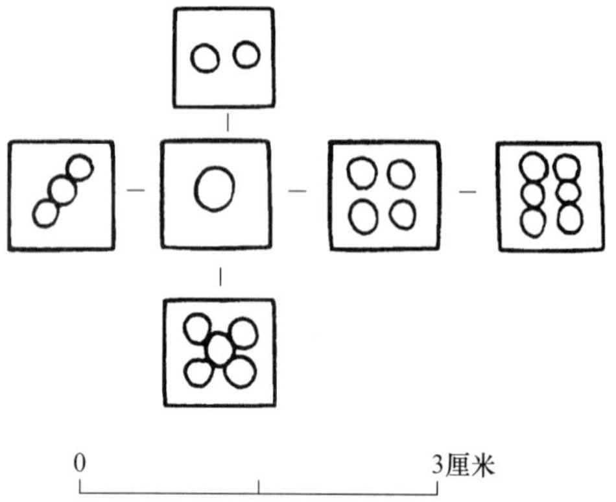

图二四　骰子

T8⑤：38

标本T8⑤：38，其中1个圆点和4个圆点二面的圆点呈红色，其他四面圆点位均呈黑色。边长0.8厘米（图二四）。

标本T8⑤：57、标本T8⑤：219，其中只有4个圆点一面的圆点呈红色，其他五面圆点位均呈黑色。边长0.8厘米。

标本T8⑤：194、标本T8⑤：208，其中只有4个圆点一面的圆点呈红色，其他五面圆点位均呈黑色。边长0.9厘米。

8. 其他

标本共2件，均为残片，器形不可辨。

标本T8⑦：215，黄釉残片，上有一排排的几何纹饰。胎呈浅肉粉色，器内外均施黄釉。残长4.4厘米、残宽4.3厘米。（图二五：1）

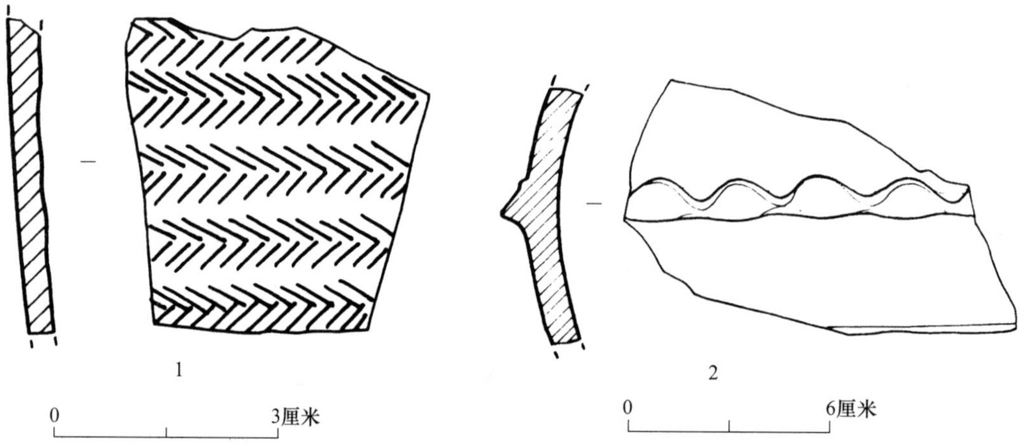

图二五　器物残片

1.T8⑦：215　2.T8⑨：225

标本 T8 ⑨：225，青釉残片，上有堆塑的波浪纹。胎呈灰色，釉呈青色、微泛黄。残长 9、宽 6 厘米（图二五：2）。

二、骨　　器

标本 2 组。

标本 T8 ⑥：125，残骨梳，梳背部呈弧形，齿呈倾斜状。残长约 3.3 厘米、厚 0.3—0.5 厘米（图二六）。

标本 T8 ⑥：167，加工骨料，共三段，均呈长条状，平面较光滑，两侧面有明显的切割、打磨痕迹（图二七）。

T8 ⑥：167—1，长 17、宽 3.4、厚 0.6 厘米。

T8 ⑥：167—2，长 14.3、宽 0.8 厘米。

T8 ⑥：167—3，长 14.5、宽 1、厚 0.67 厘米。

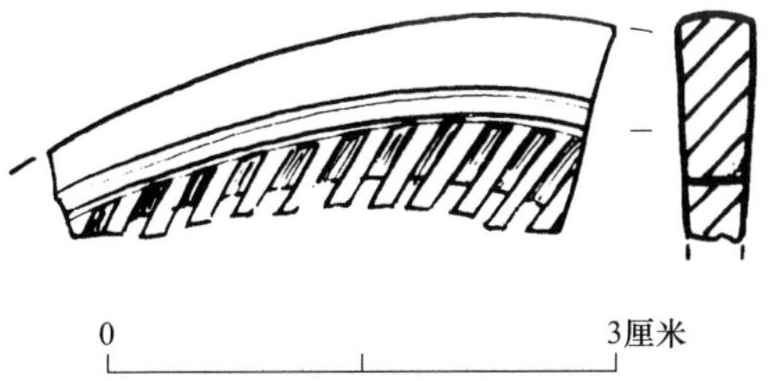

图二六　残骨梳
T8 ⑥：125

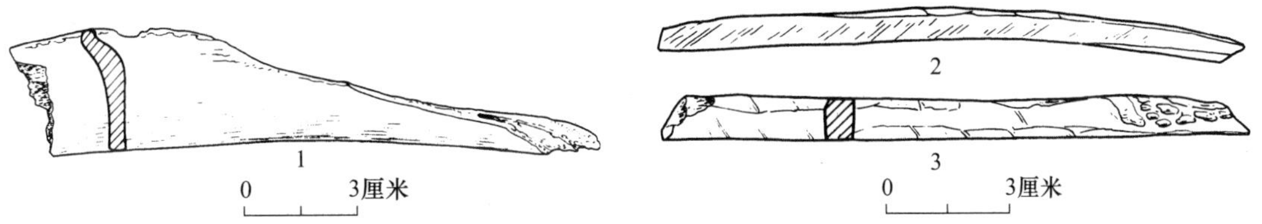

图二七　骨料
1.T8 ⑥：167—1　2.T8 ⑥：167—2　3.T8 ⑥：167—3

三、石　　器

标本 1 件。

标本 T8 ⑤：191，青石围棋子，扁圆形，直径 1.8、厚 0.4 厘米。

四、陶　　器

有大量的灰陶瓦片，多已被夯打成碎块，具体形制不清楚，内侧均有布纹（见彩版四）。

第四章　明代文化遗存

明代文化遗存是潘湖遗址发掘中揭露遗迹现象最复杂、出土文物标本最多、折射文化内涵最丰富的遗存。明代文化遗存在前后四次进行的各个发掘区均有分布，大多叠压在宋、金时期文化遗存之上，其上又均被明末黄河水患所形成的淤积层所掩埋，遗存废弃年代清晰。本期文化遗存中揭露出的主要遗迹现象有夯土墙体、建筑台基、门址、花坛、水池等，出土遗物则为大量的蓝砖、瓦当、滴水、筒瓦、板瓦、脊兽等建筑构件和瓷器、陶器、骨器、石器、铁器等日常生活用品。

第一节　文 化 遗 迹

文化遗迹以大型夯土墙体和建筑基址为主，建筑基址又有铺砖地面、夯土台基、墙体、门址、房址、亭子等。此外还有花坛、砖砌树池、砖砌台子以及下水道进水口、水池等排水设施。下面分别予以介绍：

一、大型夯土墙体

共两处，分别编号为 HQ1、HQ4。

（一）HQ1

主要分布在潘湖遗址第二次发掘的北萧 T1 和北萧 T2 等探方内，其中夯土墙体已揭露的东西长度为 4 米，方向约 98°，顶部残宽 0.8—1.15 米、距地表深约 1.55 米，至明代地面处墙体宽约 8 米、残高约 4.65 米（图二八）。

在北萧 T1 内，对保存相对较好的 HQ1 的南面斜坡进行了局部解剖，其解剖结果如下：

HQ1 叠压在探方的第⑦层地层下，墙体南坡面深约 1.9—4.15 米，残高约 2.25 米（见第三章第一节图一五，亦即图中所标记的 8A 层）。夯土为青灰色，质地坚硬，层次分明，夯层厚约 10—20 厘米，部分夯层夯面密布夯窝（图版一三：2），夯窝呈圆形浅平底，直径 3—5、深 0.5—1 厘米，个别夯层有直径 11—12 厘米的大夯窝。主要包含物有：明影青瓷片、白釉瓷片、宋临汝窑印花瓷片、钧窑瓷片、布纹及绳纹陶片等。夯土层底部铺有厚约 5 厘米的砖瓦层，共

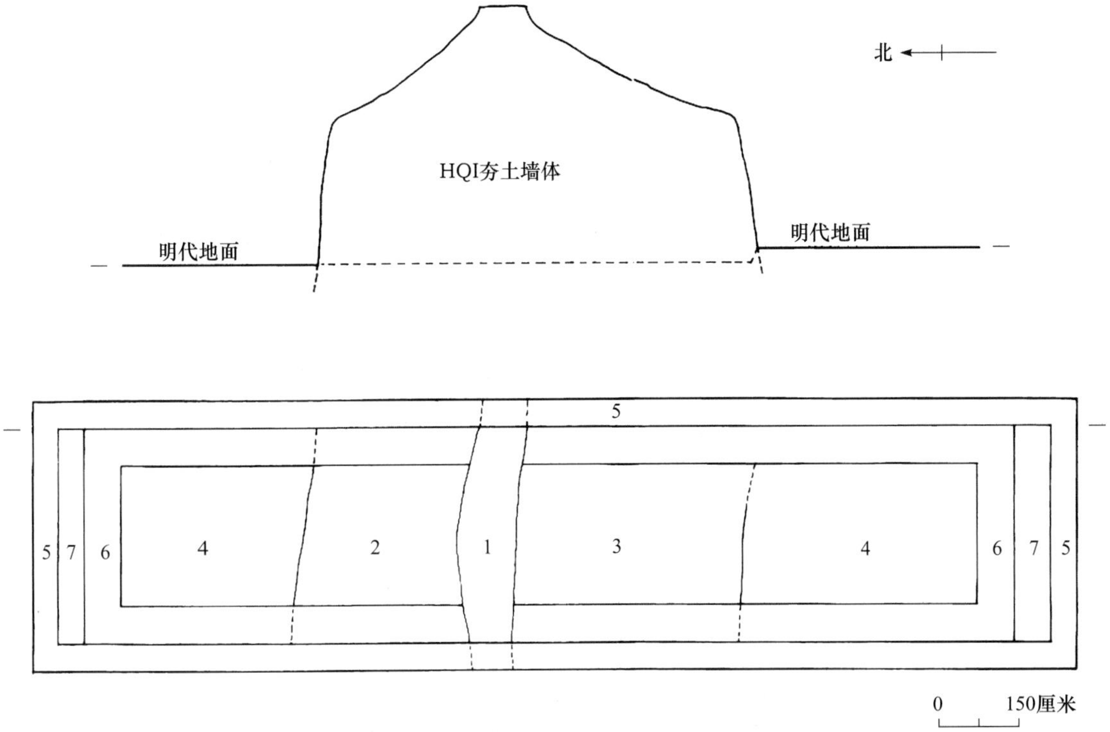

图二八　北萧T1内HQ1平、剖面图

1. 城墙上部残面　2. 城墙北外壁坡面残面　3. 城墙南壁斜坡残面　4. 明代地面　5. 一层台　6. 二层台　7. 南北留的台

四排，呈东西顺向交错平铺，其间杂以绳纹或素面砖块、布纹瓦片和大量白灰。HQ1 应为明周王府萧墙北墙，其下叠压着早期的夯土墙体 HQ2。

通过北萧 T1 对主墙体的局部解剖可知，HQ1 墙体又由许多小夯层分层构筑而成，其详情如下（图二九）：

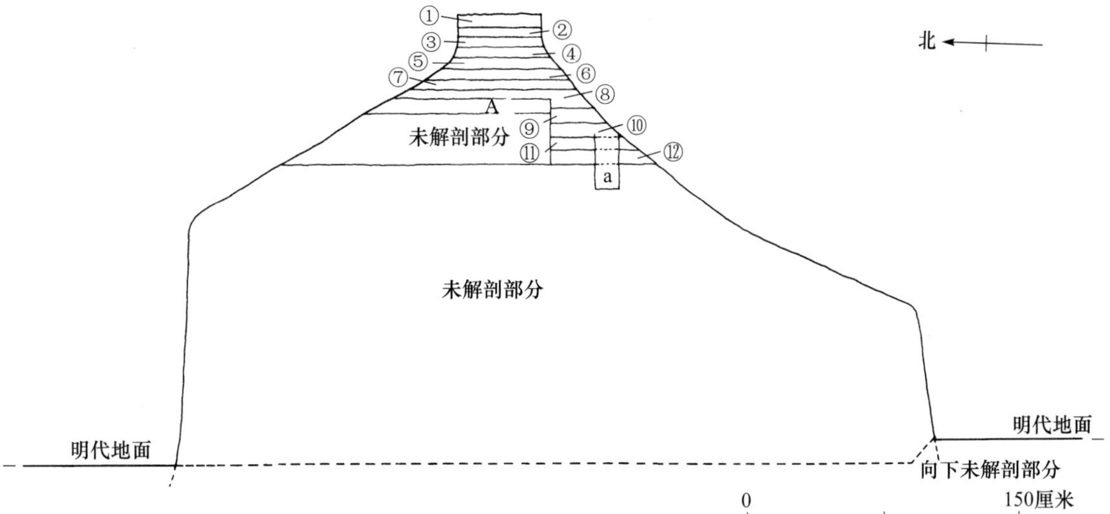

图二九　北萧T1内HQ1主墙体剖面图

1. ①—⑫为上剖夯土层　2. A 为上部夯土层下发现硬夯面的第一层夯土　3. a 为在城墙内夯土层中发现的东西长砖槽

第①层：青灰色夯土。厚约13厘米，土质较硬，未见明显夯窝。夯土内包含物主要有宋代青釉灰白胎开片纹瓷片、白釉粗胎瓷片、白釉开片纹瓷片以及明代琉璃板瓦残片等。

第②层：灰色夯土。厚约10—13厘米，土质坚硬，夯层夯面密布夯窝，夯窝呈圆形浅平底，直径3—5、深0.5—1厘米。夯土内包含物主要有宋代青釉灰白胎开片纹瓷片、白釉粗胎瓷片以及明代琉璃板瓦等。

第③层：浅灰色夯土。厚约10厘米，土质坚硬，未见明显夯窝。夯土内包含物主要有宋代细布纹灰陶板瓦、宋代姜黄釉粗胎瓷缸残片、白釉开片纹瓷碗残片、白釉红胎瓷片、青釉灰白胎开片纹瓷片以及明代琉璃板瓦等。

第④层：青灰色夯土。厚11—12厘米，土质较硬，未见明显夯窝。夯土内包含物主要有宋代青釉开片纹瓷片、白釉灰白胎瓷片、黄釉灰白胎粗瓷片以及明代琉璃板瓦等。

第⑤层：青灰色夯土。厚约13厘米，土质较硬，夯层表面有大夯窝，直径11—12厘米。夯土内包含物主要有明代青花瓷片、琉璃板瓦、灰陶绳纹板瓦等。

第⑥层：青灰色夯土。厚约11厘米，土质较硬，未见明显夯窝。夯土内包含物主要有宋代青釉灰白胎开片纹瓷片、姜黄釉瓷片、明代白釉瓷片等。

第⑦层：深灰色夯土。厚约10厘米，土质较硬，未见明显夯窝。夯土内包含物主要有宋代灰陶细绳纹瓦片、青釉灰白胎开片纹瓷片、影青瓷片、白釉细瓷片、白釉开片纹瓷片、黄釉白胎瓷片等。

第⑧层：青灰色夯土。厚15—20厘米，土质较软，夯层表面发现有圆形浅平底夯窝，直径约3—5、深约0.5—1厘米。夯土内包含物主要有宋代青釉灰白胎片纹瓷片、白釉灰白胎开片纹瓷片、白釉开片纹瓷片、细布纹灰陶瓦片等。

该层下北部发现有大面积十分坚硬的夯土平面，明显较其上及南边的夯土坚硬，经解剖，该硬土层内夯窝十分密集，夯窝直径从2.5、3.5、4厘米不等（图中A所示）。

第⑨层：灰色夯土。厚约15厘米，土质较软，未见明显夯窝。夯土内包含物主要有宋代白釉绞胎瓷片、明代姜黄釉灰白胎瓷片等。

第⑩层：青灰色夯土。厚约15厘米，夯土层中含水量大，土质较软，未见明显夯窝。夯土内包含物主要有宋代青釉灰白胎开片纹瓷片（内刻划有牡丹图样）、青釉灰白胎开片纹瓷片、元代天蓝色黄胎钧窑系瓷片、黑釉灰白胎瓷片、细布纹灰陶板瓦等。

该层下发现有沟槽（图中a所示），呈东西向贯穿整个探方，宽25厘米、深50厘米，向下打破第⑪、⑫层夯土。在沟槽上面发现有五块残砖，沿沟槽中间东西向排列，不规整。

第⑪层：青灰色夯土。厚约13厘米，土质较软，未见明显夯窝。夯土内包含物很少。

第⑫层：灰色夯土。厚约15厘米，夯土层内含水量大，土质较软，未见明显夯窝。夯土内出土有几块破损严重的残砖，另有白釉开片纹瓷片一片。

解剖至第⑫层时发现其下仍有夯土堆积，但由于解剖层底部渗水严重，停止清理。

通过对HQ1主墙体的解剖可知，第⑧层下清理到的硬夯土层及其以下夯层的年代要早于其上及其南边的夯层，显然该墙体应经过后期的整修。

（二）HQ4

HQ4主要分布在潘湖遗址第四次发掘的KBD皇北T1探方内（见图一六：1），位于该探方中部的第④层文化层下（见图一四）

HQ4顶部深约3.4—4.3米，残宽约3.6—4.2米，底部残宽5.05—8.2米。夯土呈棕褐色，层次分明，层厚约20—25厘米，夯窝圆形浅平底状，直径3、深1—1.5厘米。夯窝排列稀疏，间距约3—6厘米不等（见图版一四：1）。城墙底部紧贴城墙的内外两侧发现有包砖痕迹。包砖仅残留明代地面上的一层，城墙南侧（内侧）包砖均残，残宽0.8米，呈南北向平铺；城墙北侧（外侧）包砖多为整砖，排列整齐呈南北向平铺，砖的尺寸有0.6×0.26×0.14米、0.55×0.28×0.14米、0.57×0.28×0.14米等，铺砖砖面上和城墙两壁发现有明显的白灰砌筑痕迹（见图版一四：2）。

HQ4应为明周王府紫禁城北墙。HQ4下叠压有早期的夯土墙体HQ5，显然HQ4是在HQ5的基础上修建而成。

二、铺砖地面

铺砖地面的分布范围较广，在潘湖遗址第一次发掘区域的探方底部普遍存在，深约1.5米（距地表深约5米），但不同区域铺砖地面所用砖的形制及铺砌方法则有所不同。分别以夯土台基TJ1（详见本章本节TJ1部分）和墙基Q1（详见本章本节Q1部分）为界，根据铺砖形制和铺砌方法的不同大致可分为四个大的区域：夯土台基TJ1东墙以西、北墙以南为第一区；Q1以东为第二区；TJ1与Q1之间的夹道为第三区；夯土台基TJ1北墙以北为第四区。

第一区的铺砖地面主要揭露于Ⅰ潘T10、Ⅰ潘T11、Ⅰ潘T13、Ⅰ潘T14、Ⅰ潘T19、Ⅰ潘T21、Ⅰ潘T25、Ⅰ潘T28、Ⅰ潘T32、Ⅰ潘T36、Ⅰ潘T37、Ⅰ潘T39、Ⅰ潘T43、Ⅰ潘T44、Ⅰ潘T46等探方内，均分布在TJ1东墙以西、北墙以南的区域，因发掘面积有限，尚不能确定其分布范围的边界。该区域铺砖地面普遍采用立砖铺地，且多为东西向错缝铺砌，仅在与建筑台基包砖相接处为南北向铺砖，立砖下及缝隙间有厚5—7厘米的白灰渣层铺底或坐缝。铺地立砖均为特制的楔形青砖，上宽下窄、上长下短，大小不尽相同，长约28—34.5厘米、宽约7—10.5厘米、厚约10—15厘米（图版一七）。

第二区的铺砖地面主要分布于墙基Q1以东的区域。在潘湖遗址第一次发掘过程中，首先是在Ⅰ潘T1、Ⅰ潘T2、Ⅰ潘T7、Ⅰ潘T17、Ⅰ潘T27等探方内，发现了呈南北走向的墙基Q1，然后又在Q1以东区域分别清理出了房基F1—F9（详见本章本节F1—F9部分），第二区的铺砖地面就揭露于F1—F9等房址之间的院落内，由于发掘面积有限，其具体分布范围的边界尚不明朗。此区的铺砖地面普遍采用青色条砖铺地，且多为南北向错缝平铺，两砖之间不见黏合物，砖下有厚约5厘米的白灰层铺底，所用条砖的规格大小分别为27.5×13.5×7厘米、26×13×7厘米、30×15×7厘米、32×17×7厘米、32×15×7厘米、38×38×7厘米等（图版一八；图版一九：1）

第三区的铺砖地面主要揭露于Ⅰ潘 T8、Ⅰ潘 T34 内，处在夯土台基 TJ1 东墙与墙基 Q1 之间的夹道内，由于发掘面积有限，其具体分布范围亦不清楚。此区的铺砖地面大部分采用较宽的蓝色条砖东西向错缝平铺，局部用蓝色方砖平铺，砖缝之间不见黏合物，砖下亦有厚约 5 厘米的白灰层铺底。所用条砖的规格有 40 × 30 × 11 厘米、42 × 24 × 11 厘米两种，所用方砖的规格有 36 × 36 × 11 厘米、46 × 46 × 11 厘米、41 × 41 × 11 厘米等三种（图版一九：2、3）。

第四区的铺砖地面主要揭露于Ⅰ潘 T21 内，分布在夯土台基 TJ1 北墙基北部，由于发掘面积有限，其具体分布范围亦不清楚。该区域内的铺砖地面也为立砖铺地，铺砌方法与第一区基本相同，均为立砖错缝铺砌，立砖下及缝隙间有厚 5—7 厘米的白灰渣层铺底或坐缝，所用砖也为特制的楔形蓝砖，上宽下窄、上长下短，只是用砖较第一区楔形砖的长度稍长、宽度稍窄而已，厚度约相当。所用砖规格大小不尽相同，长约 30.7—31 厘米、宽约 6.7—8.5 厘米、厚约 10.6—14 厘米。该区域内铺砌立砖同样也有南北向和东西向之分，其中在 TJ1 北墙基以北 18.6—20.3 米之间约 1.7 米的范围内为南北向立砖，其南北两侧则均为东西向立砖。

三、夯 土 台 基

共发现 2 处，分别编号为 TJ1 和 TJ2[①]。

（一）TJ1

TJ1 分布在潘湖遗址第一次发掘的Ⅰ潘 T9、T10、T13、T14、T15、T18、T22、T24、T26、T29、T30、T31、T35、T45 等探方内，整体上呈长方形，方向约 8°（见图七），深约 0.3 米（指距潘湖湖底，距地表深约 2.6 米）。在发掘过程中较早发现的 TJ1 的东北端位于Ⅰ潘 T9 内，由此分别垂直向西、向南延伸。

鉴于 TJ1 的分布范围较广、而发掘面积有限的情况，当时考古队大胆地采用了地球物理勘探技术作为辅助手段，利用当时较为先进的电探考古新技术在潘湖内初步勘测出台基的大致分布范围，然后再针对性地进行选点布方发掘，收到了事半功倍的效果。电探勘测结果显示，TJ1 的整体系一平面呈封闭式的长方形，其中南北长约 318 米、东西宽约 140 米（图三〇）。后在南北一线的Ⅰ潘 T9、Ⅰ潘 T35、Ⅰ潘 T45、Ⅰ潘 T10、Ⅰ潘 T13、Ⅰ潘 T14、Ⅰ潘 T30、Ⅰ潘 T31 等探方的发掘中，均发现了 TJ1 的东墙基，从而验证了电探勘测结果的可靠性（图三〇）。

据发掘结果可知，TJ1 顶部建筑均已遭破坏，只剩台基部分，仅在Ⅰ潘 T10 等探方中尚残存有大量琉璃和灰陶的筒瓦、板瓦、滴水、勾头等建筑构件以及少量的梁、柱、斗拱等木构件。清理出的 TJ1 台基包括台明[②]和埋深两部分。其中台明部分（台基顶部和立砖地面之间部

① T、J 分别是台基二字汉语拼音的首位字母；阿拉伯数字序号根据遗迹发现的早晚依次编号。

② 中国古建筑都是建在台基之上的，台基露出地面部分称为台明，是台基的主体部分，从形式上可分为普通式（平台式）和须弥座两大类。

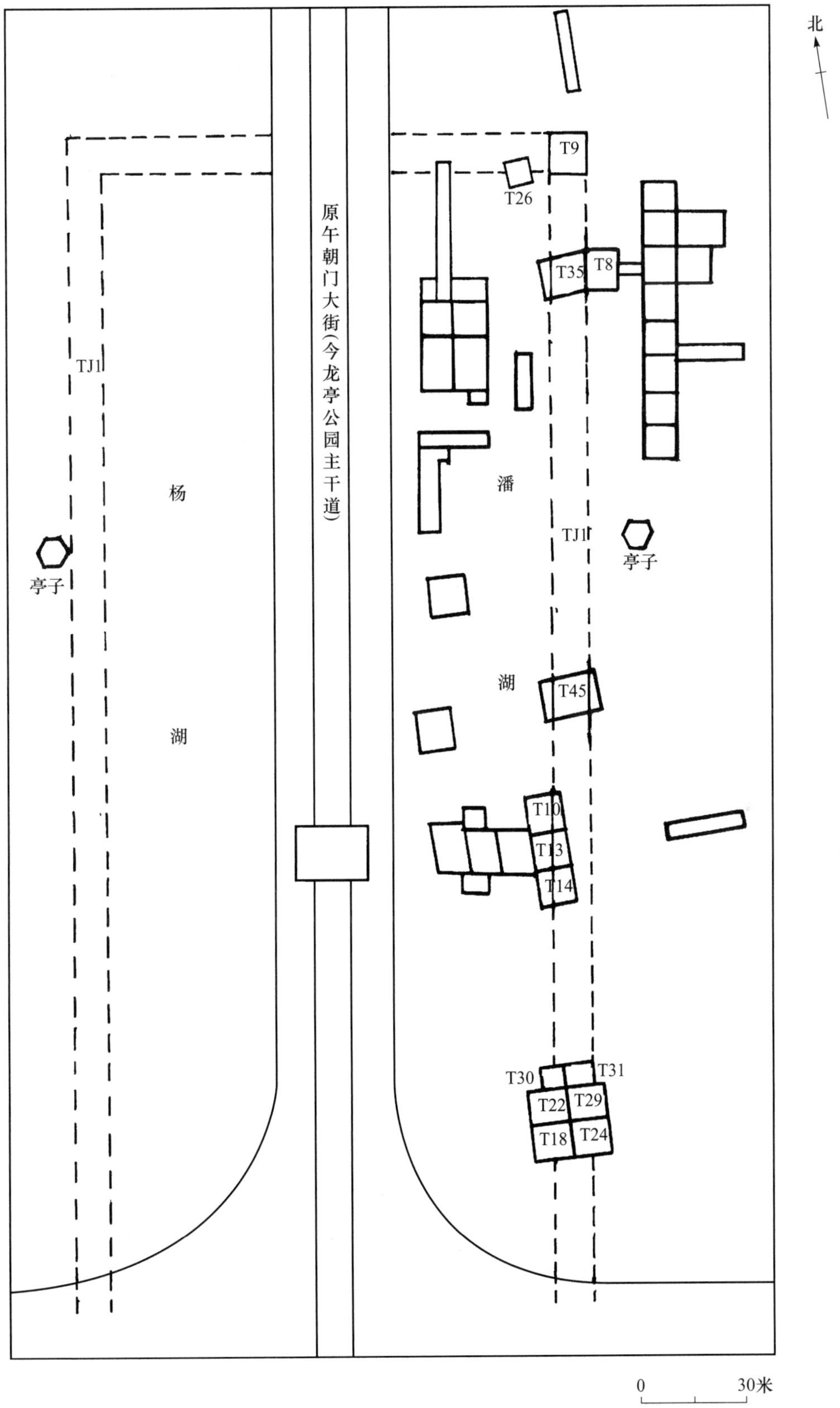

图三〇　TJ1分布位置示意图

分）高约 1 米、东西宽约 9.6 米，表面残存有铺地砖，铺砖下为厚 0.2—0.25 米的白灰层，白灰层下为夯土（图版二〇：1）。台基的结构为两侧包砖、内部夯土，其中包砖大多已无存、仅见包砖基槽，从残存部分来看，包砖厚约 0.8 米，其中最外层的包砖用整砖错缝、白灰勾缝顺砌而成，所用砖尺寸为 41 × 20 × 10 厘米，而里边则用杂砖糙砌、白灰灌浆而成（图版二〇：2；图版二一）。尤其引人注意的是，最外层的包砖做工极为讲究工整，砖缝间还有意选用与砖颜色相近的灰浆涂刷，使整个墙体色调一致，看起来更加整洁美观。包砖基槽底部低于立砖地面约 0.3 米，底层砖下铺垫有一层白灰渣。台基内部夯土的两侧每隔一段距离就向外突出一部分，整个夯土平面的宽度为 8.3—9 米，为使整个台基的宽度保持一致，包砖基槽的宽度为 0.2 米—0.9 米。根据对台基的局部解剖，可知台基内部夯土呈红褐色，夯打坚实，夯层明显，每层厚约 0.13—0.15 米，从夯土顶部到包砖基槽底部可见八层夯层，总厚约 1.2 米（图三一）。至此，夯土尚未到底，因探方底部渗水严重无法继续向下发掘，但通过洛阳铲辅助探测可知，夯土的总厚度可达 4.5 米。

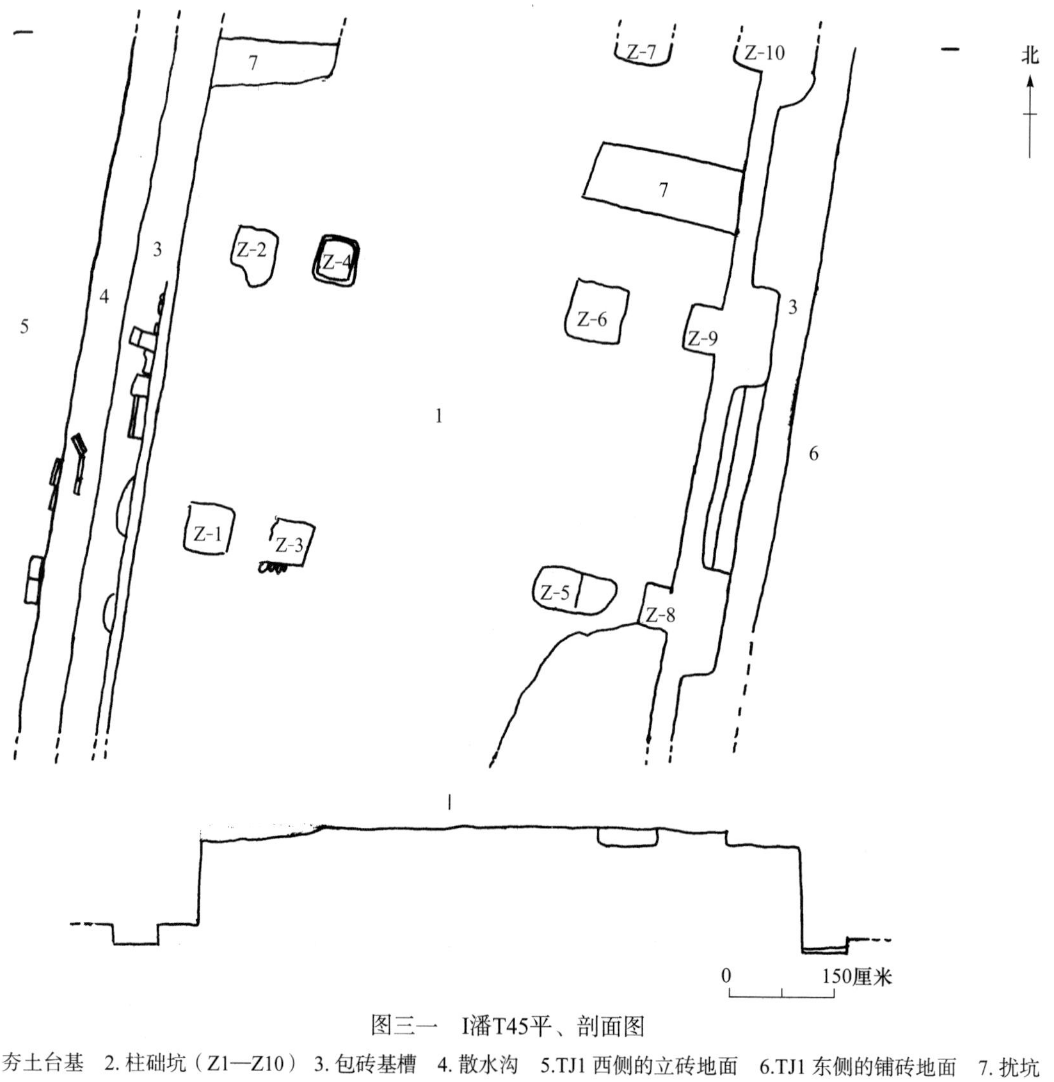

图三一　I潘T45平、剖面图

1. 夯土台基　2. 柱础坑（Z1—Z10）　3. 包砖基槽　4. 散水沟　5.TJ1 西侧的立砖地面　6.TJ1 东侧的铺砖地面　7. 扰坑

TJ1 夯土层表面上发现有均匀分布的柱础坑，根据Ⅰ潘 T45 的发掘情况可知，台基上自东向西共有四排南北向柱础坑，其中 Z1 与 Z3 的柱间距为 1.2 米，Z1 与 Z2 的柱间距为 4 米，Z4 与 Z6 的柱间距为 4 米，Z6 与 Z9 的柱间距为 1.5 米，Z6 与 Z5、Z7 的柱间距均为 4 米。柱础坑的平面呈方形，边长 0.5—0.7 米，坑深 0.2—0.3 米，坑底即为台基的红褐色夯土（图三一；另见图版二一：1；图版二二：1）

早在勘探 TJ1 分布范围时，还发现距 TJ1 的东北角（即Ⅰ潘 T9 内 TJ1 的拐角处）南侧约 70 和 196 米的地方有两处向西垂直延伸的分支台基，后通过对Ⅰ潘 T43 及Ⅰ潘 T13、Ⅰ潘 T14 的发掘得到了验证。

据对Ⅰ潘 T43 的发掘可知，该部分夯土台基的建筑方式也是（南、北）两侧包砖、中间为夯土，但包砖均已不见，仅残存宽约 0.6 米的包砖基槽和白灰层，该处台基向东应与 TJ1 相连（图版二二：2）。整体上看，该处台基底部南北宽约 11.6 米（含基槽）、残高约 1 米，南北两边则为东西错缝铺砌的立砖地面，虽然立砖所剩无几，但是砌砖所用的白灰层随处可见，甚至还清晰可见砌砖的痕迹。在夯土台基表面南部发现有两个近圆形的小坑和一道东西向分布的碎砖渣，其中碎砖渣距夯土南侧约 0.95 米，本身宽 0.8—1.1 米；近圆形小坑直径约 0.5 米，残深约 0.1 米，疑似柱础坑（图三二；图版二三）。

另从Ⅰ潘 T13、14 的发掘可知，TJ1 在此处也有向西延伸的分支台基。该处的分支部分与 TJ1 相连接，南北宽约 8.3 米，台基南北两侧亦有包砖基槽，宽约 0.3—0.4 米，基槽外有排水沟槽，宽约 0.2—0.3 米，包砖基槽和排水沟槽均和其东侧 TJI 的包砖基槽和排水沟槽呈 90° 相

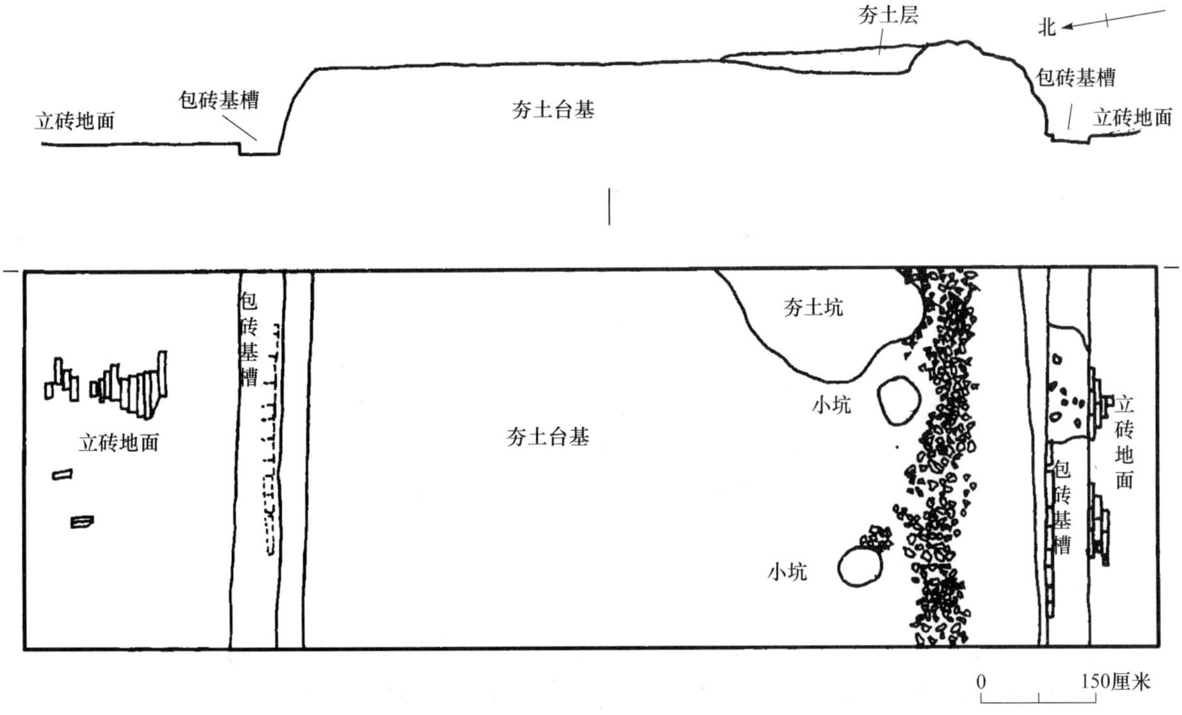

图三二　Ⅰ潘T43平面图（下）和东壁剖面图（上）

接。台基的中间部分由夯土分层夯筑，经解剖部分夯土层厚 0.5—1 米，夯土部分的北部为两个晚期的扰坑所破坏。台基的南、北两侧均发现有大面积的明代铺砖地面（图三三）。

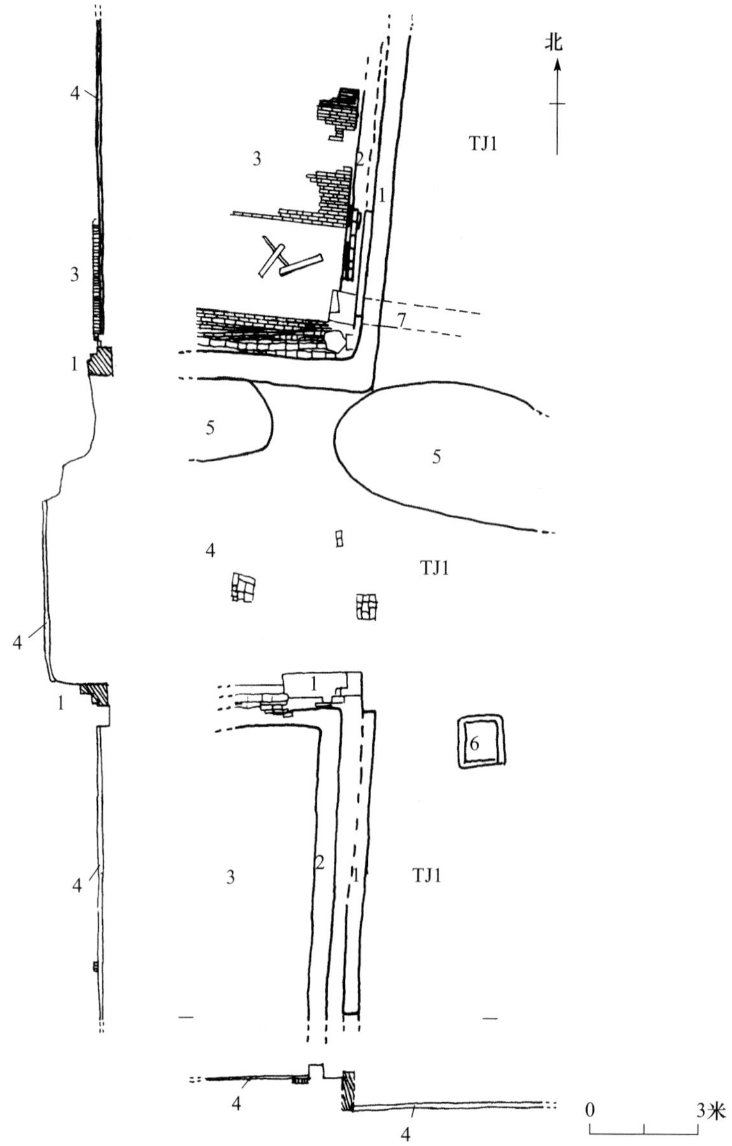

图三三　I潘T13、T14TJ1向西分支部分平、剖面图

1. TJ1 西侧包砖　2. 排水沟槽　3. 铺砖地面　4. TJ1 向西延伸的夯土台基（剖面图中为台基顶部的白灰层）　5. 扰坑　6. 柱础坑　7. 排水涵洞

（二）TJ2

TJ2 发现于 I 潘 T20 内。I 潘 T20 位于潘湖遗址第一次发掘区域的东北部，西、南分别与 I 潘 T1 和 I 潘 T27 相邻，方向为 8°（见图七）。清理出的 TJ2 位于 I 潘 T20 的北部，部分叠压在 I 潘 T20 北壁下未完全揭露。TJ2 东西长 7.2 米、南北宽 3.4 米（已揭露部分）、高 0.3 米，西与

同探方揭露出的房基 F1 相接、南与水池 C1 为邻（详见本章本节 F1 和 C1 部分）。TJ2 由灰褐色土分层夯筑而成，夯层表面上均匀分布有密集的夯窝，直径约 9、深约 5 厘米，其中台基西部部分区域夯层表面被后期破坏，已看不出夯窝痕迹，另在南端中部偏西和东南端的台基面上残存有两块条砖（图三四；图版二四）。因破坏严重、范围不清，该台基的用途不明。

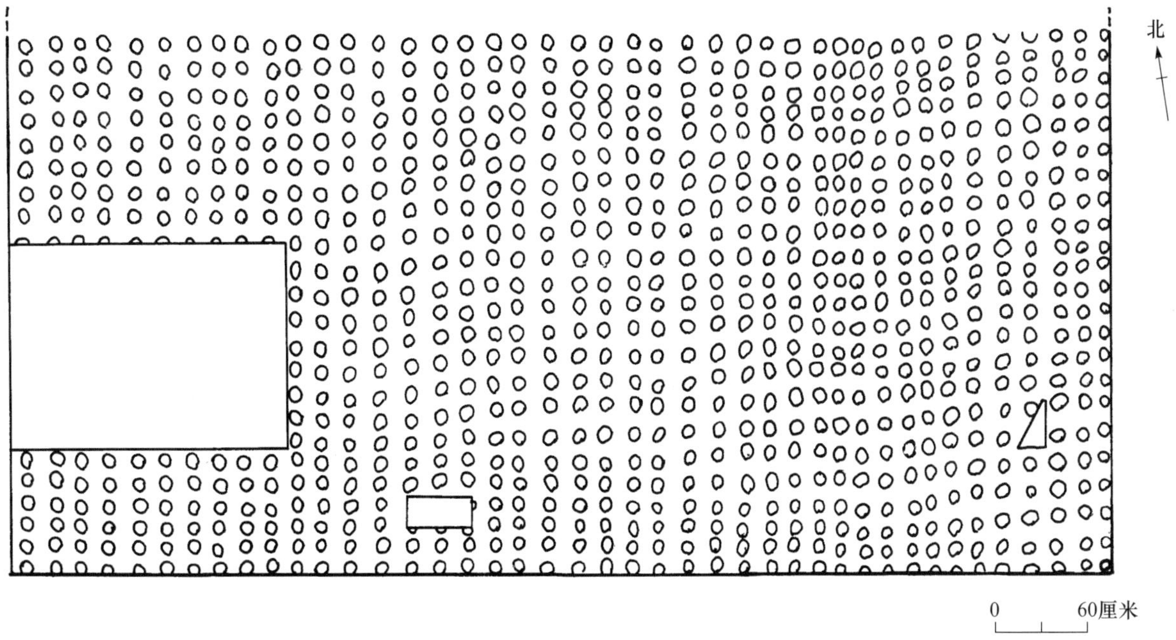

图三四　TJ2平面图

另外在台基东部 1.4 米处的地面上有一圆坑，直径 0.8、深 0.3 米，坑底平坦，坑壁没有其他痕迹，圆坑用途不明（图版二四）。

四、墙　　体

仅发现 1 处大型墙体，编号为 Q1①。

Q1 自北向南分布于潘湖遗址第一次发掘的 I 潘 T5、I 潘 T1、I 潘 T2、I 潘 T3、I 潘 T4、I 潘 T6、I 潘 T7、I 潘 T16 等探方内，方向与以上探方的布方方向基本一致，大致呈南北走向（见图七）。Q1 西距台基 TJ1 约 13 米，二者呈平行状。Q1 南、北两端分别压在 I 潘 T16 和 I 潘 T5 的南壁和北壁下，未能完全揭露，总长度尚不清楚，已清理部分南北长约 79 米、宽约 0.7 米、残高 0.5—1.1 米不等（见图八）。Q1 墙体为杂砖糙砌而成的夹心墙，砖缝间用白灰做黏合剂，墙心用黄褐色土和泥填充。另在 Q1 西侧的 I 潘 T34 内发现有坍塌的墙体，墙体表层包砖面上还发现有红色墙皮，推测 Q1 外侧墙表原应涂有红色颜料。

① Q 为墙汉语拼音的首位字母。此处介绍的墙体特指潘湖遗址内发现的大型墙体，不包含一般房基上的墙体等。

五、门　址

共发现3处大型门址，分别编号为MZ1、MZ2和MZ3[①]。

（一）MZ1

MZ1位于潘湖遗址第一次发掘区最南部的Ⅰ潘T18、Ⅰ潘T22、Ⅰ潘T24、Ⅰ潘T29、Ⅰ潘T30、Ⅰ潘T31等探方内（见图七），东西横跨台基TJ1，北距TJ1东北角约260米（见图八）。门址顶部建筑已破坏，仅残存台基部分。门址平面呈长方形，南北约24米、东西约10.8米，面阔五间，进深两间，其中明间宽约5.1米、次间宽约4.7米、稍间宽约4.1米，进深每间约4.6米，方向约98°。门址东、西两侧均有斜坡状礓磜（图三五；图版二五）。

MZ1台基高约1.5米，台基南北正中与TJ1台基相连，高出TJ1台基约0.3米。台基建筑方式与TJ1略同，也是内为夯土、外壁包砖，但与之不同的是夯土与包砖之间有高约0.3、宽约0.25米的夯土二层台，二层台外侧为宽约0.5、深约0.2米的包砖基槽，夯土二层台上及包砖基槽内均有一层白灰，推测夯土二层台上原也为包砖，据此可知台基外侧包砖的总宽度约为0.75米（图三五；图版二五）。

MZ1为砖木结构，南、北山墙及东部的南北稍间均为砖墙，已遭破坏无存，根据残存的砖槽及白灰痕迹可知，南、北山墙及稍间东墙均厚约0.8米，稍间西墙厚约0.6米。台基平面上保存有三排南北向柱础坑，每排六个，共十八个（图三五中标注1—18），坑南北长约0.6—1米、东西宽约0.5—0.8米，坑深约0.2—0.3米，坑四壁及底部均为夯土。在柱8和柱9、柱10与柱11间均有一道南北长约1.3米、东西宽约0.2、深约0.06米的沟槽，应为安装门槛用（图三五；图版二五）。

MZ1台基表面铺砖，其中东部两稍间内、南北山墙下为方砖错缝平铺，其余则为东西向条砖错缝平铺，所用方砖尺寸是45×45×10厘米，条砖尺寸是42×20×10厘米。铺砖保存基本完好，仅明间和两稍间部分区域残缺。

MZ1台基中部的东西两侧均有礓磜，其南北范围大致与台基的明间和次间相对，南北长约13.1米，东西水平宽约6.3米。礓磜与台基相接处有一道宽约0.8、深约0.1米的沟槽，推测应为原来放置阶条石所用。礓磜的建筑方法是先用土堆成斜坡状，稍经夯打（该部分夯土层较台基松软），再在夯土斜坡上用砖铺砌，铺砌方法为南北向立砖错缝、层层叠压铺砌而成，砖与砖间及每层砖间均用白灰勾缝。礓磜上的砌砖残存约有三分之一，且磨损严重，砖面多内凹，砖的尺寸大小有所不同，多为30×9×7厘米、28×13×5厘米、31×10×7厘米等三种。礓磜两侧垂带宽约0.45米，系紧贴斜坡两侧开挖基槽，由外而内、自下向上砌筑而成，基槽深约0.1米。礓磜外侧与地面交接处均有一宽0.5、深0.1米的沟槽，应是原来放置砚窝石所用（图三五；图版二五）。

---

① M、Z分别是门址二字首位字母，阿拉伯数字序号根据遗迹发现的早晚顺序依次编号。

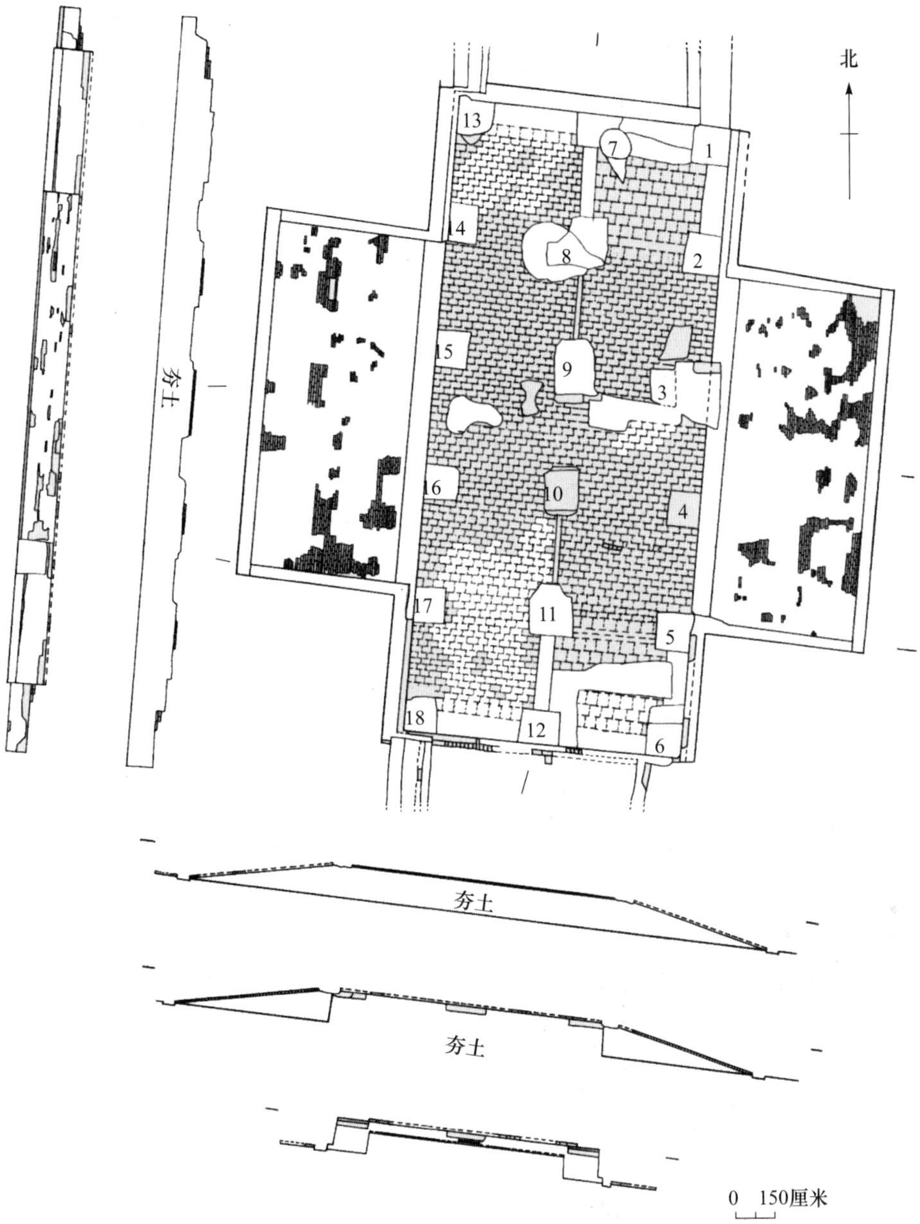

图三五　I潘MZ1平、剖面图；西视图
1—18. 柱础坑

另在 MZ1 台基南北两侧还发现有脱落后堆积在地表的红色墙皮，推测原山墙外壁应涂有红色颜料。

在门址周围的地层堆积中，出土有大量的青花瓷片，部分有“大明成化年造”款识，另外还出土有大量琉璃和灰陶质地的滴水、瓦当、板瓦、筒瓦、脊兽等建筑构件。

（二）MZ2

MZ2 位于潘湖遗址第一次发掘区域中部略偏南的 I 潘 T19、T25、T28、T32、T33 内，门址为南北向通道，方向约 8°（见图七、图八），垂直横跨大型台基 TJ1 南部的向西分支台基部分。门址上部建筑已不存在，仅残存台基部分，且台基部分也仅有南部保存相对较好，中部和北部遭严重破坏（图三六；图版二六）。门址四周到处是散落的建筑构件，多为琉璃板瓦、滴水、檐用构件、脊用构件及梁柱和斗拱等，整个台基的南面一则为立砖铺砌的地面（图版二七：1）。

MZ2 台基的建筑方式也是内部夯土、四壁包砖，台基东西长约 16.6 米、南北宽约 11.7 米，高出院内立砖地面约 1.5 米。其中外壁包砖厚约 0.9 米，最外层砌砖比较整齐并且砖缝比较细，里面的砌砖均为杂砖糙砌且灰缝比较大、白灰使用较多。经局部对台基解剖可知，台基台明部分内部夯土可见八个夯层，每层厚约 0.15—0.2 米（图三六）。

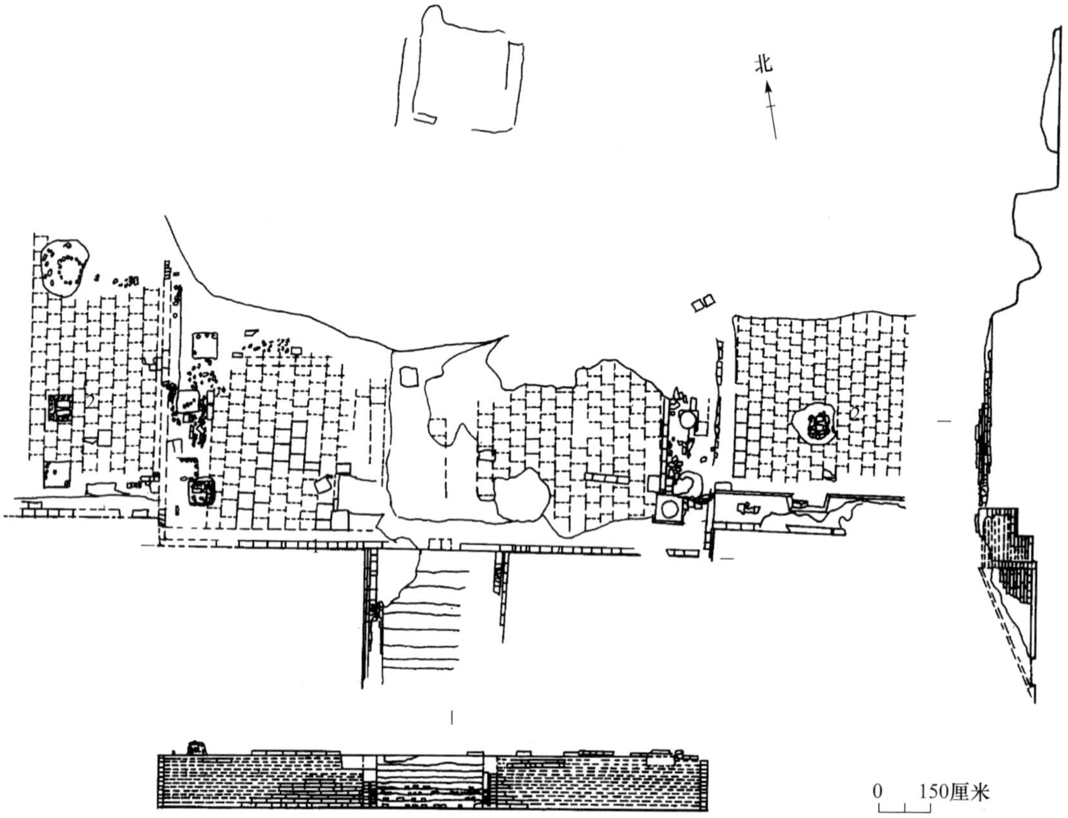

图三六　I潘MZ2平面图（中）、东视图（右）、南视图（下）
1. 台基包砖　2. 台基铺砖

台基表面尚残存有 6 个柱础和柱础坑，在最东列和最西列的柱础附近均发现有南北向残墙体，应为该门址的东、西山墙，墙体均为夹心墙，内外两壁用条砖错缝顺砌，中间填以碎砖并浇灌有大量的白灰，墙体宽约 0.9 米。柱础坑深 0.2—0.3 米，坑四周有散乱的碎砖和青石块，底部为红褐色夯土。在柱础位置原系用大型柱础石砌筑，但因遭后期破坏柱础石仅存有台基东南角和东部正中的两块，形制上圆下方，上圆部分直径约 0.5 米、下方部分边长约 0.8 米（图版二七：2）。根据柱础坑的分布情况，可看出该门址平面布局为面阔三间、进深两间，其中明间面阔约 5 米，稍间面阔约 4.5 米。

台基表面铺砌的砖石大多已不存在，但根据石灰印迹可知台基表面四周铺砌有阶条石、内部用方砖错缝正铺，所用方砖规格为 46.5×46.5×8.5 厘米（图三六；图版二七：2）。

台基南北两侧均发现有台阶，其中北部台阶遭破坏较严重，其具体情况不明。南侧台阶南北长约 3.8 米、东西宽约 4 米，共有九级踏跺。台阶两侧有宽 0.4 米的垂带，底部有宽 0.5 米的砚窝石，两侧象眼用条砖错缝顺砌而成。台阶的东西两侧也均为立砖铺砌的地面（图版二八：1）。

MZ2 门址夯土台基中部的东、西两侧与大型台基 TJ1 南部的分支台基相连，门址台基的南、北两侧均突出于分支台基，每侧宽出约 1.7 米，门址台基高出分支台基约 0.3 米。

门址地面上散落及解剖的夯土内出土有大量建筑构件，主要有绿釉龙纹瓦当、筒瓦、板瓦等。

（三）MZ4

MZ4 是后期在潘湖遗址周边所开展的文物勘探过程中发现的，位于今开封市中山路北段、宋都御街前的新街口附近，是明周王府萧墙南墙上的一处门址。

1985 年春，开封市文物工作队先是在开封东西大街一线的文物勘探中，于新街口附近探明了一处明周王府萧墙南墙上的缺口，后又于 1996 年 5 月配合城市基本建设过程中，在已探明的缺口附近进行了有针对性、细致的文物勘探，结果表明，该缺口应为萧墙南墙上的一处门址。已探明的门址距地表深约 4.5 米，东西约 80 米，南北近 50 米，总面积约 4000 平方米（图三七）。在初步测定了 MZ4 的范围之后，又在此处利用地质钻机继续向下勘探，结果在

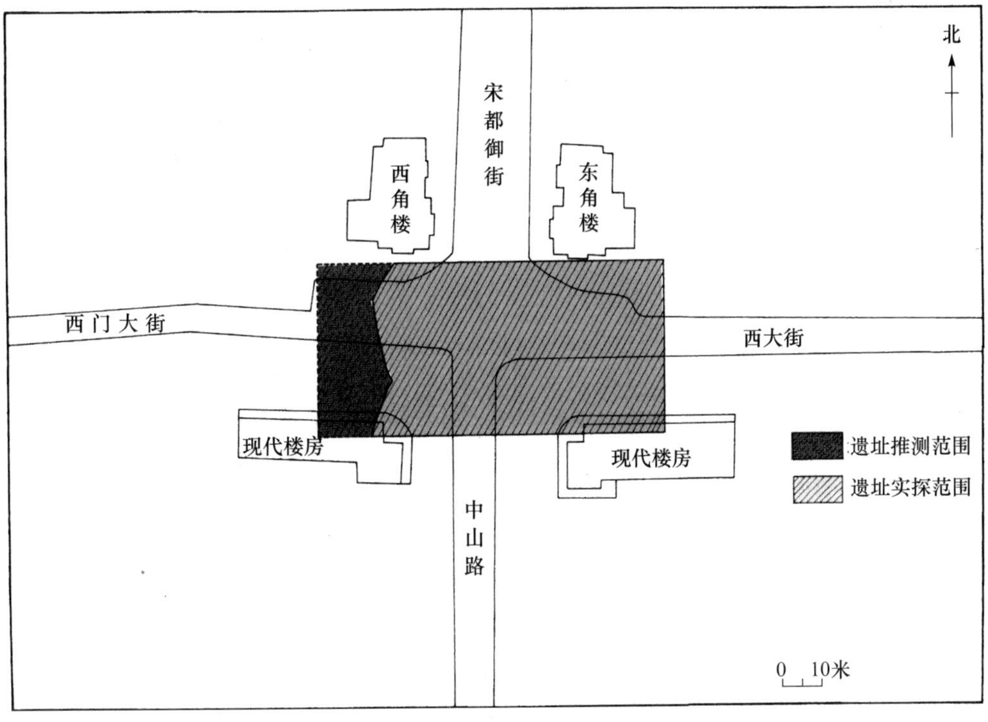

图三七　MZ4位置实测图

MZ4之下距地表约6.3米和8.3米的不同深度，又发现了两处较早期的大型建筑残迹MZ5和MZ6，MZ5、MZ6分布范围与MZ4基本一致，推测应为宋、金时期开封皇宫遗址上的两处重要门址建筑。

六、房　　址

共发现10处，是潘湖遗址所揭示出的各类文化遗存中最丰富的遗迹，均发现于遗址第一次发掘区域内。

（一）F1

F1位于潘湖遗址第一次发掘区域东北部的Ⅰ潘T1内（见图七、图八）。房址坐北朝南，方向8°。房址坐落于一长方形的台基之上，台基东西长约9米（不含F1西山墙墙体）、南北宽约6.8米（不包括南侧台阶部分），高出庭院内铺砖地面约0.47米。据发掘情况判断，F1面阔三间，屋顶及墙体上部破坏殆尽，仅存少量墙体下部和部分台基，其中东稍间台基部分破坏尤甚，基本无存（图三八；图版二八：2）。

F1台基四周外壁均有包砖，包砖用灰色条砖错缝顺砌而成，砖缝用白石灰作黏结剂，包砖厚约0.38米，包砖内用掺有石灰渣的杂土填充，填土坚实，似经过夯打。

墙体：F1西山墙借用西侧的Q1墙体，西山墙与北墙垂直连接，但不咬茬。北墙西段残存1—4层砌砖，系用白灰勾缝的灰色条砖砌成。北墙体为明面用整砖、中间填碎砖的夹心墙，残高0.08—0.32米、厚约0.72米，用砖有两种规格，分别为42×18.5×7厘米和34.5×17×7厘米。东山墙破坏严重，残存部分厚约0.35米。南墙无砌砖痕迹。

柱础：因破坏严重，台基上仅残存一个檐柱柱础，石质，上圆下方，上圆部分直径0.3米、下方部分边长0.35米，高出室内地坪约0.1米（图三八：1）。另外在东距柱础石约1.2米、南与西侧垂带相对处有一块青方石，边长0.26米，较室内地坪低约0.015米（图三八：2）。在南距台基边缘2.52米、西距Q1约0.18米处也有一块长方石，南北长约0.74、东西宽0.42米，长方石的西部正中有一长方形凹槽，凹槽南北长0.16、东西宽0.13米（图三八：3）。这两块青石均应为柱础石。

台阶：明间南部正中有一砖砌台阶，东西宽约2.48米、南北深约1.26米，共有四级，每级高0.14、进深0.32米，阶面及两侧的垂带均用方砖铺砌，方砖的规格为36×36×6厘米。垂带宽约0.4米，为斜坡形。紧贴垂带内侧砌有一层侧立砖。象眼部分用白灰勾缝的青灰色条砖顺砌而成（图三八：4）。

室内铺砖地面：F1室内地面铺砖，但铺砖方法不一，其中间部分（推测应为明间部分）为方砖对缝斜铺，地面整体呈斜方格状，斜方格铺砖与北墙相接处东西向平铺一行条砖；西部（推测应为稍间部分）地面则用同样规格的方砖对缝正铺，地面整体呈正方格状；东部铺砖情况不明。其中方砖的规格为42×42×7厘米，周边条砖的规格为42×19×7厘米（图三八：5）。

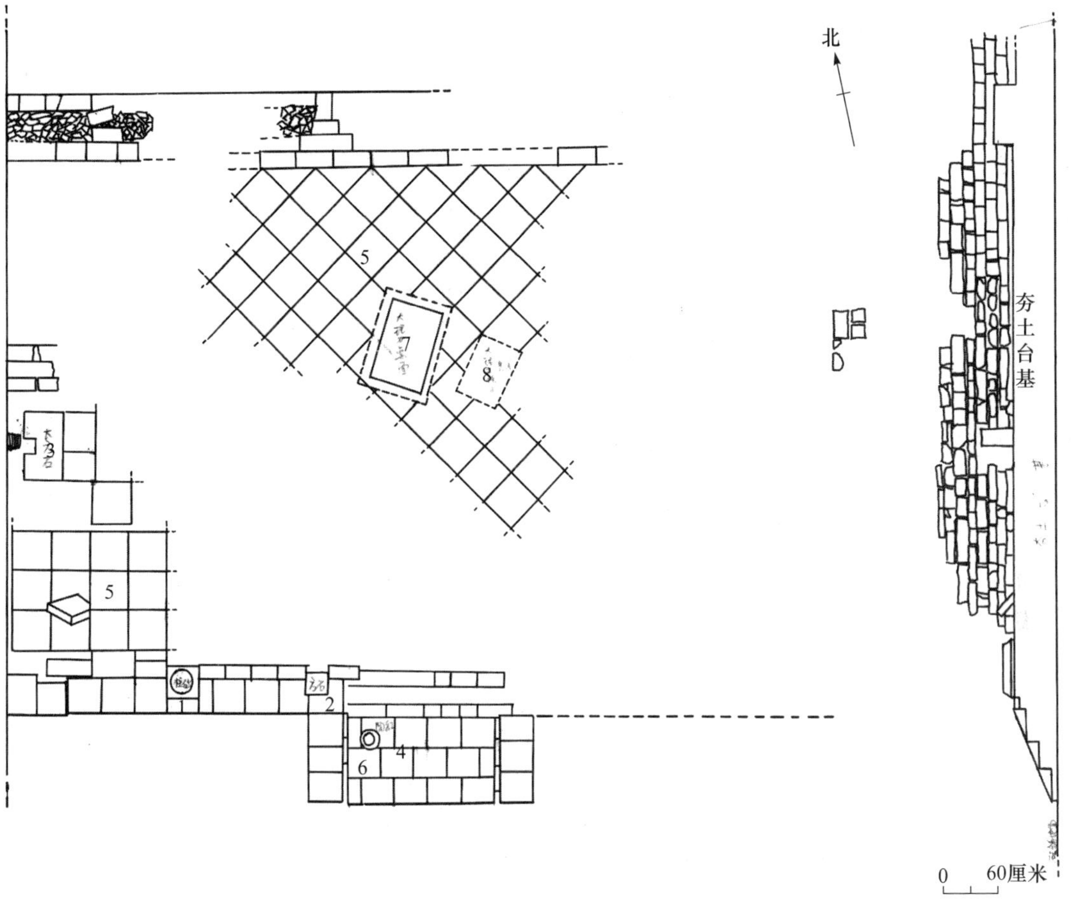

图三八　I潘T1F1平面图（左）、东视图（右）
1. 柱础石　2. 青方石　3. 长方石　4. 台阶　5. 铺砖地面　6. 陶缸　7. 大理石桌面　8. 大理石椅子靠背

出土物：由于F1屋顶坍塌，故F1房基及四周探方内出土有大量的绿釉和灰陶类建筑构件，主要包括筒瓦、板瓦、滴水、勾头、走兽等，另外还出土有陶盆、陶罐、陶缸（图三八：6）、瓷片、铜钱、石砚、铁器、料器、漆器、大理石桌面（图三八：7；图版二九：1）及大理石椅子靠背（图三八：8；图版二九：2）、木桶、木椅（图版三〇：1）兽牙等遗物。

另外F1北墙外1.15米处还有一道东西向砖墙，为错缝顺砌的夹心墙，残长2.57、宽约0.3、残高0.85米（图版三〇：2）。该墙与F1北墙之间为砖铺地面，系用条砖东西向错缝铺砌而成，铺砖地面较F1室内地面低约5厘米，东部遭破坏，东西残长约6米。在砖墙的北部则发现有坍塌的屋顶（I潘T5范围内），屋顶堆积中残存有一垄垄的筒瓦、板瓦及檩、梁等木构件（图版三一）。

（二）F2

F2位于潘湖遗址第一次发掘区域东北部的I潘T2内，北距F1约4.1米、西距Q1约1.7米，方向8°（见图七、图八）。F1平面呈长方形，其中东部遭破坏严重，东西残长约5.6米、南北宽约5.1米。房基北侧正中向北外凸约1.92米，推测原来房子北面应有抱厦，加上抱厦部分的残基，使整个房基的平面呈凸字形（图三九；图版三二）。F2 室内地面较庭院铺砖地面高约 0.23 米，室内地下还发现有较大规模的取暖设施。

墙体：仅残存西墙、北墙和南墙的部分残基，东墙已无存。F2 西墙仅残存北段，由条砖错缝顺砌而成，西墙与北墙垂直相连，但不咬茬，残长 1.5、宽 0.46 米，可见砌砖仅余③层，高 0.18 米，规格为 0.3 × 0.15 × 0.05 米。北墙仅残存西段部分，亦由条砖错缝顺砌而成，墙外壁砖面磨光、内壁涂有一层厚约 5 毫米的白灰层（图版三三：1），残长 1.46、宽 0.48 米，可见砌砖八层，高约 0.54 米（图版三三：2）。北墙中部保存有两扇木门及门槛，其中门宽 0.65、厚 0.03、残高约 0.56 米；门槛长 2.8、宽 0.08 米，槛中间有一长方形凹槽，长 0.15、宽 0.05、深 0.05 米（图三九：1；图版三三：3）。门槛前还残留有一个朱漆竹簾子，长 1.36、宽 0.5 米（腐朽严重未能提取）。南墙不见墙体，仅见部分门槛和门槽，其中门槛东西残长 2.17、宽 0.05 米，门槽长 0.14、宽 0.09 米。门槛外侧有一长 1.98、宽 0.43 米的青石条，石条上也有朱漆竹簾子的痕迹（图三九：2）。东墙破坏严重，已荡然无存（图三九）。

柱础：在 F2 室内西北角发现一个圆木柱，直径 0.18、残高 0.57 米，应是房屋的西北角柱

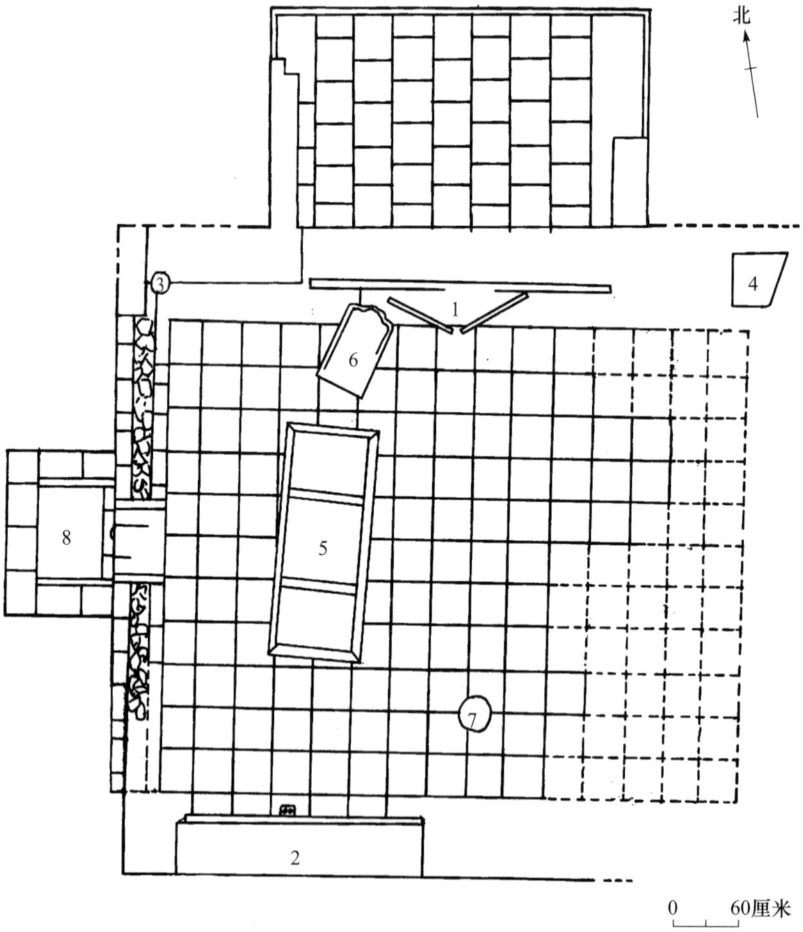

图三九　I潘T2F2平面图

1. 木门和门槛　2. 门槛和青石条　3. 残木柱　4. 青石　5. 棕床　6. 椅背　7. 漆盒　8. 地下取暖工作坑

（图三九：3）。另在室内东北角处残存一块青石，残长 0.5、宽 0.44 米，根据房屋左右对称的原则推测，该青石所在位置应为 F2 东北角柱的位置，应是用作角柱下的垫石（图三九：4）。

室内铺砖地面：F2 室内为铺设整齐的铺砖地面，大部分区域为方砖对缝正铺，仅最西与墙体交汇处的两行使用条砖铺地，其中方砖大小为 36 × 36 × 6 厘米、条砖大小为 36 × 30 × 6 厘米（图三九）。

抱厦：位于房址的北侧正中位置，南北长 1.92、东西宽 2.86 米（不包括 F2 北墙墙体）。抱厦西墙尚完整，系条砖平砌，用蓝灰色灰泥填缝，南北长 1.42、东西宽 0.3 米，残余 13 层、高 0.83 米。东墙仅残留南半段，长 0.7、宽 0.3 米，残高 0.32 米。东、西两墙的内侧砖面皆有意磨光，墙外侧则是普通的粗面砖，砖规格皆为 33 × 8.3 × 6 厘米。抱厦部分地面亦用与 F2 主室地面相同规格的方砖（36 × 36 × 6 厘米）平铺，但与主室地面不同的是，抱厦部分系错缝铺设（图三九）。

在 F2 主室铺砖地面之下还发现一处大型建造规整、功能完善的地下取暖设施，主要由工作坑、炉体、热气通道、烘热腔、排烟道等部分组成（图四〇；图版三四）。

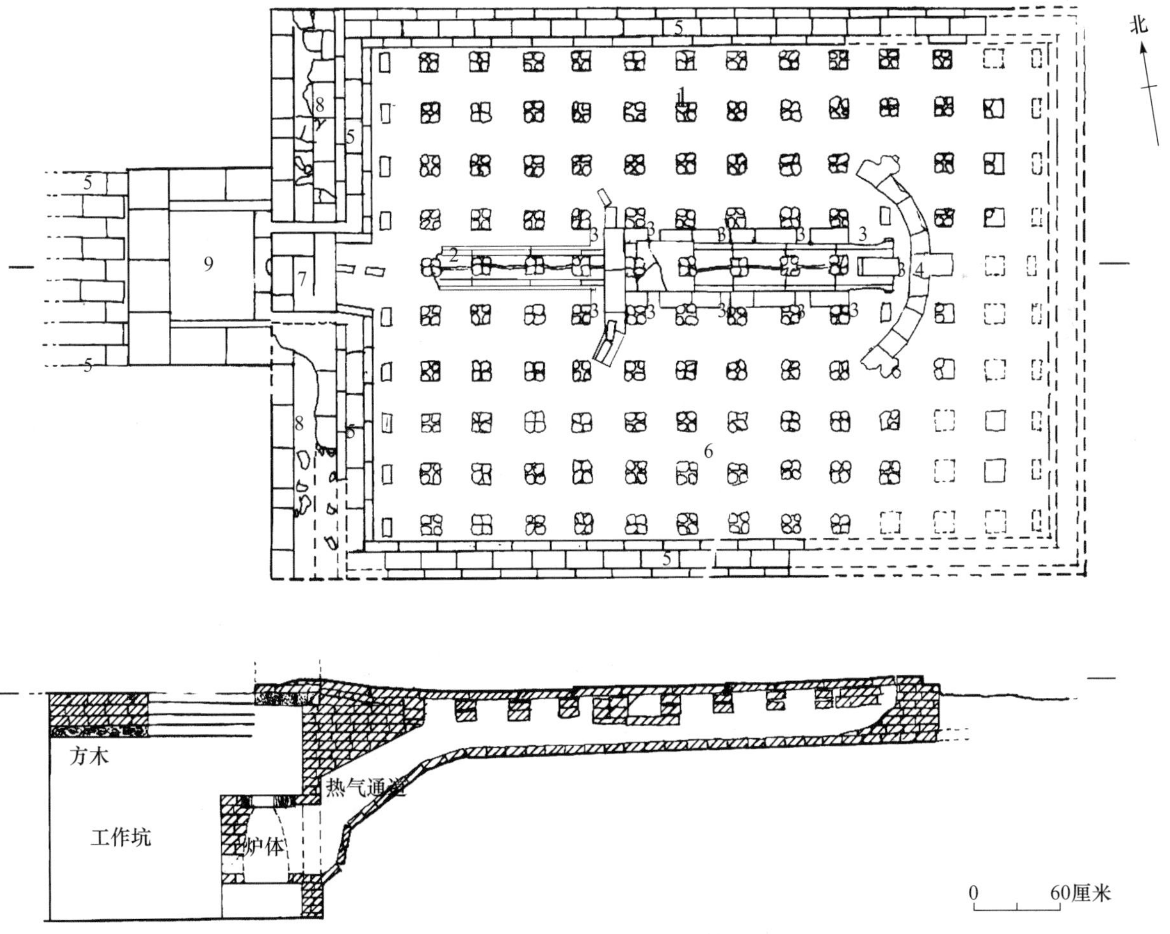

图四〇　I潘T2F2取暖设施平、剖面图

1. 支撑火坑表砖的砖柱及立砖　2. 主干暖气道两侧的砖砌　3. 支干暖气道　4. 拦热墙　5. 排烟道　6. 烘热腔　7. 烟囱残迹　8. 房基西山墙　9. 工作坑

工作坑：位于F2西墙中部外侧地平面之下，坑口与周围铺砖地面相平，平面呈长方形，南北长0.78、东西宽0.76、坑深1.52米（图版三五：1）。坑体下部呈凸字形，西部宽0.76、东部宽0.62米，东西长1.8米。工作坑口小底大，坑口东部有一块青石板横跨在工作坑南北壁上，青石板表面与地面相平，南北长0.98、东西宽0.37、厚0.08米，青石板之上即F2西山墙；坑口西部有三层砌砖，砌砖底部则为东西排列的7排方木横跨在工作坑南北壁上，方木宽0.1—0.11米不等，厚约0.09米。工作坑内四壁由砖砌而成，砌砖之间均用白灰勾缝，南北两壁自上而下均有三个脚蹬窝（图三九：8；图四〇；图版三五：2）。

炉体：位于工作坑内东部，由炉口、炉膛、炉条、通风口、灰渣洞、热气通道口等六部分组成，西距工作坑西壁1.23米，砖砌而成，高0.88米，砌砖规格有33×16×6厘米和26×14×6厘米两种（图四一）。炉口位于炉体上方，是在大小38×38×7厘米的灰色方砖的中间凿一个圆形孔制成的，圆孔直径11.7厘米（图四一：1；图版三五：3）；炉膛呈袋状，最大腹径为0.28米，深0.48米，底部南北向放置六根铁炉条，炉条断面呈长方形，宽1.5厘米或2.5厘米，厚2厘米，间距2—3厘米（图四一：4；图四一：6）；炉条西部有长方形通风口，宽0.13、高0.14米（见图四一：b）；炉条下部为灰渣洞，南北宽0.22、东西宽0.55、深0.27米，灰渣洞内还残留有灰渣残块和未烧透的煤块（图四一：5）。炉膛东壁有一个竖长方形的洞口，为热气通道口，口高0.48、上部宽0.035、下部宽0.06米，该洞口向东斜向上直通F2室内，形成东西向主干热气道（图四一：3；另见图四〇：2）。

主干热气道：位于F2室内铺砖地面以下的中部，砖砌而成，东西长4.2米，东高西低，高0.15—0.26米不等，宽0.26米左右。气道南北两壁各顺砌条砖⑤层，底部铺有一层南北向条砖，铺砖之上涂有一层厚约1厘米的白灰，砖规格为28×14×6厘米（图四〇：2）。主干热气道

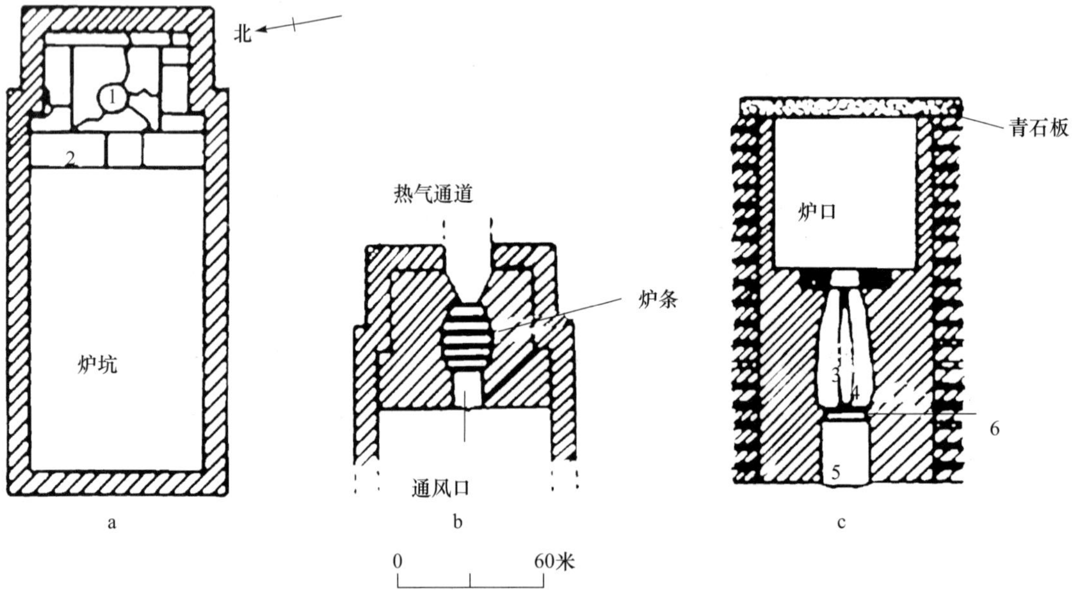

图四一　F2取暖设施炉坑平面图和炉体横断面、纵剖面图
a. F2取暖设施炉坑平面图　b. 炉体横断面　c. 炉体纵剖面图
1. 炉口　2. 炉体　3. 热气通道口　4. 炉膛　5. 灰渣洞　6. 炉条

自西向东设有两道砖砌拦热墙，均为弧形，第一道在西距火炉东壁 1.9 米处，南北长约 1.28 米，第二道在西距火炉东壁 4.2 米处，南北长约 1.53 米（图四〇：4）。两道拦热墙之间共设六对南北向支干道，将热气送至房子南北两侧的各个区域，确保整个室内均衡取暖（图四〇：3）。

烘热腔：在 F2 主室的铺砖地面之下，用两层到四层的半截条砖（个别地方用半截侧立砖或直立条砖）等距离砌成若干个砖垛，砖垛之上铺方砖（即室内地面铺砖），如此，整个地面之下便形成了一个个十字形孔道的密闭空间，各孔道之间交互贯通，共通构成了取暖设施的烘热腔（图四〇：6）。同时，为防止烟气渗入室内，在铺设主室地面时，特把方砖四边磨平（磨缝），铺地砖之间砖缝十分严密，未发现砖缝有烟熏迹象。整个烘热腔的底部普遍摊抹一层厚约 1 厘米的白灰，中间低、四周逐渐加高，目的也是为了便于热气由主干热气道均匀地向四周扩散。

排烟道：在烘热腔的四周均铺设有排烟道。南、北两面的排烟道分别距 F2 南、北墙 0.3 米，西边的排烟道紧接 F2 西山墙，东边残缺，但根据烘热腔底部白灰层东边沿的残存情况推测，也应紧接 F2 东山墙。西边排烟道的南北两端均通入 F2 西山墙中，在距山墙外壁约 6 厘米处中断，排烟道底部为条砖顺砌，两壁为条砖侧立顺砌，横断面呈方形，宽、深均约 0.14 米（图四〇：5）。在西山墙的中部还发现有烟囱残迹，但因山墙破坏严重，烟囱与排烟道的对接情况不清（图四〇：7；图四〇：8）。

房址 F2 内出土遗物丰富，包括漆木器、瓷器、陶器、铜器、玉器等各类文物，多为建筑构件和生活用品，其中可辨器形的主要有绿釉瓦当、滴水、吻座、博脊瓦，瓷碗（图版三六：1、2），碟，翠饰，透雕玉佩，印泥盒，铜镜，铜钱（至元通宝、天启通宝、崇祯通宝等），棕床（图版三六：3、4；另见图三九：5），椅背（图三九：6），漆盒（图版三六：5；图三九：7），带款漆器（图版三六：6），石质象棋子（图版三六：7）等。

（三）F3

F3 位于潘湖遗址第一次发掘区域东北部的 I 潘 T3、I 潘 T4 内（见图七、图八）。

F3 形制独特，直接利用 F4（详见后本章本节 F4 部分）与 Q1 之间的夹道改造而成。在潘湖遗址第一次发掘过程中，首先在遗址区的东北部发现了呈南北走向的大型墙体 Q1（见之前本章本节 Q1 部分），后又在 Q1 的东侧发现了大型房址 F4，其中 F4 的南山墙向西延伸至 Q1，F4 北山墙与 Q1 相对处有一道东西向的砖台，如此便将 F4 与 Q1 之间夹道包围形成了一个狭长形封闭的空间，此空间亦即 F3 的范围（图四二；图版三七：1）。F3 南北长约 10 米，东西宽仅 0.9 米，室内地面用条砖东西向铺砌而成，夹道最北端的砖

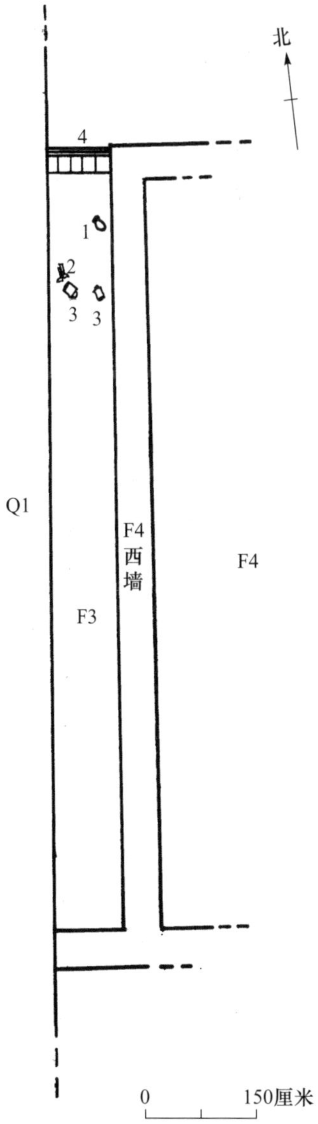

图四二　I潘T3F3平面图
1. 鸡腿瓶　2. 板瓦　3. 筒瓦
4. 木门槛

台高约 0.13 米，台上安装有东西向的木门槛（图四二：4；图版三五：2、3），应为 F3 门的位置，由此可知，F3 应是北朝向。

F3 因为面积狭小，出土遗物也相对较少，房址内仅见鸡腿瓶 1 件（图四二：1）、板瓦 1 件（图四二：2）、筒瓦 2 件（图四二：3），另有少量青花瓷片等。

（四）F4

F4 亦位于潘湖遗址第一次发掘区域东北部的 I 潘 T3、I 潘 T4 内（见图七）。

F4 坐西朝东，西距 Q1 约 0.9 米，北距 F2 约 6.5 米，西邻 F3，南邻 F5（见图八）。F4 平面为长方形，南北长 9.5、东西宽 5.7 米，南、北山墙及西后墙均为砖墙，其中北山墙残高 1.29 米、西后墙残高 0.78 米、南山墙残高 0.99 米，均厚约 0.5 米。东边未见砖墙，仅残存有木质朱漆门槛、门扇及簾子等（图四三：6；图版三八：2），门槛东部的台阶已遭破坏，情况不明（图四三；图版三八：1）。

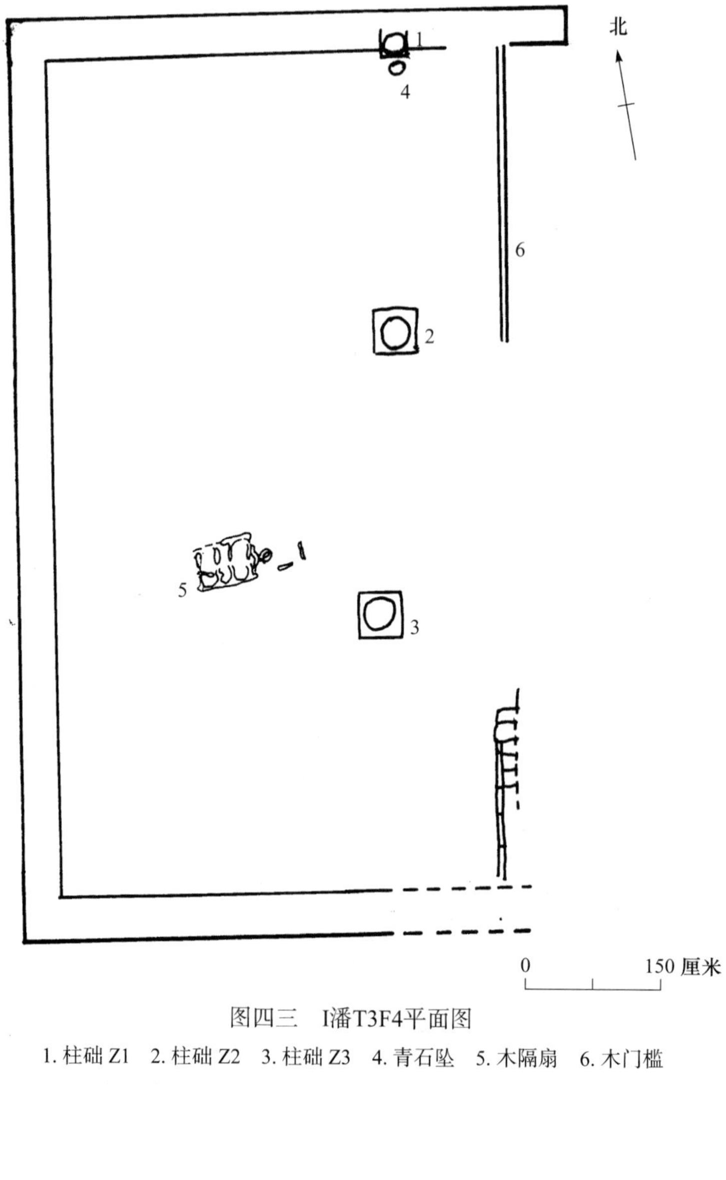

图四三　I潘T3F4平面图

1. 柱础 Z1　2. 柱础 Z2　3. 柱础 Z3　4. 青石坠　5. 木隔扇　6. 木门槛

F4 室内为方砖对缝斜铺地坪，呈斜方格状，仅在四周与墙相接处用一行条砖平铺，室内地坪高出院内砖铺地面约 0.45 米。房址东部保留有东排三个金柱[①]的柱础石，由北向南分别编号为 Z1、Z2、Z3（图四三：1—3）。柱础石皆为古镜式，上圆下方，其中 Z1 上圆部分直径 0.2、下方部分边长 0.3 米，Z2 和 Z3 上圆部分直径均为 0.3、下方部分均边长 0.5 米（图版三八：3），Z1 至 Z2、Z2 至 Z3 柱心距皆为 3.25 米，可知 F4 应为面阔三间，且明间和稍间大小相等。

该房址内出土物大多为生活用品和坍塌的建筑构件，主要有青石坠（图四三：4）、木隔扇（图四三：5）、木椅、木食盒（图版三九：1）、木挂灯架、朱漆盘（图版三九：2）、瓷碗、瓷碟、瓷酒杯、铜钱、铜钥匙、滴水、板瓦、瓦当、跑兽、石锤和少量陶器等（图版三九：5）。

F4 北侧与 F2 之间的区域为院内砖铺地面，由条砖南北向错缝平铺而成。院内还有一个砖砌树池、一个排水道进水口（图版三九：3）及一个砖砌盆景台座，盆景台座旁边有一栽植于石雕莲花盆内的盆景横躺在地面上（图版三九：4）。

（五）F5

F5 位于潘湖遗址第一次发掘区域东北部的 I 潘 T4 内（见图七）。

房址坐西朝东，西邻 Q1，南邻 HT2，北邻 F3、F4（见图八），其中西墙借用 Q1，北墙借用 F4 南墙、南墙是专门砌筑，东西残长 6.4、南北宽 0.47、残高 1.2 米，房址东部因遭破坏而东墙不存。F4 残存部分东西长 6.5、南北宽 2.1 米，室内也为砖铺地面（图四四）。

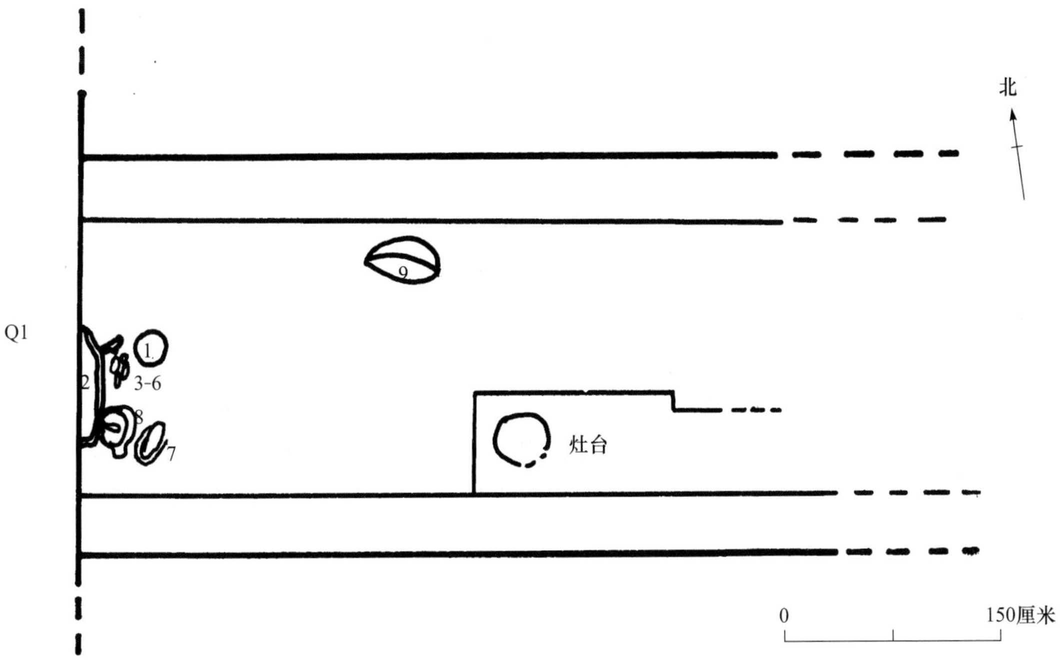

图四四　I潘T4F5平面图

1. 陶盆　2. 木板凳　3—6. 青花瓷碗　7. 托盘　8、9. 铁锅

① 我国古代建筑的屋顶梁架以立柱支撑，立于最外一层屋檐下的柱子称檐柱，位于檐柱内侧的柱子称金柱。

F5 室内有一个砖砌灶台，紧贴南墙，平面呈长方形，东西长 1.55、南北宽 0.8、高 0.7 米，火口及灰洞均在灶台西面，灶面上有一直径为 0.45 米、用于放置炊具的圆口（图版四〇：1）。灶台东部为砖砌台子，南北宽 0.66、东西残长 1.1、高 0.7 米（图四四）。

F5 内出土物多为炊具和餐具，主要有陶盆（图四四：1）、木板凳（图四四：2）、青花瓷碗（图四四：3—6；图版四〇：3）、托盘（图四四：7）、铁锅（图四四：8、9）、木锅架（图版四〇：2）、瓷罐、铜壶、锡壶等遗物，据此推测，F5 应是作为厨房使用。

（六）F6

F6 位于潘湖遗址第一次发掘区域东北部的 I 潘 T7 中部（见图七）。

F6 西靠 Q1，北距 TZ1 约 0.35 米，南邻 F7、F9，其中西墙借用 Q1，南山墙与 F7、F9 共用（见图八）。房址坐西朝东，东部遭破坏，平面呈长方形，室内部分东西残长 6、南北宽 1.85 米（图四五）。

F6 北山墙外壁呈须弥座式，东西长 6、宽 0.55、残高 0.8 米；南山墙东西残长 5.6、宽 0.4、残高 1.2 米。西距 Q1 约 0.65 米处的地面上有一个小方洞，宽 0.2、深 0.25 米。房址内地面不见铺砖，紧贴南墙有一东西向砖砌台子，东西长 3.5、南北宽 0.55、残高 0.8 米，该台子北侧又有东、中、西三个垂直伸出的南北向砖砌台子，其中东部和中部的砖台南北长 1.12、东西宽 0.45、高 0.45 米，二者相距 0.85 米；西部砖台南北长 1.05、东西宽 0.45、高 0.45 米，与中部砖台相距 1.05 米（图四五：1；图版四一：1）

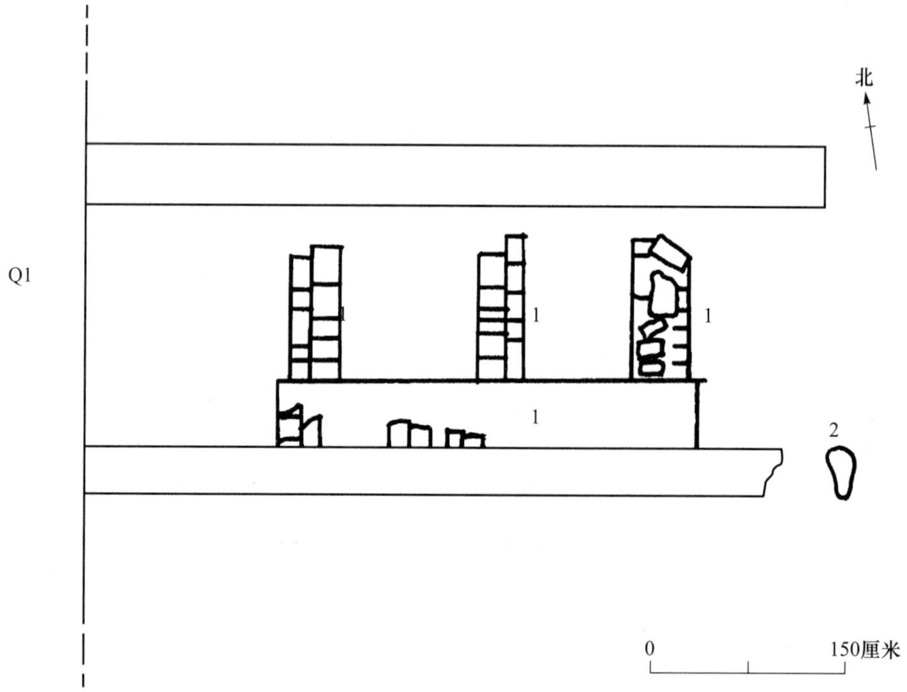

图四五　I潘T7F6平面图

1. 砖砌台子　2. 青石块

该房址内亦出土一个石雕莲花瓣花盆（图版四一：3），与T3F4北侧出土的莲花盆形制相似。另在房址南山墙东侧约0.4米、与南山墙正对处，地面上散落一青石块，南北长约0.4米，东西宽约0.2米，用途不详（图四五：2）。

（七）F7

F7位于潘湖遗址第一次发掘区域东北部的Ⅰ潘T7南部、Ⅰ潘T16北部（见图七）。

F7坐西朝东，南邻F8、西邻F9、北邻F6（见图八），房址东部遭破坏，室内东西长约4.76、南北宽约2.7米（图四六）。

F7残存的墙体均为夹心墙，即墙体中间填充碎砖块，墙体的两边用整砖包砌，用砖的规格为30×14×4.5厘米，墙体内壁均涂有厚约1.5厘米的白灰层。F7北山墙与F6共用，残长3.15、厚0.45、残高1.25米；西后墙与F9共用，与北山墙和南山墙对接而不咬茬，长2.7、厚0.45、残高约1.2米；南山墙与F8共用，仅残存西部，残长0.45、厚0.4、残高1.25米；东墙破坏殆尽，门窗及台阶的情况不明（图四六；图版四一：2）。

F7室内地面用条砖平铺，除与前后墙交汇处为南北向错缝平铺两行外，其余的都是东西向错缝平铺而成，用砖的规格皆28.5×14×5厘米（图四六）。

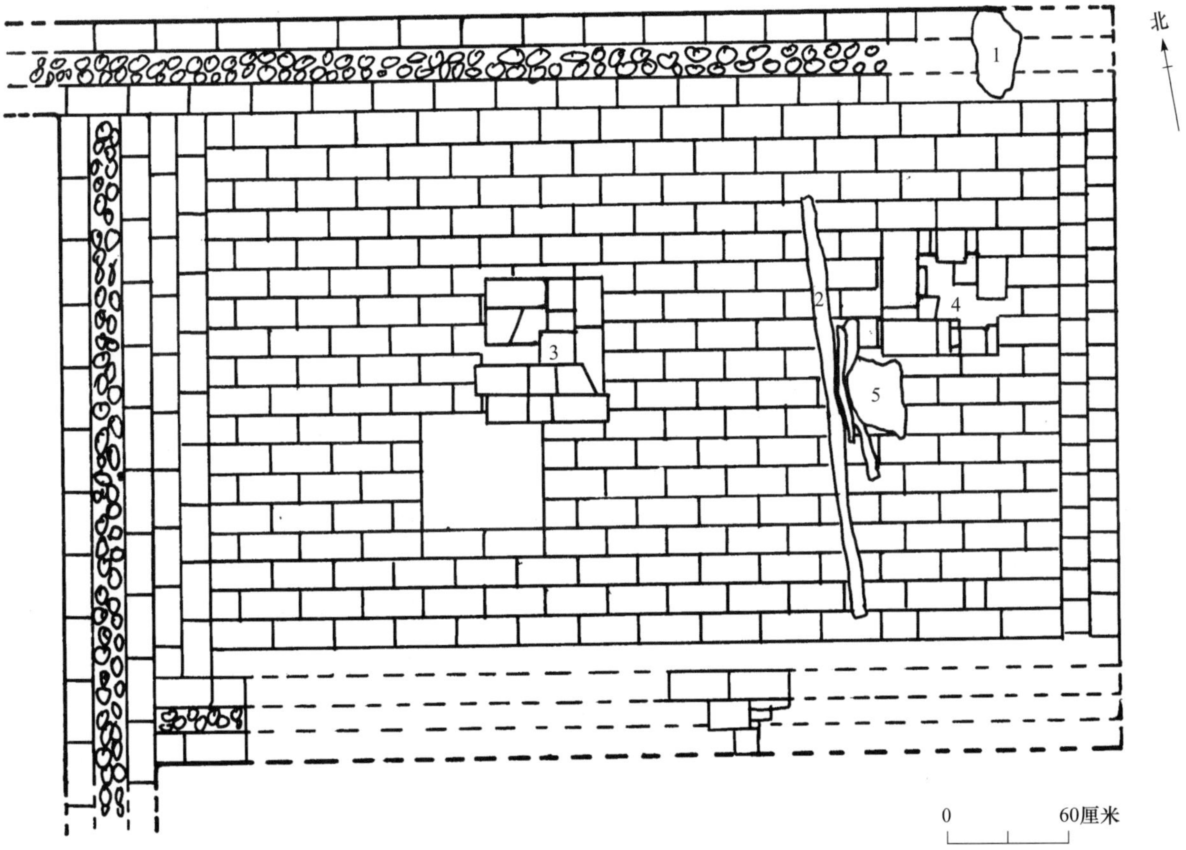

图四六　Ⅰ潘T16F7平面图

1. 青石块　2. 木门槛　3. 炉灶1　4. 炉灶2　5. 木隔扇

F7 室内发现两个残炉灶（图四五：3、4），其中靠西边的炉灶（图四六：3）风洞在南侧，东边炉灶（图四六：4）风洞在东侧，东边炉灶旁出土有铁质火钳一件、木柄铁锤一件及打铁木墩一个，两灶旁均残留有厚 3—4 厘米的碎煤块。

房址内还出土有青石块（图四六：1）、木门槛（图四六：2）、木隔扇（图四六：5）、瓷盆、瓷碟等遗物（图版四一：4）。

（八）F8

F8 位于潘湖遗址第一次发掘区域东北部的 I 潘 T16 内（见图七）。

F8 坐西朝东，北邻 F7，西北与 F9 对角相望，其中北墙与 F7 南墙共用墙体（见图八）。F8 面阔三间，室内部分东西宽约 4.88 米，南北长约 8.38 米。（图四七；图版四二）

F8 前墙（东墙）破坏严重，台阶、门窗情况均不清楚。南、北山墙及西后墙均为夹心墙，即墙体中间填充碎砖，两边用整砖包围错缝平砌，墙体内壁涂有一层约厚 1.5 厘米的白灰。南、北两山墙均与西后墙对接而不咬茬。其中西后墙长 9.14、厚 0.45、残高 1.3 米，北边与 F7 西后墙连为一体；南山墙残长约 3.54、厚 0.4、残高约 0.42 米；北山墙残长约 0.45、厚 0.4、残高约 1.25 米。

F8 室内地面用条砖平铺，除西部边缘的一排采用南北向平铺、南部边缘采用两丁两顺的铺法外，中间部分均为东西向错缝平铺。

F8 西后墙下保存有两个直径约 0.22 米的石柱础（图四七：5），两柱础向东分别有两道木隔墙（图四七：1），将室内部分自北向南分割成宽 2.64、3 和 2.64 米的三个空间。木隔墙东西长约 3、南北宽约 0.08 米。

该房址内出土有木条几（图四七：2）、木隔框（图四七：3）、瓷碗、瓷碟、瓷盘（图四七：4）、瓷杯、鸡腿瓶等遗物。

（九）F9

F9 位于潘湖遗址第一次发掘区域东北部的 I 潘 T7 南部、I 潘 T16 北部（见图七）。

F9 坐北朝南，面积狭小，南北长仅 2.7、东西宽仅 1.5 米（均不包括墙体厚度）。F9 只有南面是独立的墙体，其他三面分别由 Q1、F7 西后墙、F6 南山墙相围而成（见图八；图四八；图版四三；四版四四）。

F9 南（前）墙西半部为中间填充碎砖的夹心砖墙、东半部为木门框，其中砖墙部分长 0.56、厚 0.36、残高 1.52 米，门框部分东西宽约 0.94 米（图四八：2）。

F9 室内地面无铺砖，但土质坚实。室内未发现柱础，房前也未见台阶。

房址内仅出土一长 1.4、宽 1.3 米的木窗（图四八：1）。

（十）F10

F10 位于潘湖遗址第一次发掘区域中部略偏北的 I 潘 T15、I 潘 T36、I 潘 T37、I 潘 T38、

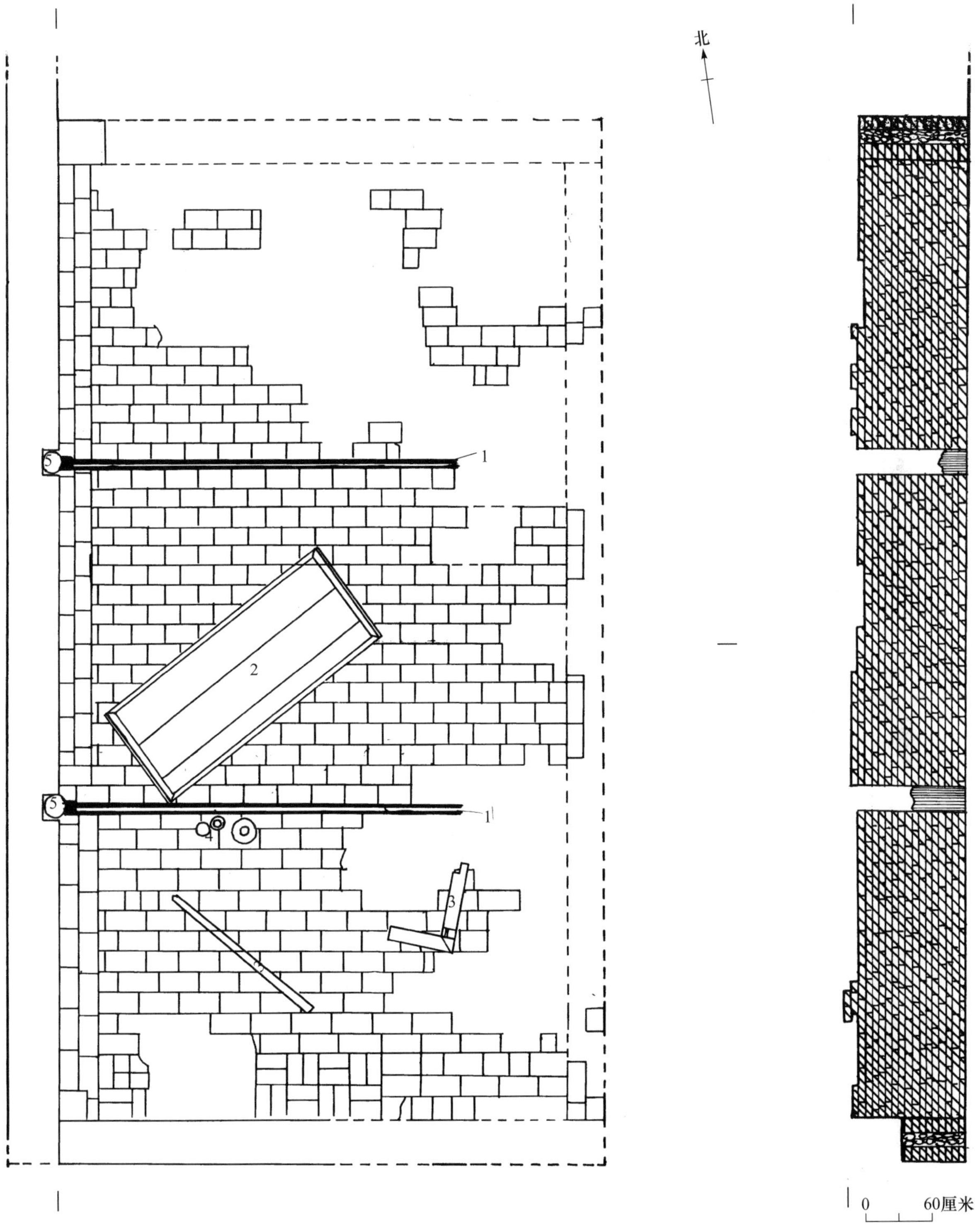

图四七　I潘T16F8平、剖面图

1. 木隔墙　2. 木条几　3. 木隔框　4. 瓷盘　5. 石柱础

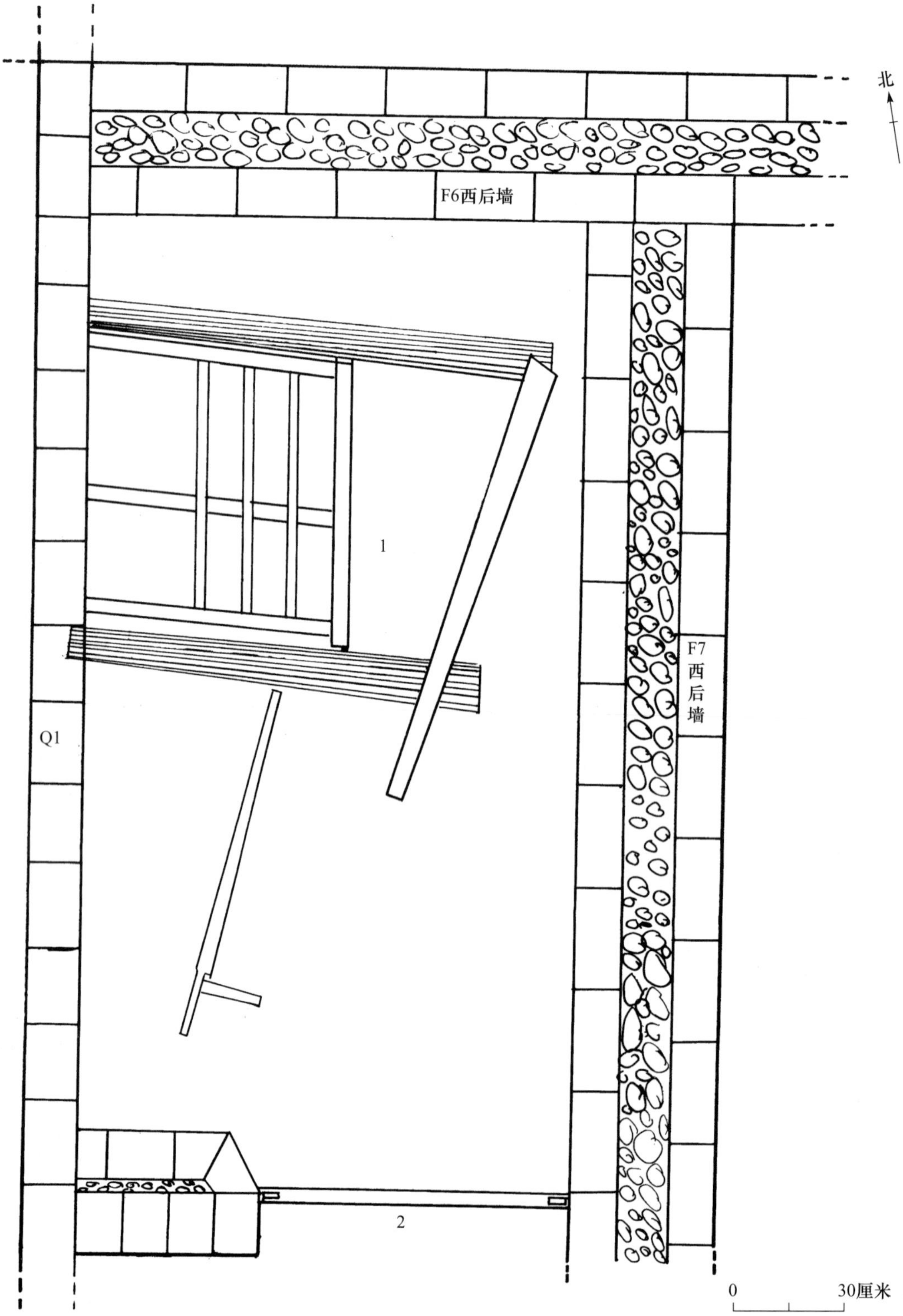

图四八　I潘T16F9平面图
1. 木窗　2. 木门框

I 潘 T39、I 潘 T40、I 潘 T41、I 潘 T42 等探方内，西距今龙亭公园内南北主干道约 10 米（见图七、图八）。

今龙亭公园内南北主干道原曾是开封市中心道路中山路的北段，由于此前中山路北段进行工程改造过程中曾将 F10 上层基址破坏，故本次发掘未见地面铺砖及柱础坑等基址部分，仅清理出了夯土台基的下半部。同时因受西边道路占压等限制，房址台基部分也未能完全揭露，仅清理了其东边部分，已清理部分平面呈凸字形，南北长约 63.8、东西宽约 16.3 米（图四九）。

F10 夯土台基残高 0.2—1.4 米，台基外侧包砖、内为夯土。夯土为红褐色，土质纯净，颗粒较大，含水量较小，夯打坚实，但未见夯窝（图四九：3）。外侧包砖大多已不见，仅剩包砖基槽，槽宽约 0.85、深约 0.25 米，底部有一层厚约 2—3 厘米的白灰（图四九：4）。在夯土台基表面的东部边缘、包砖内侧有一道南北向分布的砖渣，宽 0.7—0.95 米，其间夹杂有少量的碎瓦片，推测应为房子东侧栏杆墙的基础部分（图四九：5）。

夯土台基在北距东北角约 42.6 米处向西内收，并继续向南呈阶梯状延伸约 21.2 米，自北向南残高从 0.75 米到 0.45 米、再到 0.2 米不等，逐渐变低，推测为位于房子南侧台阶的基础部分。

F10 东距 TJ1 东墙约 21.7 米、北距 TJ1 北墙约 33 米。在北距 F1O 东北角约 25 米处夯土台基开始向东延伸，通过对位于 F10 东侧的 I 潘 T43 的发掘可知（详见前本章本节 TJ1 部分），延伸出的台基宽约 10 余米，向东应与 TJ1 相通。

F10 台基的中部偏南部分区域（I 潘 T42 与 I 潘 T41、I 潘 T38 之间的区域）因没有布方而未能揭露（图四九：1），另台基的北部、中部和南部还遭到了多个晚期扰坑的破坏（图四九：2）。

F10 台基上及周围探方内出土有绿釉筒瓦、绿釉板瓦、灰陶筒瓦、灰陶狮子、石雕栏杆、青花瓷片等遗物。

七、亭　　子

仅发现 1 处，编号 TZ1①，位于潘湖遗址第一次发掘区东北部的 I 潘 T7 北部（见图七）。

TZ1 北与 HT3 相望、南临 F6（见图八）。TZ1 平面近方形，方向 8°，顶部建筑已遭破坏，仅残存台基部分。台基南北长 2.45、东西宽 2.3 米、高出周围地面 0.2 米（图五〇）。

台基的营造方法为四壁包砖、台面墁砖、内部夯土。四壁包砖部分厚约 0.3 米，用青灰色条砖错缝顺砌而成、白灰勾缝。台面上铺墁一层砖，其中台面四周最外围用青灰色方砖，东、西两侧在方砖内侧各有一行南北向条砖和小立砖，台面的中心区域则是墁铺东西向青灰色条砖。所用方砖尺寸为 38×38×6 厘米，条砖尺寸有 30×14×6 厘米和 42×32×6 厘米两种。台

① T、Z 分别是亭子二字汉语拼音首位字母。

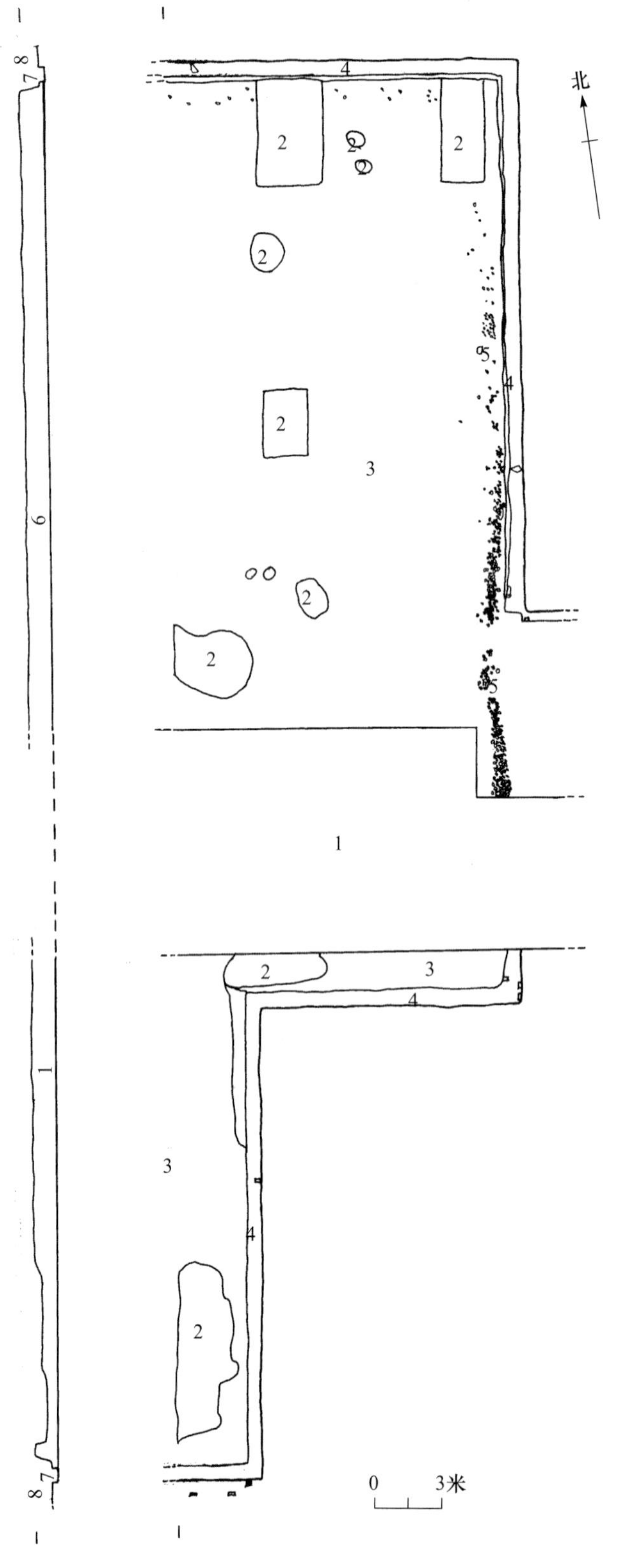

图四九　I潘F10平、剖面图

1. 未发掘区　2. 扰坑　3. 夯土台基　4. 包砖及包砖基槽　5. 碎砖瓦
6. 夯土台基　7. 包砖基槽　8. 立砖地面

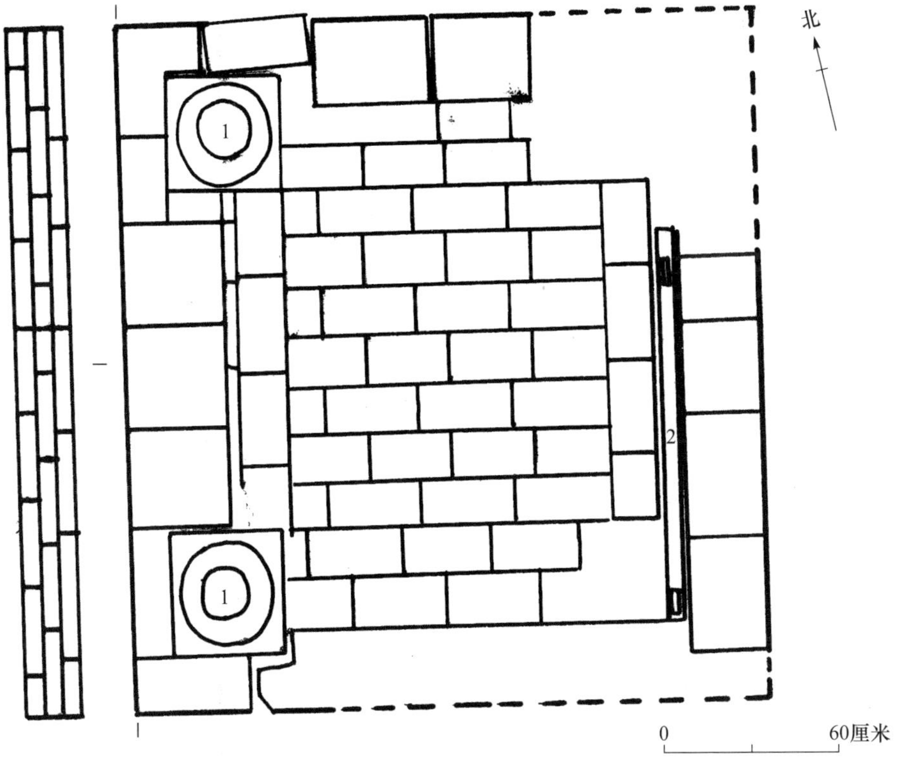

图五〇　I潘T7TZ1平、立面图

1. 柱础　2. 朱漆木地栿

基四角有柱础，仅残存西南角和西北角两处青石柱础，柱础上边还残留有松木柱子，残高分别为 1.05 和 0.45 米，直径均为 0.18 米。两柱柱心距为 1.65 米，柱础石亦为古镜式，上圆部分直径 0.37 米，下方部分边长为 0.42 米，高出周围台面约 0.08 米（图五〇：1）。

在台面上东部最外围方砖内侧清理出一朱漆木质构件，疑为地栿，南北长 1.4、东西宽 0.08、深 0.15 米。构件的南北两端各有一长方形的卯眼，卯眼长 0.1、宽 0.02 米（图五〇：2）。

八、花　　坛

共发现 3 处，分别编号为 HT1、HT2、HT3①。

（一）HT1

HT1 位于潘湖遗址第一次发掘区东北部的 I 潘 T1 西南、I 潘 T2 西北部（见图七）。

HT1 位于房址 F1 和 F2 之间庭院的西部（见图八），平面为长方形，南北长 4.4 米、东西宽 2.2 米，方向 8°。HT1 西边紧贴 Q1，西墙系借用 Q1，东、南、北三面围墙均用砖瓦砌成，

① H、T 分别为花坛汉语拼音的首位字母，1—3 为按发现先后顺序编号。

高 0.2、壁厚 0.14 米。围墙的砌法为：先在庭院地面上用白灰勾缝的青灰色条砖错缝顺砌两层，然后再于砌砖上覆盖一层绿釉筒瓦，砖、瓦长 0.3—0.32，宽 0.14 米。花坛内填土，在坛内东南部还残存有一棵枯树，树茎残高约 0.1 米，直径 0.08 米，填土之下根须部分尚在。花坛的北壁内侧还出土有数片灰陶花盆残片（图五一）。

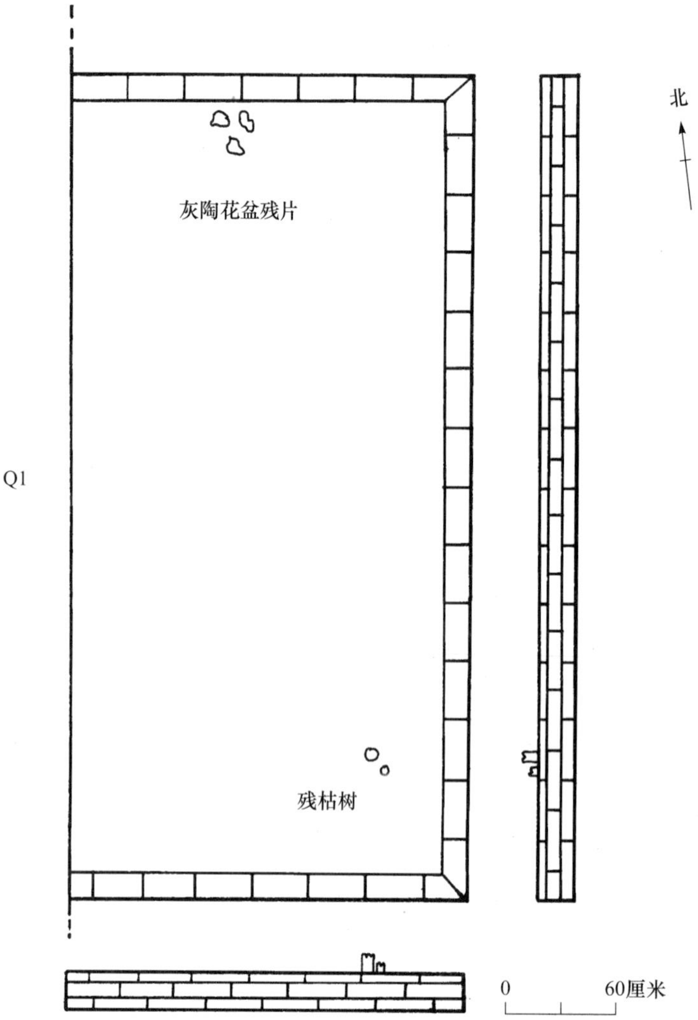

图五一　I潘T1HT1平、东立面图

（二）HT2

HT2 位于潘湖遗址第一次发掘区东北部的 I 潘 T4 南部（见图七）。

HT2 平面呈长方形，东西长 3.65、南北宽 1.03、通高 1.05 米，方向 8°。花坛北部紧贴 F5 南墙，其北墙借用 F5 南墙（见图八），东、西、南三面外壁用砖砌筑，内为填土，其中填土部分东西长 2.85、南北宽 0.63 米。花坛立面呈须弥座式样，自下而上由圭脚、下枋、下枭、束腰、上枭、上枋等六部分组成。圭脚部分用青灰色砖错缝顺砌而成，长 3.65、宽 1.03、高 0.18 米；下枋部分每边各内收 0.04 米，高 0.1 米，用青灰色条砖立砌而成；下枭部分用青灰色条砖错缝顺砌，叠涩③层，每层高 0.08 米，共高 0.24 米；束腰部分用青灰色砖立砌而成，高 0.2 米，砖尺寸 36 × 20 × 7 厘米；上枭部分用青灰色条砖错缝顺砌，叠涩两层，通高 0.18 米，下层高 0.08 米，上层高 0.1 米；上枋部分用青灰色砖顺砌而成，高 0.07 米，砖尺寸 40 × 20 × 7 厘米，上枋的上边铺墁一层较宽大的条砖，砖尺寸有 40 × 36 × 7 厘米和 45 × 36 × 7 厘米两种（图五二；图版四五）。

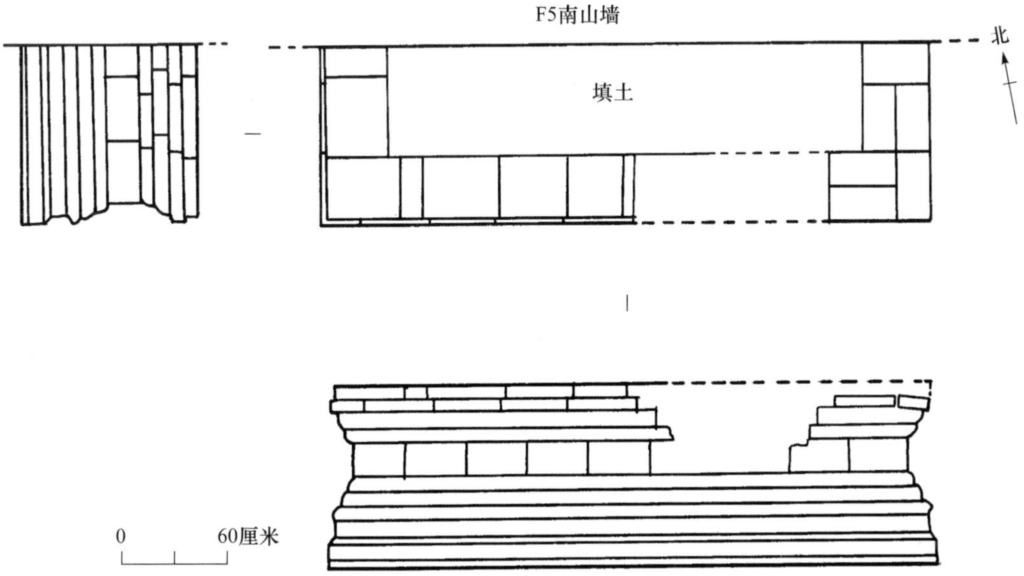

图五二　I潘T4HT2平、立面图

该花坛西侧 0.4 米处还有一砖砌小台，东西长 0.62、南北宽 0.45、高 0.32 米，也应为放置花盆的台子（见图八）。

（三）HT3

HT3 位于潘湖遗址第一次发掘区东北部的 I 潘 T6 内（见图七），北与 HT2 正对（见图八）。

HT3 平面呈方形，边长 4.6、高 0.33 米，方向 8°，其中东南角部分已遭破坏。花坛的外围四壁砌砖，内部表层平面墁砖，墁砖下面则为填土。花坛表层平面的外围墁铺一周方砖，在南、北两边的方砖里侧各墁铺两行东西向条砖，西边方砖里侧则墁铺一行南北向立条砖，其余中间部分为南北向错缝平铺条砖，共 20 行，所用方砖尺寸为 43 × 43 × 6 厘米、条砖尺寸为 30 × 15 × 6 厘米。花坛四壁墙体共五层，其中下面四层为条砖错缝顺砌、顶部一层为方砖铺墁。花坛南壁正中外侧有一台阶，东西长 1.29、南北宽 0.43、高 0.17 米，系用两层砌砖而成，每层均用三块方砖对缝平铺，所用方砖尺寸为 43 × 43 × 7 厘米（图五三；图版四六）。

花坛西部的地平面上出土有两个灰陶花盆；另在花坛的西北、东北、东南、西南侧均发现有 1—2 株不等的枯树，疑似葡萄树或海棠树。

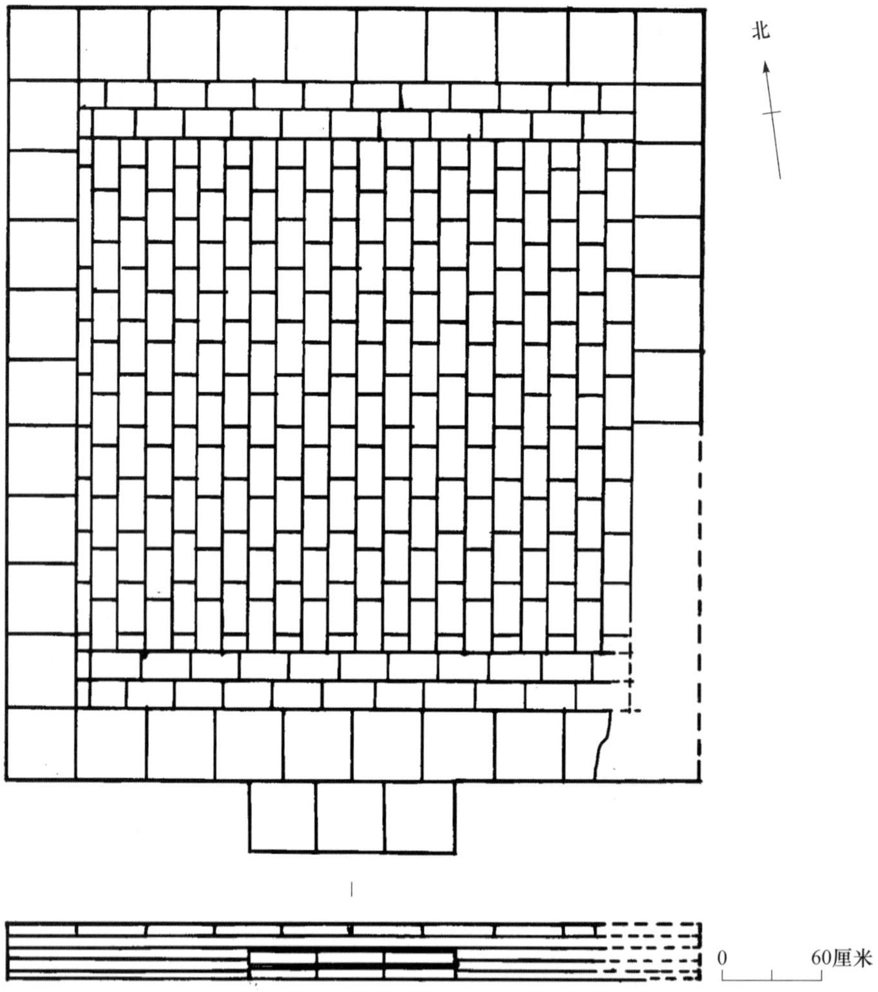

图五三　Ⅰ潘T6HT3平、南立面图

九、水　池

水池仅发现1处，编号为C1。

C1位于潘湖遗址第一次发掘区东北部的Ⅰ潘T20南部、Ⅰ潘T27北部，台基TJ2的南侧（见图七、图八）。

C1平面呈不规则的狭长形，四周砌砖墙，其中南墙较直，呈东西走向，北墙也大致呈东西走向的弯曲状，东西长约11.8、南北宽0.8—2.4、深0.9米（图五四；图版四七：1）。池底部有铺砖两层，其中上层为东西向错缝平铺、下层是南北向错缝平铺，用砖尺寸均为30×14×7厘米（图版四七：2）。

C1内残存有砖砌台子，台子上放置有太湖石，池子北侧散落有大小不等的十余块太湖石（图五四：1）。根据C1的残存状况推测，该池子应为假山池。

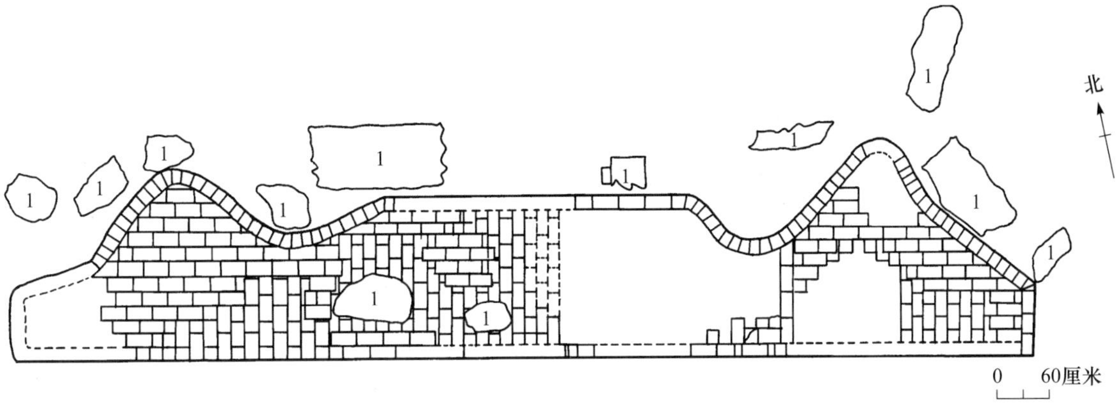

图五四　Ⅰ潘T20C1平面图
1. 散落的太湖石

十、排水设施

排水设施主要有排水沟槽、排水涵洞、排水口等，均发现于潘湖遗址第一次发掘区域内。

（一）排水沟槽

仅发现1处，位于TJ1西侧约0.2米，与之南北向平行。从Ⅰ潘T45、T14和T10的发掘情况来看，排水沟槽的上口与铺砖地面相平，宽约0.2—0.3米，深约0.1米，沟槽底部和两壁应均是砖砌而成，但砌砖大多已无存，仅剩砌砖所用的白灰渣。TJ1的两个向西分支台基部分的南北两侧也砌筑有同样结构的排水沟槽，分支部分和主体部分的排水沟槽呈90°角（见图八；另见本章本节TJ1部分）。

（二）排水涵洞

仅发现1处，位于潘湖遗址第一次发掘区域中部略偏南的Ⅰ潘T10内东南部（见图七）。涵洞东西向垂直穿过TJ1底部、向东部延伸，其中T10内该涵洞东西长约5米。涵洞西部进水口与TJ1西侧包砖墙体在同一平面（见图八、图三三：7），断面为半圆形券顶、直壁，宽0.88米（含两壁砌砖）、高1.24米，底部距铺砖地面深约0.97米。券顶用楔形砖，两壁为单砖错缝顺砌，两壁砌砖和底部铺砖多已无存，仅残留砌砖和铺砖的痕迹，涵洞底部地势自西向东逐渐变低（图五五）。

（三）排水口

共发现2处。1处位于F2南部、F4北部的庭院内，另一处位于TZ1的西部（见图八）。排水口是利用普通的铺地方砖改造加工而成，方砖边长0.36米，在方砖的正中钻一孔径约0.15米的圆孔，把加工好的方砖平铺在地面上，使其口部与周围院内的铺地砖表面持平，这样，方砖上的圆孔就可以充当排水口了（见图版三九：3）。

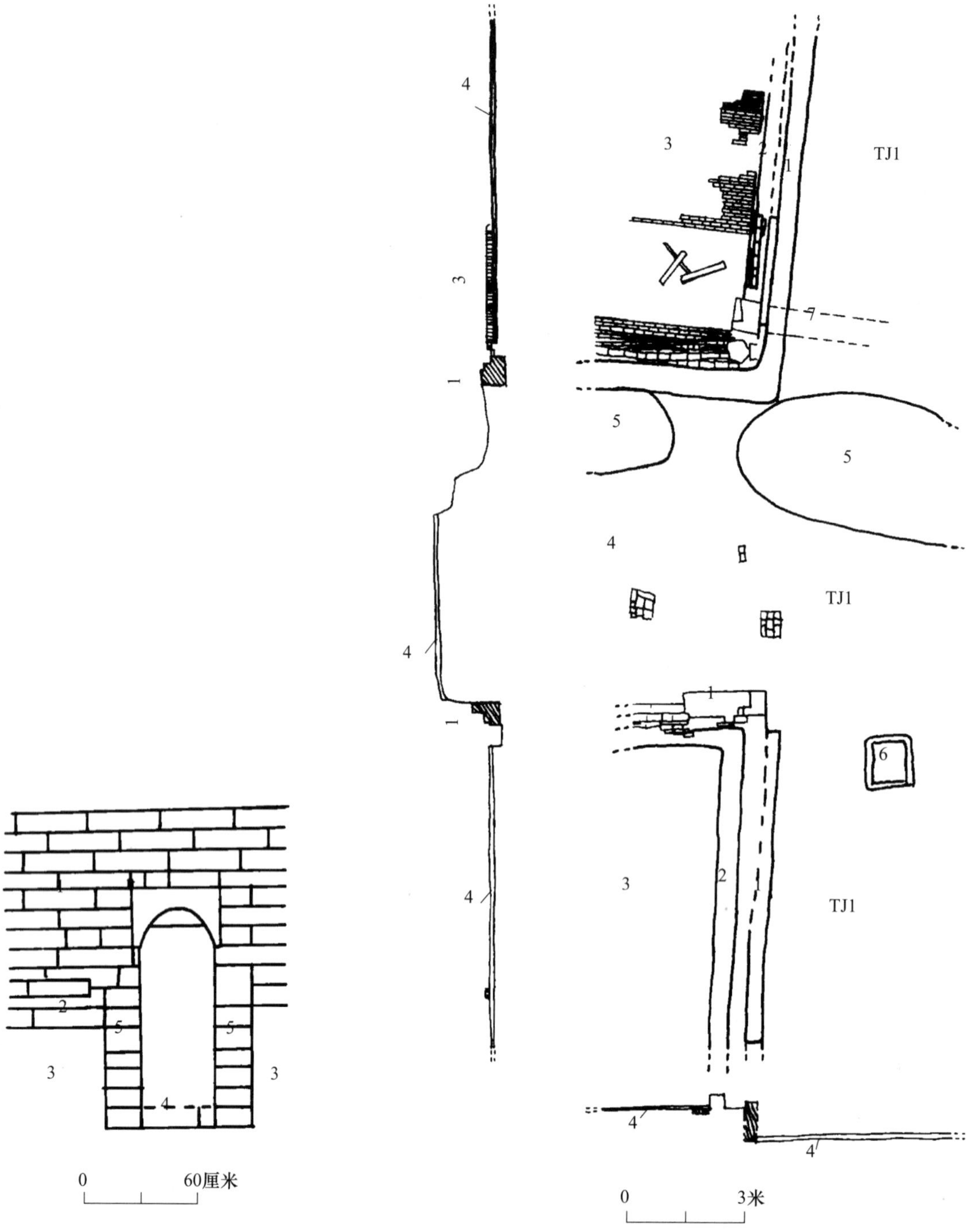

图五五　I潘T10排水涵洞平面位置及西视图

1. TJ1　2. 铺砖地面　3. 夯土　4. 涵洞底部铺砖　5. 涵洞西壁砌砖

十一、其　他

在潘湖遗址第一次发掘区域内，还发现树池、砖砌台子等类遗迹共4处。

（一）树池

共发现2处。其中一处位于Ⅰ潘T3内F2南部、F4北部的院内，另一处位于Ⅰ潘T7内TZ1的西部、F6北部（见图八）。两个砌树池均用蓝色侧立条砖围砌而成，南北长约0.92、宽约0.65、高0.05米，其中靠北边Ⅰ潘T3内的树池中还残留一棵残高约1.28、直径约0.31米的枯树（图版四八）。两处树池分别与庭院内发现的两个排水口相邻近（见图八）。

（二）砖砌台子

共发现2处。其中一处位于Ⅰ潘T3内F2南部、F4北部的院内，西靠Q1（见图八），台子基本呈正方形，边长0.55、高0.5米，台子上放置的莲花盆盆景仍在，盆内尚保存有笋状观赏石（见图版三九：4）。另一处位于F5南墙下、东邻HT2（见图八），平面呈长方形，其北墙借用F5南墙，其他三面墙体用蓝砖砌筑，东西长0.62、南北宽0.45、高0.32米。

第二节 文化遗物①

遗址中出土的明代文化遗物比较丰富，按其用途可分为建筑构件和生活用品两大类。

一、建筑构件

遗址发掘出土的各种建筑构件，除大量青砖外，其他尚有128件。出土建筑构件按质地可分为灰陶和琉璃二类，且以琉璃为主。若按纹饰区分，除部分素面者外，常见纹饰主要有龙纹和菊纹两种。若按器类划分，主要有砖、勾头、滴水、板瓦、筒瓦、条砖、群色条、吻、垂脊兽和吻座等。

现按器类分别介绍如下：

（一）砖

发掘区内出土的各类砖数量很多，均为青灰砖。依据形制的不同，可分为楔形砖、条砖和方砖等三种。

1. 楔形砖，上宽下窄、上长下短，大小不尽相同，长26.5—31.5、宽8—13、厚5—9.5厘米。详细情况见表一。

2. 条砖，大小不尽相同，长26—45、宽8.3—36、厚5—11厘米。详细情况见表二。

3. 方砖，大小也不尽相同，长边长38—65、厚6—10厘米。详细情况见表三。

---

① 除有特别注明的外，本部分所介绍的文化遗物均来自潘湖遗址第一次发掘的各探方（探沟）和遗迹内。

表一　楔形砖尺寸统计表

尺寸 分类	上部（厘米）		下部（厘米）		宽（厘米）	备注
	长	高	长	厚		
1	31.5	14	28	6.5	9.2	多用于院落内地面铺砌；使用时绝大部分楔形砖都砍去两端；尺寸不等
2	31.5	10.5	29	5.6	6.9	
3	31.5	10.5	30.5	5.5	6.7	
4	31	14	26.5	6.5	9.5	
5	31	12.5——13	29	7	9	
6	31	9	30	6.5	6.5	
7	30.5	10.8	29	5	6.3	
8	30.5	10.4	30	5.4	6.7	
9	30	10.5	29.5	5	6.5	
10	29.5	14.5	27	6.2	8.3	
11	29.5	14.5	28.5	6.5	8.5	
12	29.5	9.3——11	27	6.8	8.5	
13	29.5	8—8.5	27.5	6.5	7.8	
14	29	10.5—11.5	28	6.5	8.5	

表二　条砖尺寸统计表

尺寸 分类	长（厘米）	宽（厘米）	厚（厘米）	备注
1	27.5	13.5	7	多用于院落内地面铺砌；房屋室内地面铺砌；以及墙体垒砌等
2	26	13	7	
3	30	15	7	
4	32	17	7	
5	32	15	7	
6	40	30	11	
7	42	24	11	
8	42	20	10	
9	42	18.5	7	
10	34.5	17	7	
11	42	19	7	
12	30	15	5	
13	36	30	6	
14	28	14	6	
15	33	8.3	6	
16	28.5	14	5	

续表

分类 \ 尺寸	长（厘米）	宽（厘米）	厚（厘米）	备注
17	30	14	6	多用于院落内地面铺砌；房屋室内地面铺砌；以及墙体垒砌等
18	36	20	7	
19	40	20	7	
20	40	36	7	
21	45	36	7	
22	30	15	6	
23	30	14	7	
24	41	20	10	
25	42	20	10	
26	30	9	7	
27	28	13	5	
28	31	10	7	
29	42	32	6	

表三　方砖尺寸统计表

分类 \ 尺寸	长（厘米）	宽（厘米）	厚（厘米）	备注
1	45	45	10	多用于院落内地面、室内地面及台基表面铺砌
2	38	38	6	
3	43	43	6	
4	43	43	7	
5	65	65	10	

（二）勾头①

共30件。均为圆形。依质地不同，分为琉璃勾头和灰陶勾头两种。

1. 琉璃勾头

15件。依纹饰的不同，又可分为龙纹琉璃勾头和菊纹琉璃勾头两种。

（1）龙纹琉璃勾头10件。均在勾头内浮雕龙纹，除一件（T5：24）外表施孔雀蓝釉外，其余皆施绿釉。

① 勾头也就是“瓦当”。“瓦当”是元代以前的称呼，到了明清时期称为“勾头”。

标本 T1 ②：20[①]，浅绿釉，浅浮雕盘龙纹，长 22、直径 11.8 厘米（彩版五：1）。

标本 T1 ②：24A，浅绿釉，浅浮雕盘龙纹，直径约 9.7 厘米（彩版五：2）。

标本 T1 ②：24B、T1 ②：24C、T1 ②：24 勾身均残，勾头尺寸、图案与 T1 ②：24A 近同（彩版五：3—5）。

标本 T1 ②：25，绿釉，浅浮雕有盘龙戏珠纹，直径约 16 厘米（图五六：1；彩版五：6）。

标本 T2F2：23，深绿釉，浅浮雕有盘龙纹，直径约 14.5 厘米（图五六：2；彩版五：7）。

标本 T2F2：38，绿釉，浅浮雕有盘龙纹，直径约 7.5 厘米（图五六：3；彩版五：8）。

标本 T21：1，绿釉，浅浮雕有盘龙纹，残长 10.5、直径约 14.2 厘米（图五六：4；彩版六：1）。

标本 T5：24，孔雀蓝釉，浅浮雕盘龙戏珠纹，残，直径约 11.5 厘米（彩版六：2）。

（2）菊纹琉璃勾头　5 件，仅一件保存较完整，其他均部分残缺。形制、大小相似，均为绿釉，在勾头内雕菊花纹。

标本 T1 ②：21A，保存比较完整，直径约 9、长约 16 厘米（彩版七：1）。

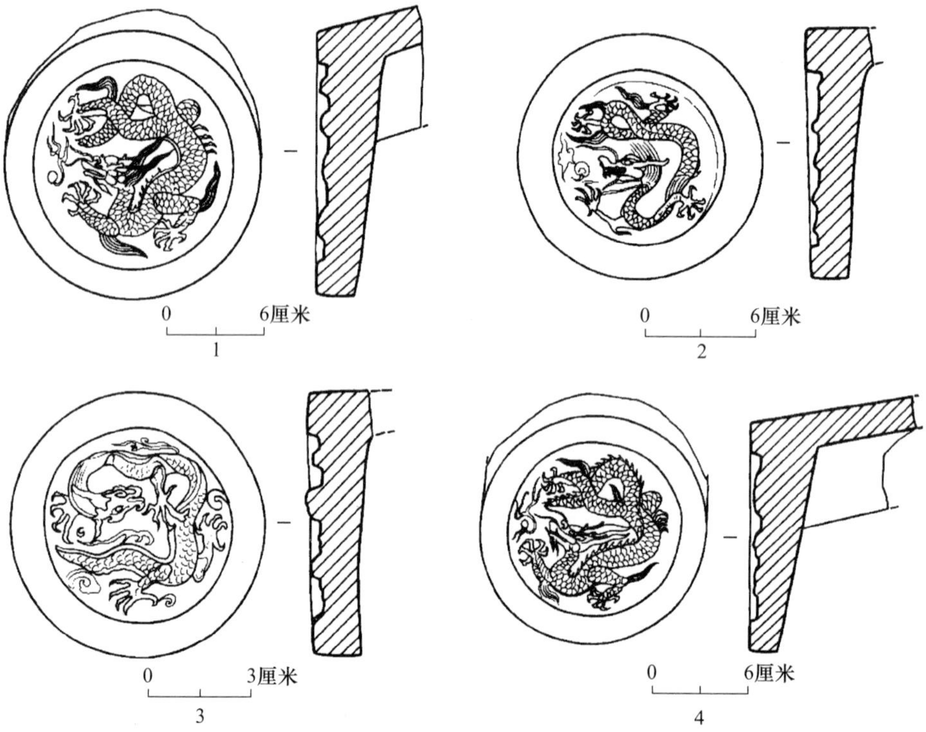

图五六　龙纹琉璃勾头

1. T1 ②：25　2. T2F2：23　3. T2F2：38　4. T21：1

① 因为本部分所介绍的文化遗物均来自潘湖遗址第一次发掘的各探方（探沟）和遗迹内，为了叙述方便，在介绍标本时均省去探方编号前的“I 潘”部分；圈码数字系指标本出土的地层序号，下同。在整理潘湖遗址原始考古资料时，发现出土器物标本有的是按探方编号，有的是按各探方的出土层位编号，有的是按出土时所属遗迹编号，本报告在编写时，为了便于与原始考古资料相对照，均采用其原始编号方式。

另见标本 T1②：21B、T1②：21C、T1②：21D、T1②：21E（彩版七：2—5）。

2. 灰陶勾头

15 件。依纹饰不同，也可分为龙纹灰陶勾头和菊纹灰陶勾头两种。

（1）龙纹灰陶勾头　3 件。大小和纹饰略有差异。

标本 T4：16，浅浮雕有盘游龙戏珠纹，直径约 13.5 厘米（图五七；彩版八：1）。

标本 T5：23，浅浮雕有盘游龙戏珠纹和大量云纹，直径约 12 厘米（彩版九：2）。

标本 T2：？，仅知出土于 T2 内，但具体出土地层和编号不详。浅浮雕有盘游龙戏珠纹，直径 14 厘米（彩版九：3）。

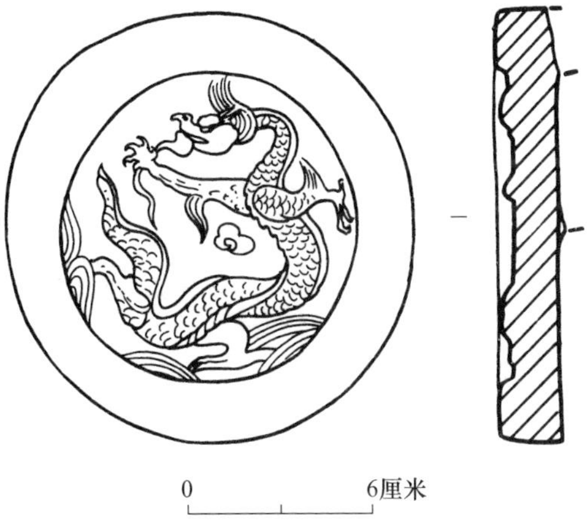

图五七　龙纹灰陶勾头
T4：16

（2）菊纹灰陶勾头　12 件。尺寸大小及菊纹图案有所不同。

标本 T1②：22A，残长 5.8、直径 11 厘米（图五八：1；彩版九：1）。

标本 T1②：22B，保存比较完整，长 22.4、直径 11.4 厘米（图五八：2；彩版九：2）。

标本 T1②：22C，保存比较完整，长 22、直径 11.8 厘米（图五八：3；彩版九：3）。

标本 T1②：23，勾身残，仅存勾头部分，直径 12 厘米（图五八：4；彩版九：4）。

标本 T1F1：23，钩身及勾头与勾身交接处均残，直径 11.7 厘米（图五八：5；彩版九：5）。

标本 T1②：35，保存比较完整，长 21.4、直径 12 厘米（图五八：6；彩版九：6）。

标本 T1：23，勾身残，仅存勾头部分，直径 11.5 厘米（彩版一〇：1）。

标本 T2：36，保存比较完整，长 22.6、直径 12 厘米；（图五八：7；彩版一〇：2）

标本 T2F2：37，残长 6、直径 12 厘米；（图五八：8；彩版一〇：3）。

标本 T4：15，残长 8、直径 12.5 厘米（图五八：9；彩版一〇：4）。

标本 T4：17，保存比较完整，长 22、直径 12.3 厘米（彩版一〇：5）。

标本 T4：18，残长 13.4、直径 12.6 厘米（图五八：10；彩版一〇：6）。

（三）滴水

共 22 件。依质地不同，分为琉璃滴水和灰陶滴水两种。其中琉璃滴水均为龙纹，灰陶滴水均为菊纹。

1. 龙纹琉璃滴水

共 10 件，除一件为蓝釉外，其余均为绿釉。均饰龙纹，部分在龙纹边缘加饰云纹，形制相似，仅纹饰图案和尺寸大小略有不同。

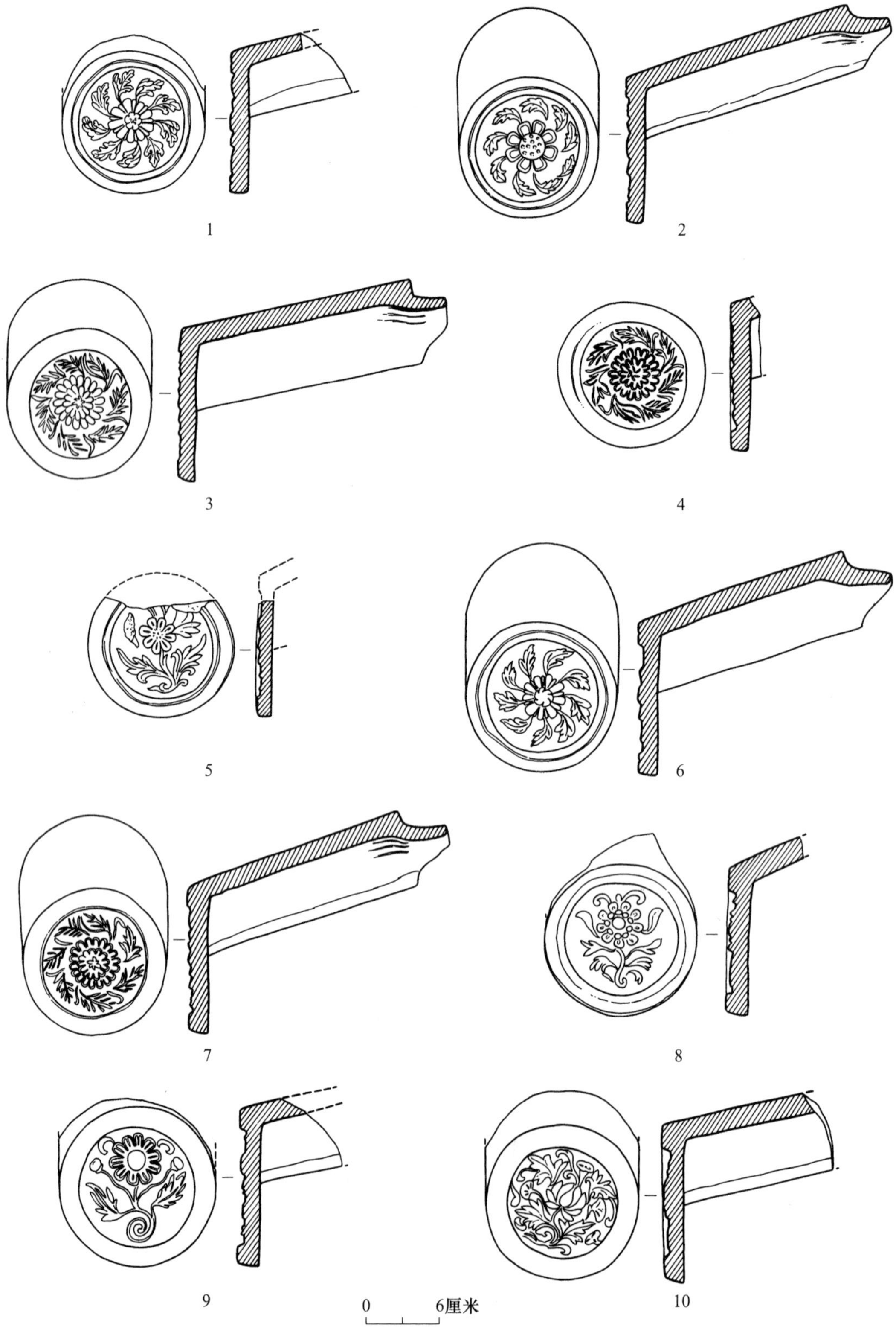

图五八　菊纹灰陶勾头

1. T1②：22A　2. T1②：22B　3. T1②：22C　4. T1②：23　5. T1F1：23　6. T1②：35　7. T2：36　8. T2F2：37　9. T4：15　10. T4：18

标本 T1 ②：1 ⑤ A，雕有龙纹和云纹，宽约 13、残长约 7 厘米（图五九：1；彩版一一：1）。

标本 T1 ②：1 ⑤ B、T1 ②：1 ⑤ C、T1 ②：1 ⑤ D 与 T1 ②：1 ⑤ A 相似（彩版一一：2；彩版一一：3，两件；彩版一一：4，两件）。

标本 T1：17A，雕游龙戏珠纹及云纹，宽约 25.5、残长约 13.5 厘米（图五九：2；彩版一一：5）。

标本 T1：17B，雕游龙戏珠纹，不见勾身，勾头部分残（彩版一一：6）。

标本 T2：25，雕游龙戏珠纹及云纹，宽 27.5、残长约 7 厘米（图五九：3；彩版一一：7）。

标本 T1：18，残，孔雀蓝釉，浅浮雕龙纹（彩版一一：8）。

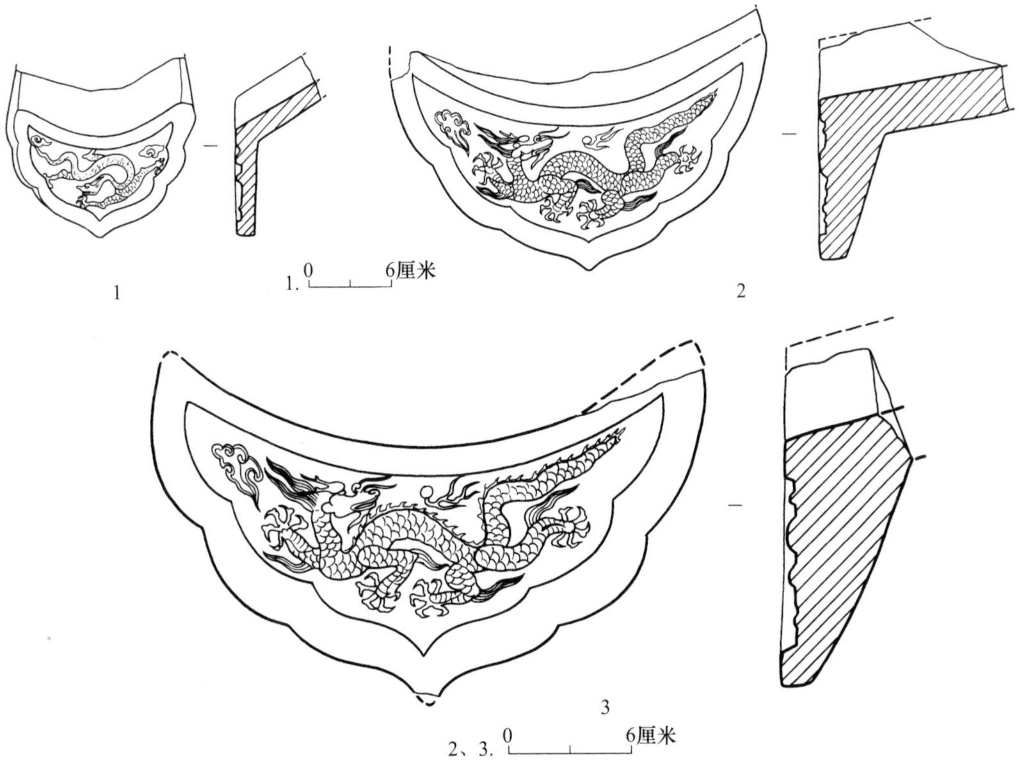

图五九　龙纹琉璃滴水

1. T1 ②：1 ⑤ A　2. T1：17A　3. T2：25

2. 菊纹灰陶滴水

共 12 件，均饰菊纹，形制相似，仅尺寸大小和菊纹图案有所不同。

标本 T1 ②：32，双菊纹，残长 2.3、宽约 15.4 厘米（图六〇：1；彩版一二：1）。

标本 T2：27，单菊纹，不见勾身，勾头部分残缺，残宽 16 厘米（图六〇：2；彩版一二：2）。

标本 T2：35，双菊纹，仅见勾头部分，宽 17.5 厘米（彩版一二：3）。

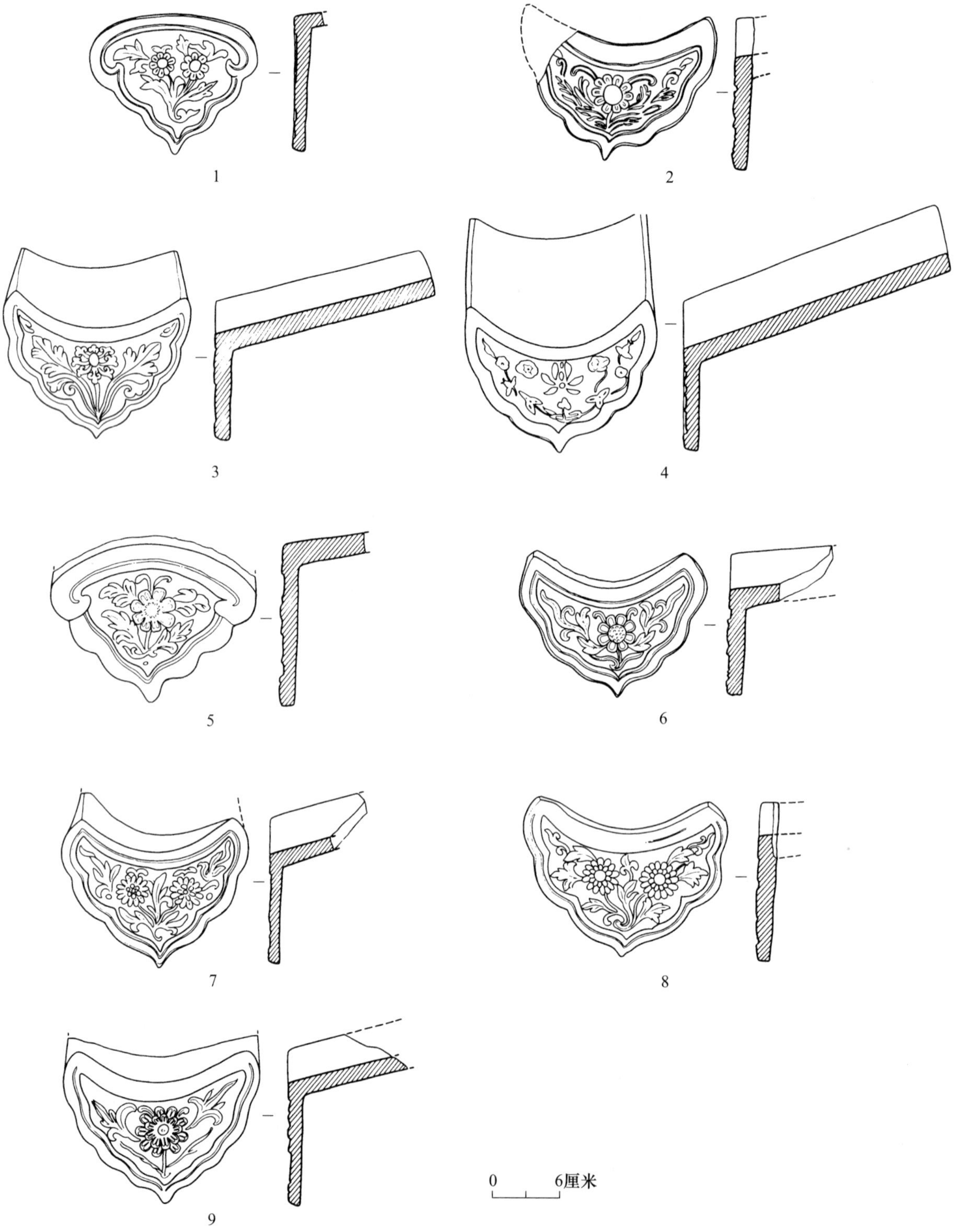

图六〇　菊纹灰陶滴水组合图

1. T1②：32　2. T2：27　3. T2：39　4. T2：40　5. T2：41　6. T2：42　7. T2：43　8. T2：44　9. T4F4：12

标本 T2：39，单菊纹，保存比较完整，长 21、宽 17 厘米（图六〇：3；彩版一二：4）。

标本 T2：40，变形菊纹，保存比较完整，长 25、宽 17 厘米（图六〇：4；彩版一二：5）。

标本 T2：41，单菊纹，宽 18.5 厘米，残长 8 厘米（图六〇：5；彩版一二：6）。

标本 T2：42，单菊纹，宽 16.5 厘米，残长 9 厘米（图六〇：6；彩版一三：1）。

标本 T2：43，双菊纹，宽 16.8 厘米，残长 8.8 厘米（图六〇：7；彩版一三：2）。

标本 T2：44，双菊纹，勾身无存，宽 18.5 厘米（图六〇：8；彩版一三：3）。

标本 T4F4：12，单菊纹，残长 11.2、宽 18 厘米（图六〇：9；彩版一三：4）。

标本 T4：13，单菊纹，保存较完整，长 23、宽 17.5 厘米（彩版一三：5）。

标本 T4：14，单菊纹，仅见勾头部分，残宽 15.5 厘米（彩版一三：6）。

（四）板瓦

共 21 件。依质地不同，分为琉璃板瓦和灰陶板瓦两种（彩版一四：1）。

1. 琉璃板瓦

共 18 件。形制相似，大小略同。

标本 T1②：14，绿釉，上宽下窄，仅下半部及上下横断面施釉，上宽 12.7、下宽 11.7、长 16.2、厚 1.5、高 3.6 厘米（彩版一四：2）。

2. 灰陶板瓦

共 3 件。

标本 T1：6，内饰布纹，上宽下窄，上宽 18.3、下宽 15.5、长 22.8、厚 1.7、高 4.8 厘米（彩版一四：3）。

标本 T1：7，内饰细布纹，残长 14 厘米，表面有五纵行墨书字体，“白板瓦五百五十个桶瓦六十个□瓦十一个□勾十三个”（彩版一四：4）。

（五）筒瓦

共 20 件。依质地的不同，分为琉璃筒瓦和灰陶筒瓦两种（彩版一五：1）。

1. 琉璃筒瓦

共 19 件，形制相似，大小略同。

标本 T1②：19，绿釉，长 16、宽 10、高 5.2 厘米，榫长 2.5 厘米（彩版一五：2）。

2. 灰陶筒瓦

共 1 件。

标本 T5：17，长 21.5、宽 13.5、高 6.8 厘米，榫长 2.5 厘米（图六一；彩版一六：3）。

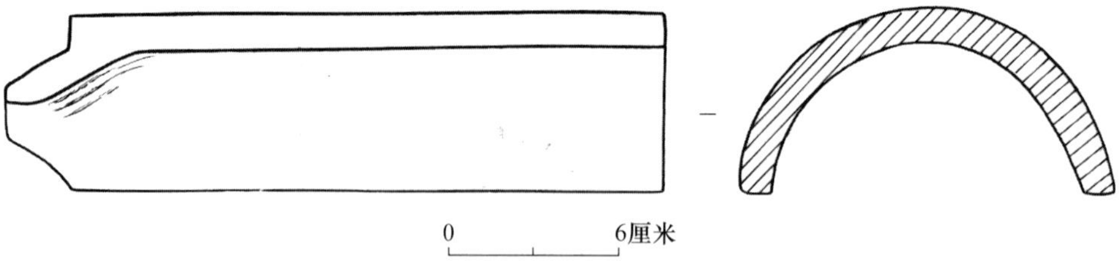

图六一　灰陶筒瓦
T5∶17

（六）走兽

共9件。依质地不同，分为琉璃走兽和灰陶走兽两种。

1. 琉璃走兽

共3件。

标本T1②∶26，兽高约12.4、宽约5厘米（图六二：1；彩版一六：1—3）。

2. 灰陶走兽

共6件。

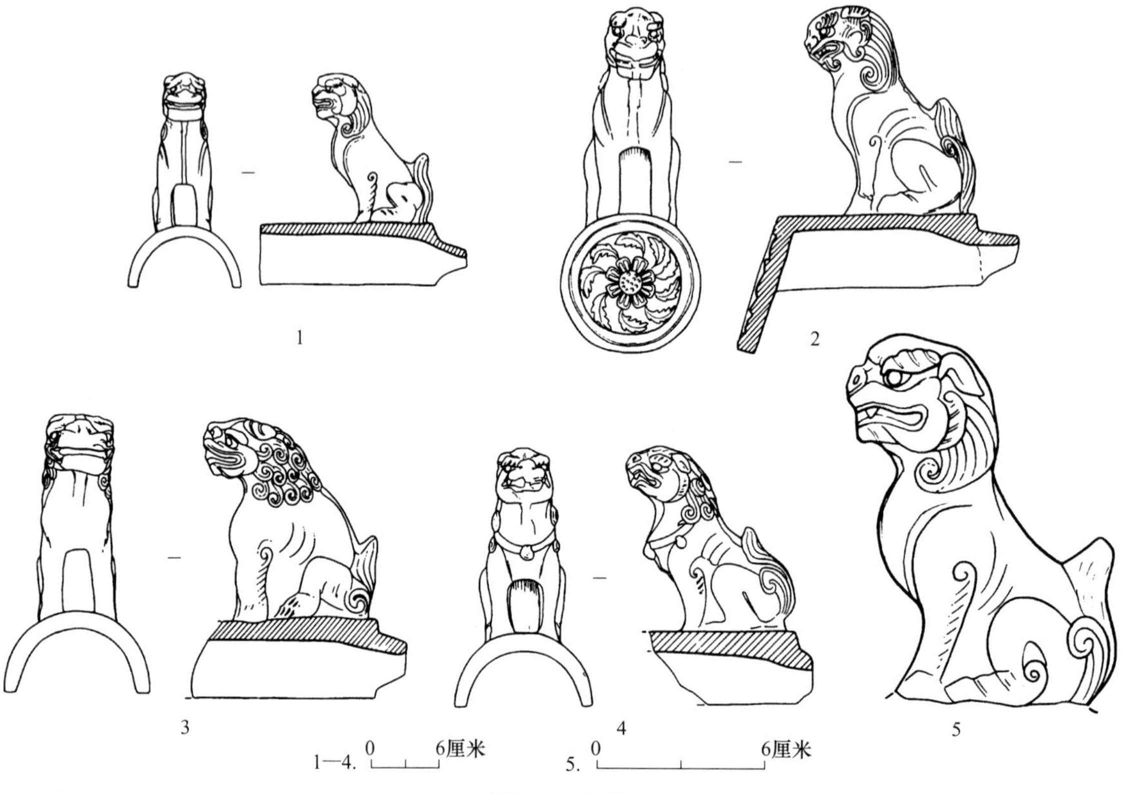

图六二　走兽
1. T1②∶26　2. T3∶3　3. T3∶2　4. T3∶1　5. T1∶31

标本 T3：1，兽高 16.4、宽约 6 厘米（图六二：4；彩版一六：4—7）。
标本 T3：2，兽高 16.9、宽约 6.5 厘米（图六二：3；彩版一六：8；彩版一七：1、2）。
标本 T3：3，兽高 17、宽约 7.5 厘米（图六二：2；彩版一七：3—5）。
标本 T1：31，兽高 13、宽约 5 厘米（图六〇：5；彩版一七：6）。
标本 T2：34、T42：4，形制与以上标本相似，仅尺寸与图案略有差异（彩版一七：7、8）。

（七）平口条[①]

共 10 件。形制相似，仅尺寸大小略有不同。均为楔形，仅顶面施绿釉。
标本 T1②：28，长 28.8—29.7、宽 9、厚 3.6—4 厘米（彩版一八：1）。
标本 T1②：36，长 22.8—24.4、宽 7.7、厚 3—3.2 厘米（彩版一八：2）。
标本 T1②：37，长 17.2—19、宽 6.1、厚 2.1—2.8 厘米（彩版一八：3）。

（八）绿釉卷草纹条砖

共 9 件。形制相似，仅尺寸大小不尽相同。均一面刻卷草纹且施绿釉（彩版一九：1）。
标本 T1②：29，长 19.4、宽 8.3、厚 2 厘米（彩版一九：2）。
标本 T1：38，长 28.2、宽 10.7、厚 3.6 厘米（图六三：1；彩版一九：3）。
标本 T1②：39，长 21.1、宽 8、厚 2.2 厘米（彩版一九：4）。
标本 T1⑧：88，长 21、宽 7.9、厚 2.9 厘米（图六三：2）。

（九）博脊瓦[②]

共 3 件。

标本 T2：20，外表施绿釉，残长 14、残宽 8.4—8.6、厚 1—7 厘米（图六四：1；彩版二〇：1）。

标本 T2②：21，外表施绿釉，长 25.5、宽 11.5—12.1、厚 0.8—3.5 厘米（图六四：2；彩版二〇：2）。

（十）脊兽

仅 1 件。
标本 T1②：27，绿釉，高约 28 厘米（图六五；彩版二一：1—3）。

（十一）吻座

仅 1 件。

---

① 平口条是我国古建中正脊或垂脊下线道瓦之一种，其横断面多呈楔形。
② 我国古代建筑物歇山顶在山花板与其下山面屋面相交处平置的脊，称作博脊。

图六三　绿釉卷草纹条砖

1. T1：38　2. T1⑧：88

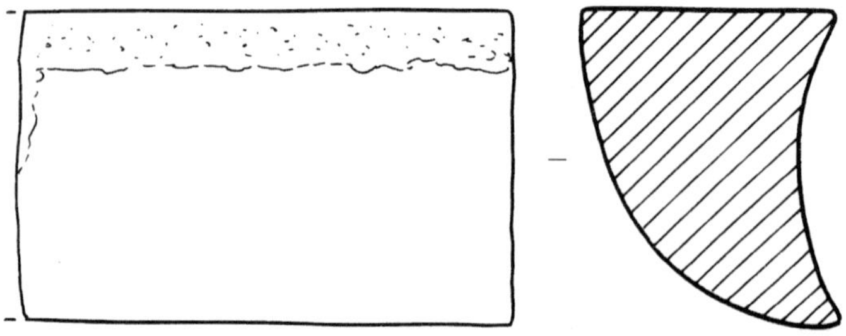

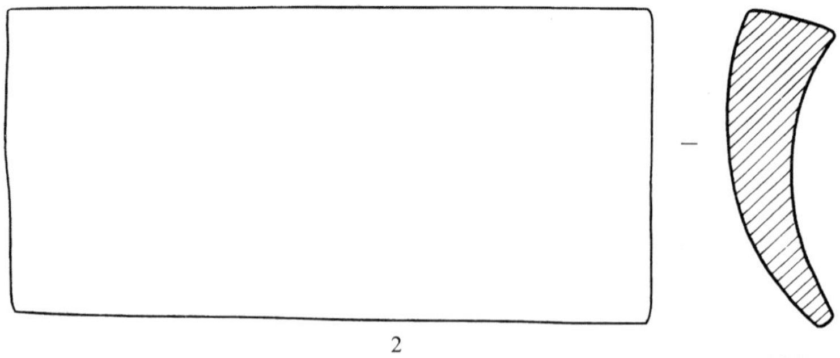

图六四　博脊瓦

1. T2：20　2. T2②：21

标本T2：33，绿釉，共三层，由下向上逐层内收，中心一方孔。底座长12.2、宽10.7、高4.6厘米，中心孔长3、宽2.4厘米（图六六；彩版二二：1）。

（十二）兽尾

仅1件。

标本？，原始记录不详，未见出处。黄釉，残，仅见兽尾部，残高约17厘米（彩版二二：2）。

（十三）当勾

仅1件。

标本T2：45，绿釉，残长约6.3—13.5、宽约13.6、厚约0.8—1.9厘米（图六七；彩版二三：1、2）。

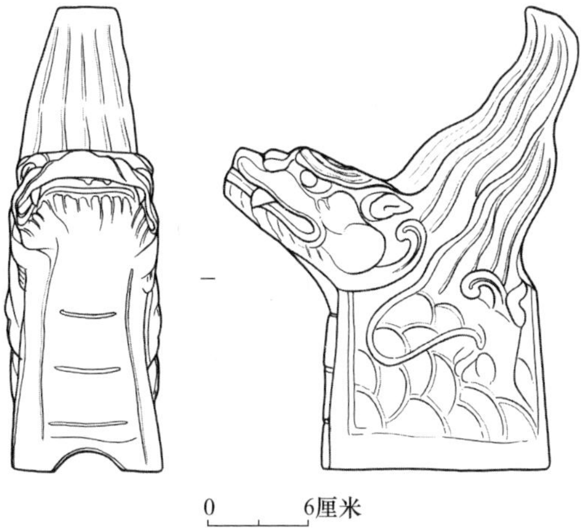

图六五　脊兽

T1②：27

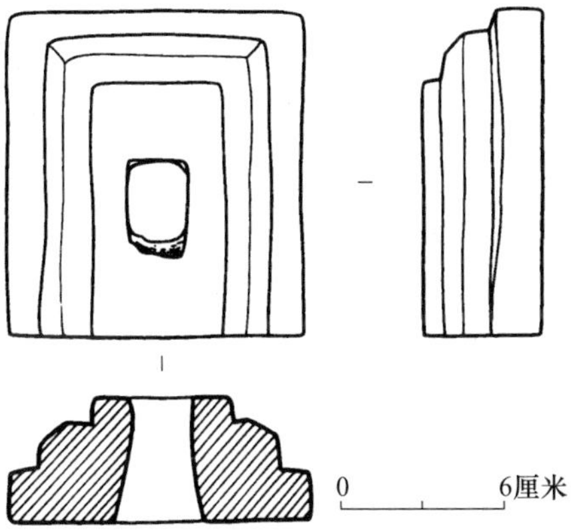

图六六　吻座

T2：33

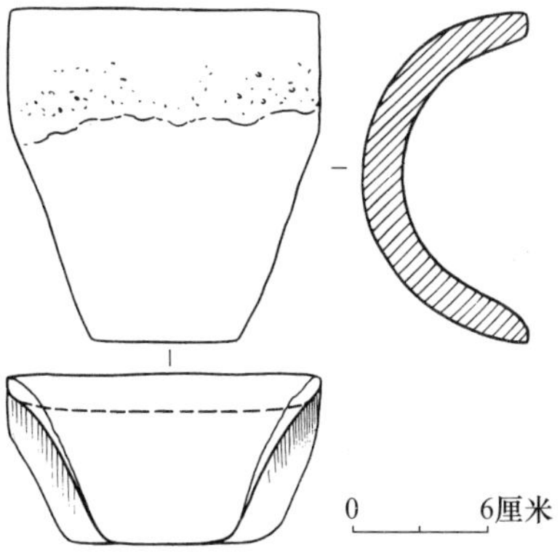

图六七　当勾

T2：45

二、生 活 用 品

共计158件。按质地的不同，可分为瓷器、陶器、铜器、玉石器、漆木器和其他等六大类。下面将分类逐一介绍。

（一）瓷器

共计101件。以青花瓷为大宗，另有少量酱釉、白釉、褐釉等他类瓷器。

1. 青花瓷

95件。瓷器的器形主要有碗、碟、盘、瓶、杯等。按器类分别介绍如下：

（1）碗　37件。依纹饰的不同，可分为龙纹碗、变形龙纹碗、花卉纹碗、山水人物纹碗、人物诗文碗、鱼藻纹碗、“福”字碗、“万寿”碗、“状元及第”碗、暗八仙纹碗、弦纹碗、白釉碗等。

① 龙纹碗　6 件。其中 4 件形制相似，大小、青花呈色略有差异。均为敞口、撇沿，弧腹，圈足。内底青花双弦纹内饰龙戏珠纹，内外口沿均饰两周青花弦纹，腹部饰龙戏珠纹，外足墙上饰三周青花弦纹。底部青花弦纹内有“大明成化年制”六字双行楷书款。

标本 T2：10，口径 11.3、底径 4.4、高 6 厘米（图六八：1；彩版二四：1—3）。

标本 T2：11，口径 11、底径 4.6、残高 6 厘米（图六八：2；彩版二四：4—6）。

标本 T2：12，口径 11.2、底径 4.6、高 5.9 厘米（图六八：3；彩版二四：7、8）。

标本 T2：13，口径 11.2、底径 4.5、高 6.3 厘米（图六八：4；彩版二五：1—3）。

标本 T25：1，残碗底，圈足，内底青花弦纹内饰龙纹，外壁也见有龙纹，底部青花弦纹内有“大明成化年制”六字双行楷书款，款“明”字右侧浅刻一“武”字，底径 6.8、残高 3.2 厘米（图六八：5；彩版二五：4、5）。

标本 T16F8：32，敞口，弧腹，圈足。内底两周青花弦纹内饰花卉纹，口沿内外均饰两周青花弦纹，腹部饰香草纹、龙纹，腹部与圈足交汇处饰青花弦纹，足墙外饰两周青花弦纹。通体施釉，残底部两周青花弦纹内有“大明[嘉]靖”楷书青花款。口径 11.2、底径 5、高 6.3 厘米（图六八：6；彩版二五：6—8）。

② 变形龙纹碗　8 件。其中 7 件形制相似，大小、青花呈色略有差异，均为敞口，弧腹，圈足。内底青花弦纹内饰变形龙纹，内外口沿均饰两周青花弦纹，外腹中部饰两组变形龙纹，下部饰青花弦纹，釉色青灰。

标本 T2F2：5，青花呈色鲜艳，口径 13、底径 5.8、高 5.4 厘米（图六九：1；彩版二六：1、2）。

标本 T2：14，青花呈色鲜艳，口径 12.8、底径 5.6、高 5 厘米（图六九：2；彩版二六：3、4）。

标本 T4：1，青花呈色晦暗，釉面有开片，口径 12.8、底径 5.5、高 5.1 厘米（图六九：3；彩版二六：5、6）。

标本 T4：17，青花呈色晦暗，圈足四周有多处窑粘，口径 13.2、底径 5.3、高 5 厘米（图六九：4；彩版二六：7、8）。

标本 T5：3，青花呈色暗沉，口径 12.7、底径 5.7、高 5 厘米（图六九：5；彩版二七：1、2）。

标本 T5：15，青花呈色暗沉，口径 13.8、底径 5.6、高 5.9 厘米（图六九：6；彩版二七：3、4）。

标本 T16：33，青花呈色鲜艳，口径 13.6、底径 5.6、高 5.9 厘米（图六九：7；彩版二七：5、6）。

标本 T25：2，残碗底，圈足。内底两周青花弦纹内饰变形龙纹，外腹下部饰青花弦纹，足墙上饰两周青花弦纹。底部有“富贵佳器”青花款。釉色发青，青花呈色鲜艳。底径 5.1、残高 2.9 厘米（图六九：8；彩版二七：7、8）。

③ 花卉纹碗　4 件。

标本 T5：10，残碗底，内底两周青花弦纹内饰花卉纹，外足墙上饰两周青花弦纹。釉色

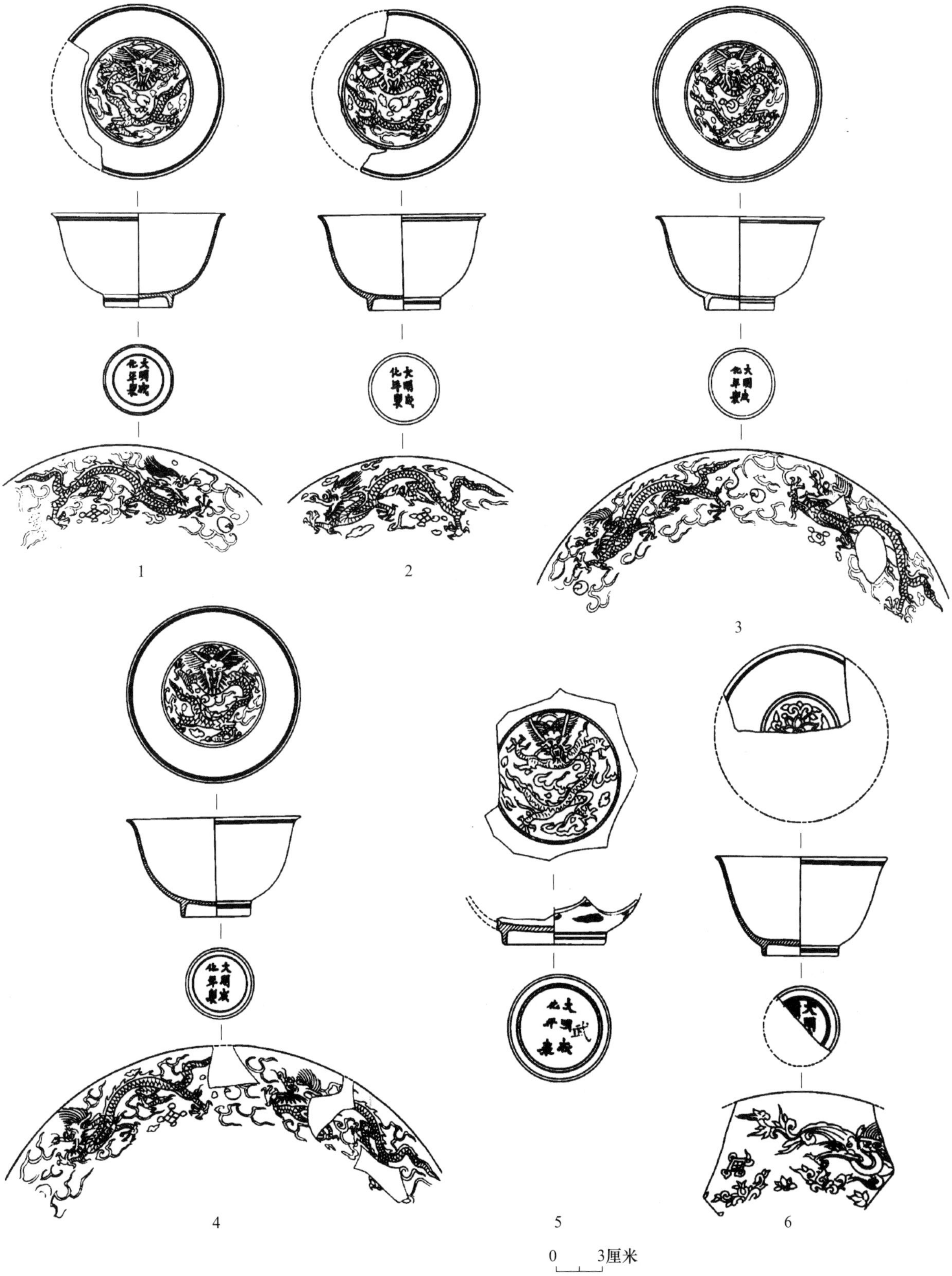

图六八　龙纹碗

1. T2∶10　2. T2∶11　3. T2∶12　4. T2∶13　5. T25∶1　6. T16F8∶32

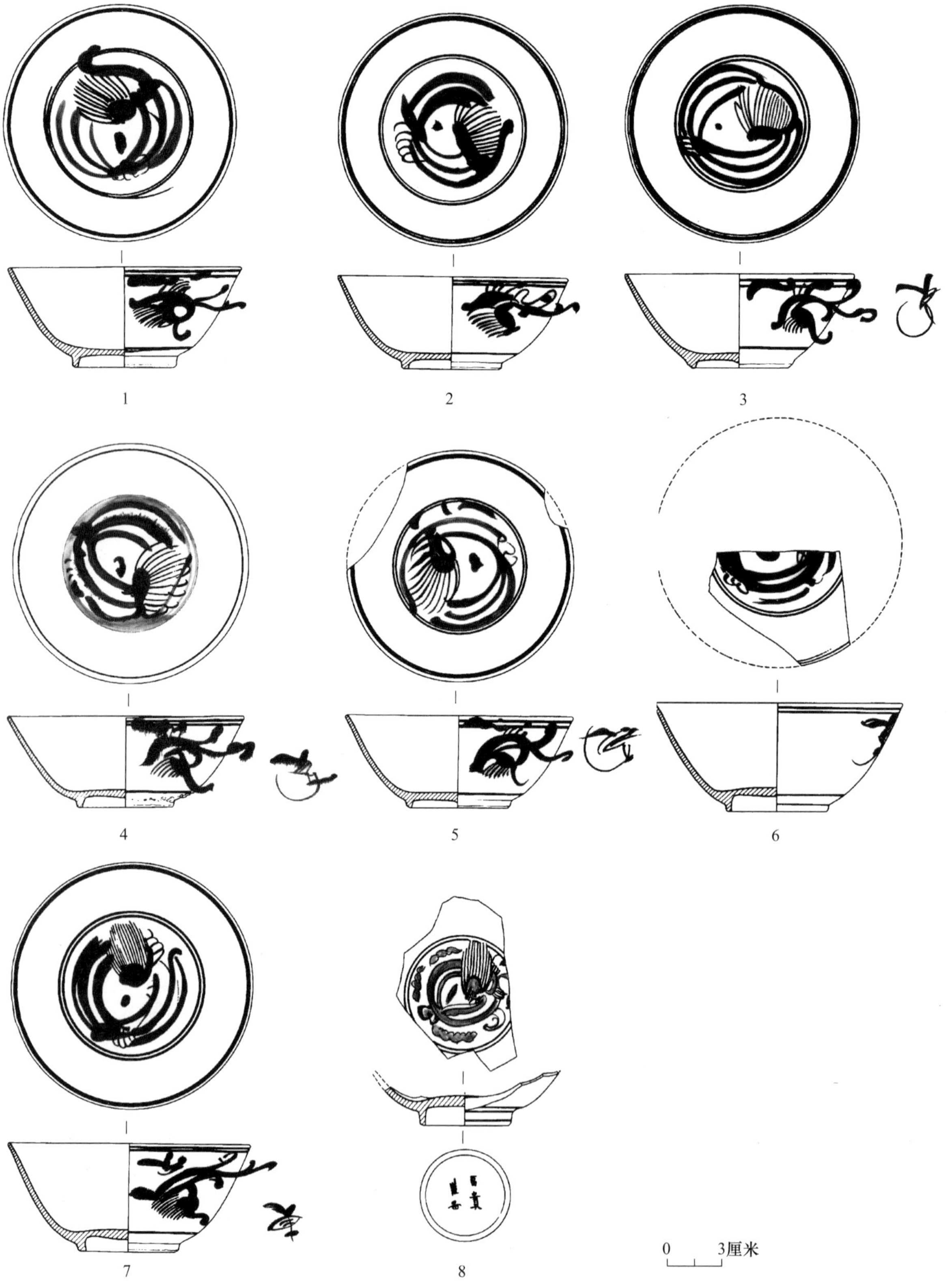

图六九　变形龙纹碗

1. T2F2 : 5　2. T2 : 14　3. T4 : 1　4. T4 : 17　5. T5 : 3　6. T5 : 15　7. T16 : 33　8. T25 : 2

青灰。底径 5.4、残高 3.3 厘米（图七〇：1；彩版二八：1）。

标本 T5：11，残碗底，内底两周青花弦纹内饰花卉纹，外足墙上饰三周青花弦纹，底部饰两周青花弦纹。釉色青灰。底径 4.8、残高 3.5 厘米（图七〇：2；彩版二八：2）。

标本 T5：22，撇沿，弧腹，圈足。内腹部饰花卉纹，内外口沿及圈足足墙均饰青花弦纹。釉色青灰，青花呈色淡雅。圈足四周有窑粘，底部有明显的跳刀痕。口径 10.7、底径 4.9、高 3.1 厘米（图七〇：3；彩版二八：3、4）。

标本 T27：1，敞口，撇沿，弧腹，圈足。内底两周青花弦纹内饰折枝花卉，口沿内外饰两周青花弦纹，外腹部饰花卉纹，腹底部饰青花弦纹，足墙上饰两周青花弦纹。底部青花弦纹内有“大明成化年制”六字双行款。口径 11.6、底径 5.6、高 6.4 厘米（图七〇：4；彩版二八：5—7）。

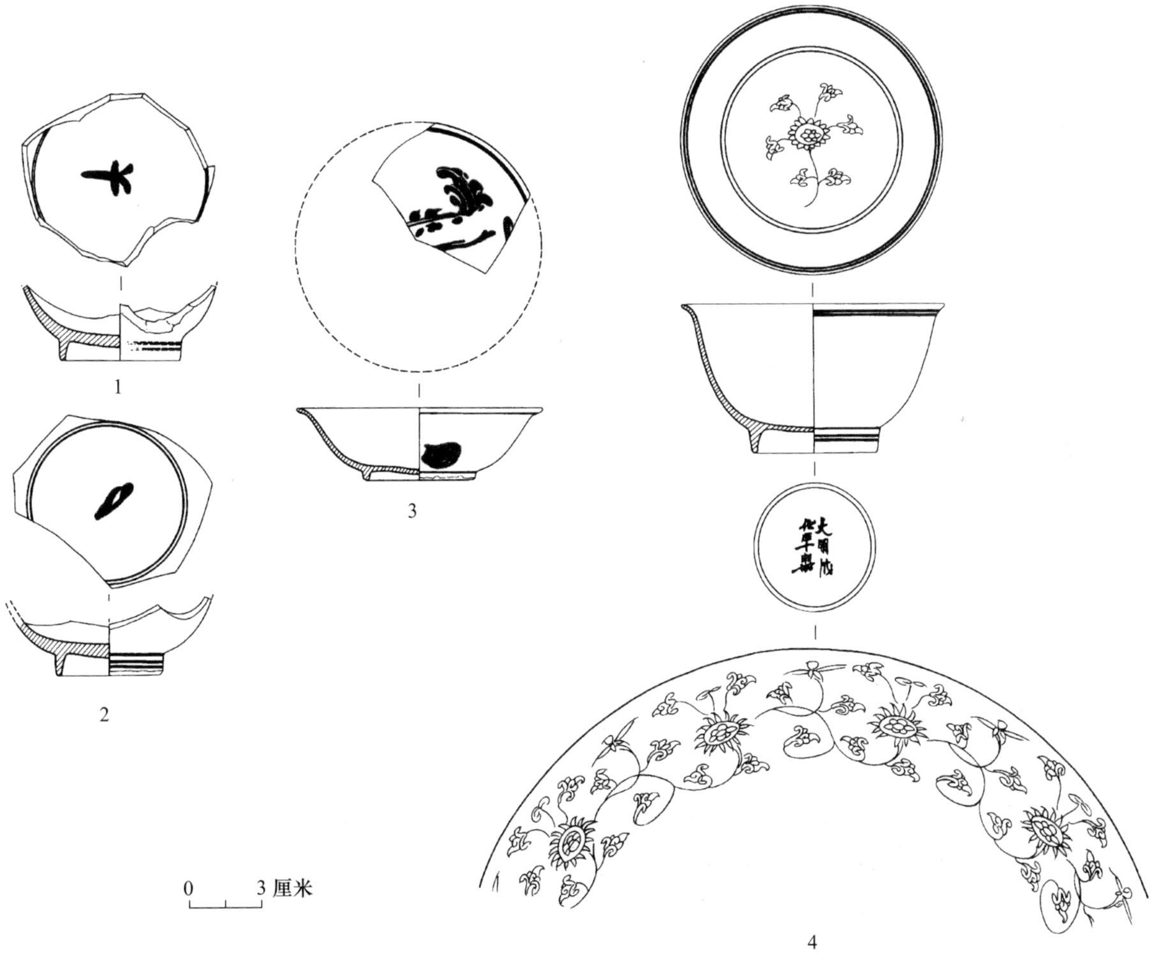

图七〇　花卉纹碗

1. T5：10　2. T5：11　3. T5：22　4. T27：1

④ 山水人物纹碗　2 件。

标本 T16：34，敞口，撇沿，斜弧腹，圈足。内底两周青花弦纹内饰山水人物纹，口沿内外均饰两周青花弦纹，腹部饰山水、人物、舟船、树木等纹饰，外足墙上饰两周青花弦纹，底部也有青花弦纹。釉色泛青，青花呈色鲜艳。口径 13.5、底径 5、高 4.6 厘米（图七一：1；彩版二九：1、2）。

标本 T42：3，残碗底，圈足。腹部饰人物、小桥流水等纹饰。底部有青花款，因残，内容不清楚。釉色发青，青花呈色鲜艳，底径 7.2、残高 4.7 厘米（图七一：2；彩版二九：3）。

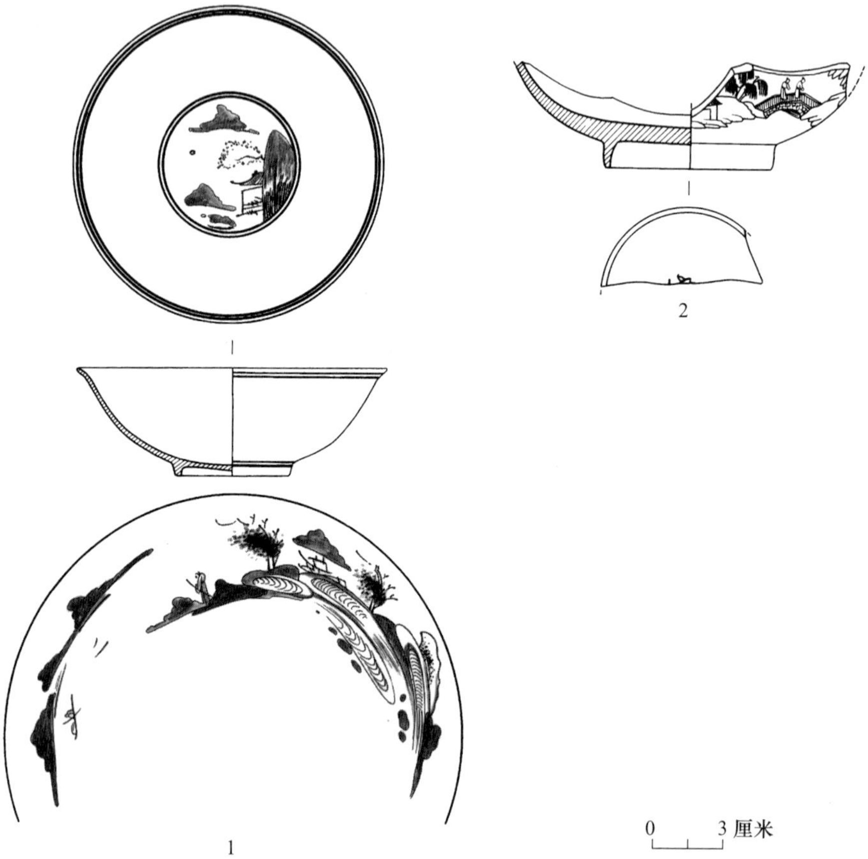

图七一　山水人物纹碗

1. T16：34　2. T42：3

⑤ 人物诗文碗　3 件。

标本 T2F2：3，敞口，撇沿，弧腹，圈足。内底两周青花弦纹内饰山水人物纹，外腹部饰“渔樵问答”纹，并附有诗文“谈机忘岁月　一笑傲乾坤”。釉色泛青，青花呈色鲜艳。底部两周青花弦纹内有“大明成化年制”六字双行款。口径 17.8、底径 7.6、高 6.8 厘米（图七二：1；彩版三〇：1—3）。

标本 T16F8：28，敞口，直沿，腹有八棱，圈足。腹部纹饰分八部分，残存有山水人物纹、远山纹、诗文“南园春半踏青时风……”及“…□（温）庭筠”等，底部两周青花弦纹内有“大明崇祯年制”六字双行楷书款。白釉，青花呈色鲜艳。口径 17、底径 7.2、高 8.5 厘米（图七二：2；彩版三〇：4、5）。

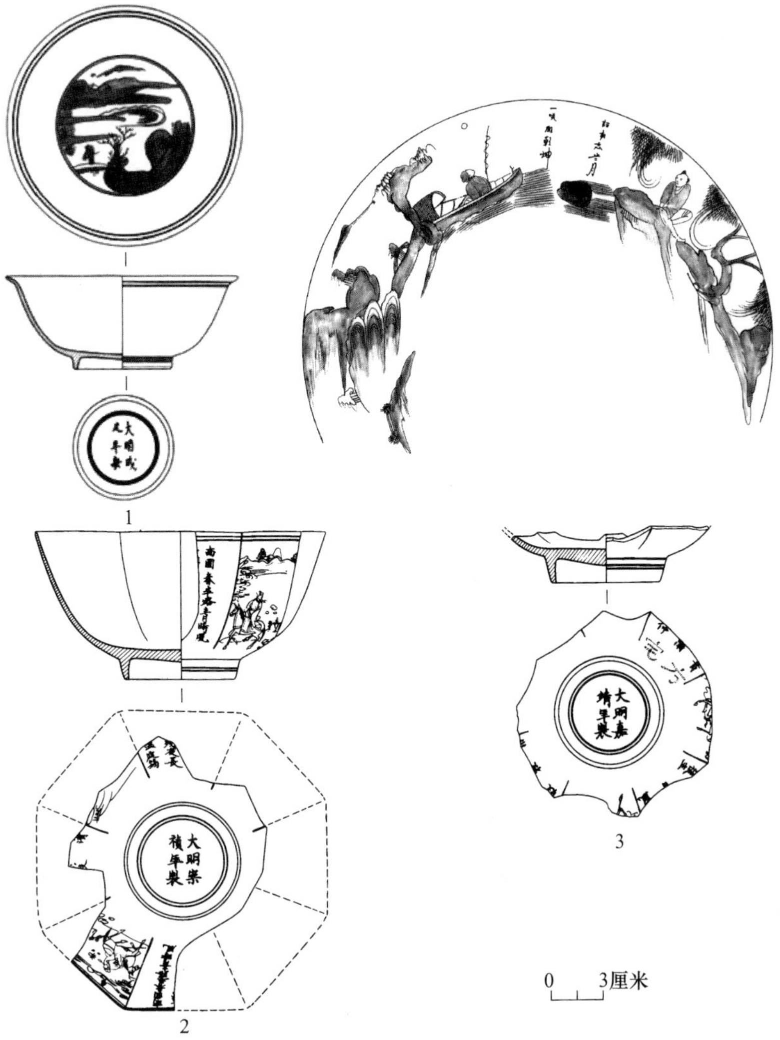

图七二　人物诗文碗

1. T2F2：3　2. T16F8：28　3. T16：29

标本 T16：29，残碗底，腹有八棱，圈足。腹部纹饰分八部分，残存有山水人物纹、诗文仅存只言片语，如"……风……日……后主""……首……霸……仲"等，另在腹底有"方宅"二字，应为后刻上的。底部两周青花弦纹内有"大明嘉靖年制"六字双行楷书款。白釉，青花呈色鲜艳。底径 6.4、残高 3.2 厘米（图七二：3；彩版三〇：6）。

⑥ 鱼藻纹碗　3 件。

标本 T5：9，敞口，沿微折，弧腹，圈足。内腹及底饰两周青花弦纹和鱼藻纹，外腹青花弦纹间饰鱼藻纹。釉色青灰，青花呈色晦暗，有晕散现象。底部有明显的跳刀痕。口径 19.5、底径 7.5、高 8 厘米（图七三：1；彩版三一：1、2）。

标本 T16F8：10，敞口，弧腹，圈足。内腹及底饰四周青花弦纹和鱼藻纹，外腹上部饰一周青花弦纹，弦纹下通腹饰鱼藻纹。釉色青灰，青花呈色鲜艳，有晕散现象。底部有明显的跳刀痕。口径 19.3、底径 7.8、高 7.5 厘米（图七三：2；彩版三一：3、4）。

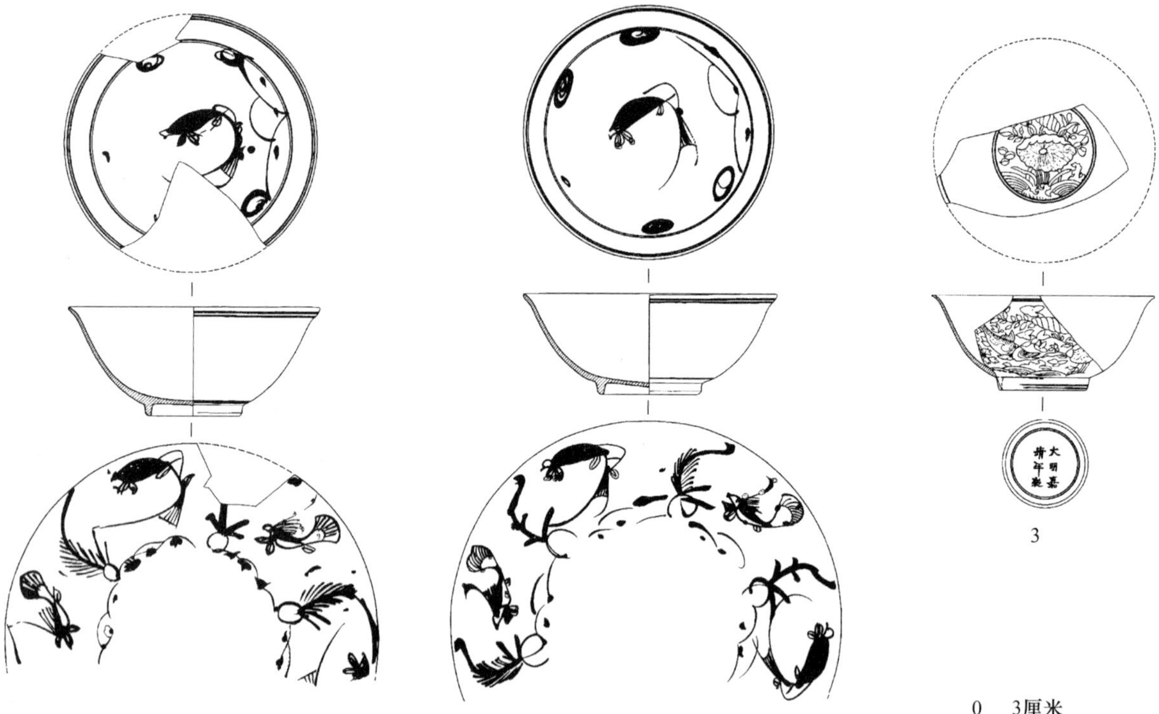

1　　2　　3

图七三　鱼藻纹碗

1.T5：9　2.T16F8：10　3.T16：27

标本 T16：27，撇口，弧腹，圈足。内底两周青花弦纹内饰莲花和水草纹，口沿内外均饰两周青花弦纹，腹部饰鱼藻纹，腹部与底部交汇处饰青花弦纹，足墙外饰两周青花弦纹。底部两周青花弦纹内有“大明嘉靖年制”六字双行楷书款。通体施釉，釉色泛青，青花呈色鲜艳。口径 16.8、底径 6.6、高 7.1 厘米（图七三：3；彩版三一：5、6）。

⑦“福”字碗 5 件。形制相似，仅大小、青花呈色略有差异。均为敞口，弧腹，圈足。

标本 T5：4，内底两周青花弦纹内饰“福”字，外腹仅存一“福”字。釉色泛青，青花呈色淡雅，有晕散现象，圈足四周有窑粘。口径 13.6、底径 6、高 5.3 厘米（图七四：1；彩版三二：1、2）。

标本 T5：6，内底两周青花弦纹内饰“福”字，外腹饰“万禄福□”。釉色泛青，青花呈色鲜艳，有晕散现象，圈足四周有窑粘。口径 13、底径 5.3、高 5.2 厘米（图七四：2；彩版三二：3、4）。

标本 T5：7，内底两周青花弦纹内饰“福”字，外腹饰“万禧□□”。釉色泛青，青花呈色淡雅，有晕散现象，圈足四周有窑粘。口径 12.4、底径 5.3、高 5 厘米（图七四：3；彩版三二：5、6）。

标本 T5：8，内底两周青花弦纹内饰“福”字，外腹饰“万禄福□”。釉色泛青，青花呈色有些暗沉，有晕散现象，圈足四周有窑粘。口径 13.6、底径 5.5、高 5.5 厘米（图七四：4；彩版三三：1、2）。

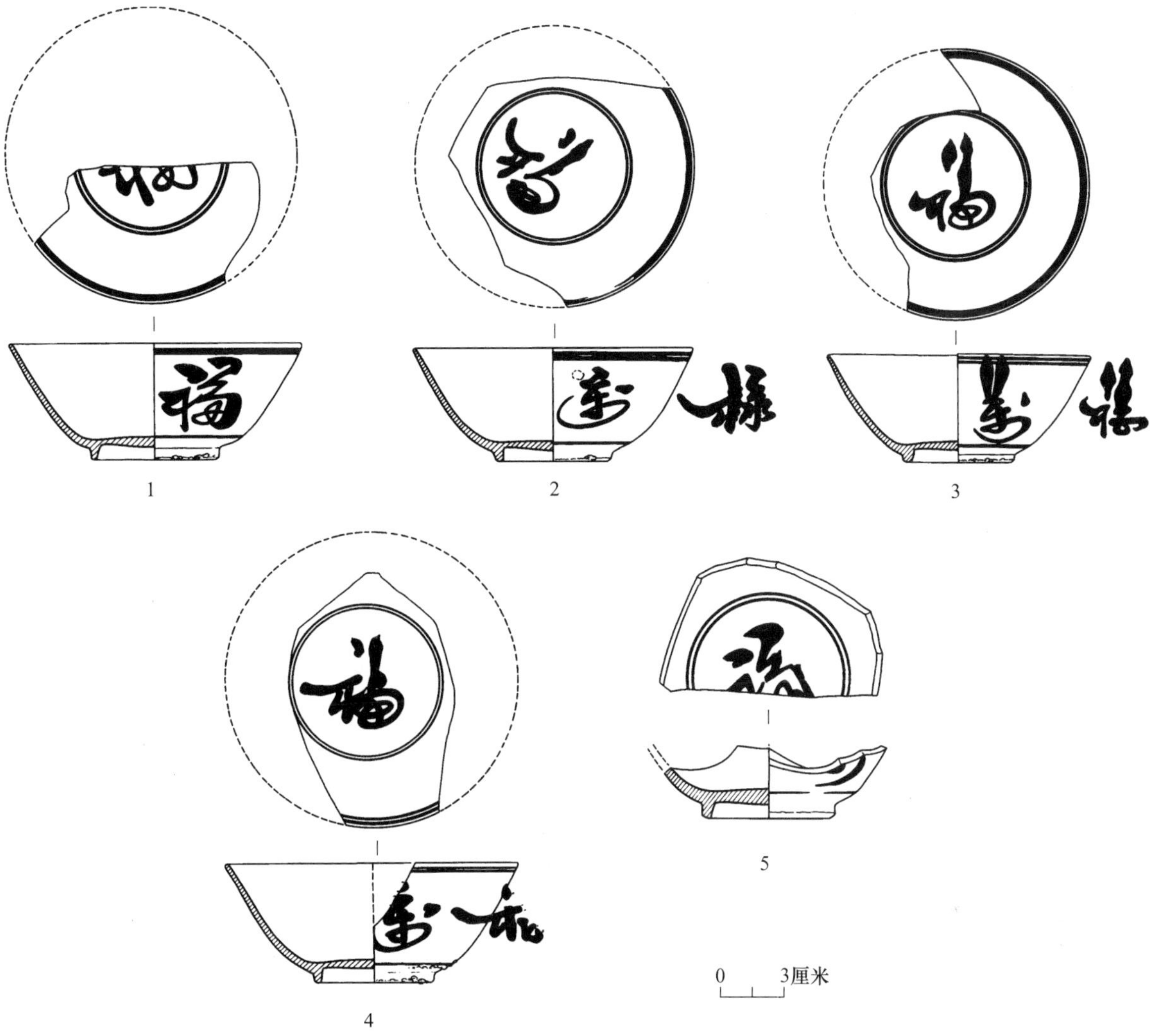

图七四　“福”字碗

1.T5：4　2.T5：6　3.T5：7　4.T5：8　5.T5：16

标本 T5：16，内底两周青花弦纹内饰“福”字（仅余字体上半部），因残缺较多，外腹纹饰不清。青花呈色暗沉，有晕散现象。底径 6、残高 3 厘米（图七四：5；彩版三三：3）。

⑧“万寿”碗　1 件。

标本 T24：1，敞口，撇沿，弧腹，圈足。内底两周青花弦纹内饰“寿”字纹，口沿内外均饰两周青花弦纹，外腹饰四组“卍”“寿”组合纹，足墙上有三周青花弦纹，底部两周青花弦纹内有“大明成化年造”六字双行款。口径 12.8、底径 5.5、高 6.4 厘米（图七五：1；彩版三四：1—3）。

⑨“状元及第”碗　1 件。

标本 T5：5，敞口，弧腹，圈足。内底两周青花弦纹内饰“元”字，外腹四周饰“状元及第”四字草书。釉色发青，青花呈色偏暗，有晕散现象，圈足四周有窑粘。口径 13.3、底径 5.2、高 5.3 厘米（图七六；彩版三五：1、2）。

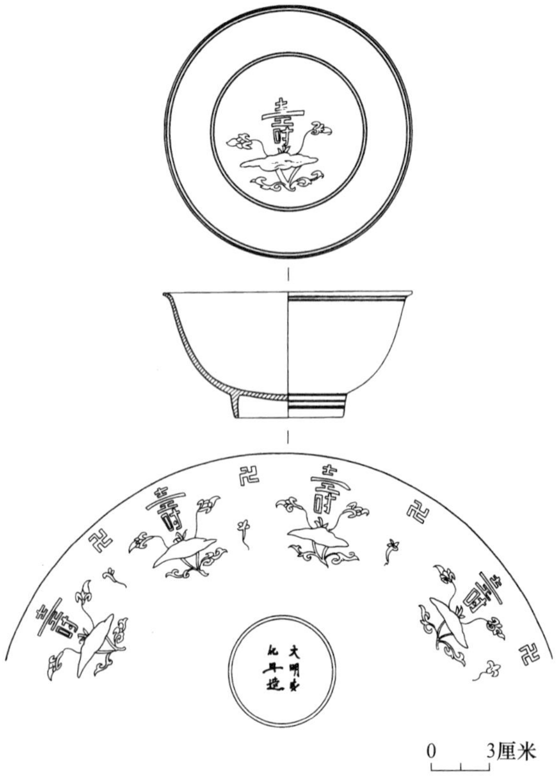

图七五　“万寿”碗
T24：1

⑩ 暗八仙纹碗　2 件。

标本 T2F2：2，敞口、沿微撇，弧腹，圈足。内底两周青花弦纹内饰盆景桌式样的纹饰，内外口沿均饰两周青花弦纹，腹部饰有宝扇、莲花、玉版等暗八仙纹，外足墙上饰三周青花弦纹。底部两周青花弦纹内有“大明成化年制”六字双行楷书款。釉色青灰，青花呈色鲜艳，有晕散现象，口径 11.7、底径 5.2、高 6.3 厘米（图七七：1；彩版三六：1—6）。

标本 T4：2，敞口、沿微撇，弧腹，圈足。内底两周青花弦纹内饰盆景桌式样的纹饰，内外口沿均饰两周青花弦纹，腹部饰有葫芦、宝扇、莲花、玉版等暗八仙纹，外足墙上饰三周青花弦纹。底部两周青花弦纹内有“大明成化年制”六字双行楷书款。釉色青灰，青花呈色鲜艳，口径 11.8、底径 5.7、高 6.3 厘米（图七七：2；彩版三七：1—6）。

⑪ 弦纹碗　1 件。

标本 T2F2：4，侈口，弧腹，圈足。通体白釉。碗内底部青花弦纹内有“大明成化年制”六字双行楷书款，内外口沿、足墙外壁及底部均饰有青花弦纹。口径 11.5、底径 4.2、高 4.2 厘米（图七八：1；彩版三八：1、2）。

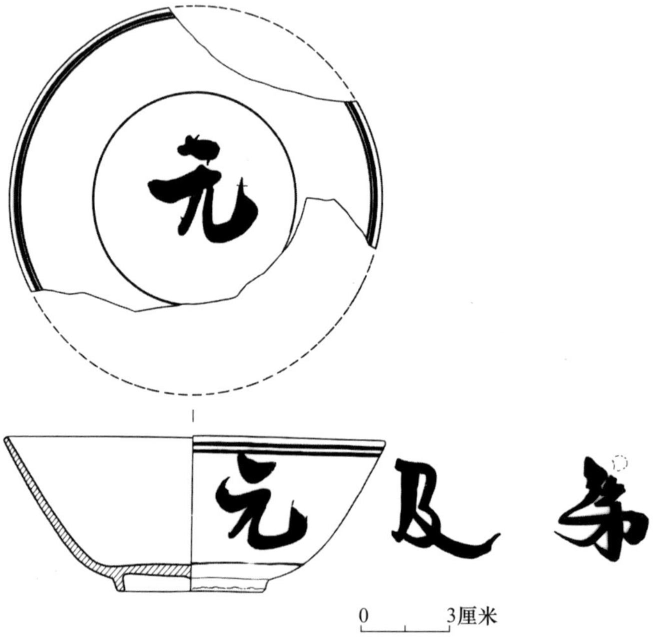

图七六　“状元及第”碗

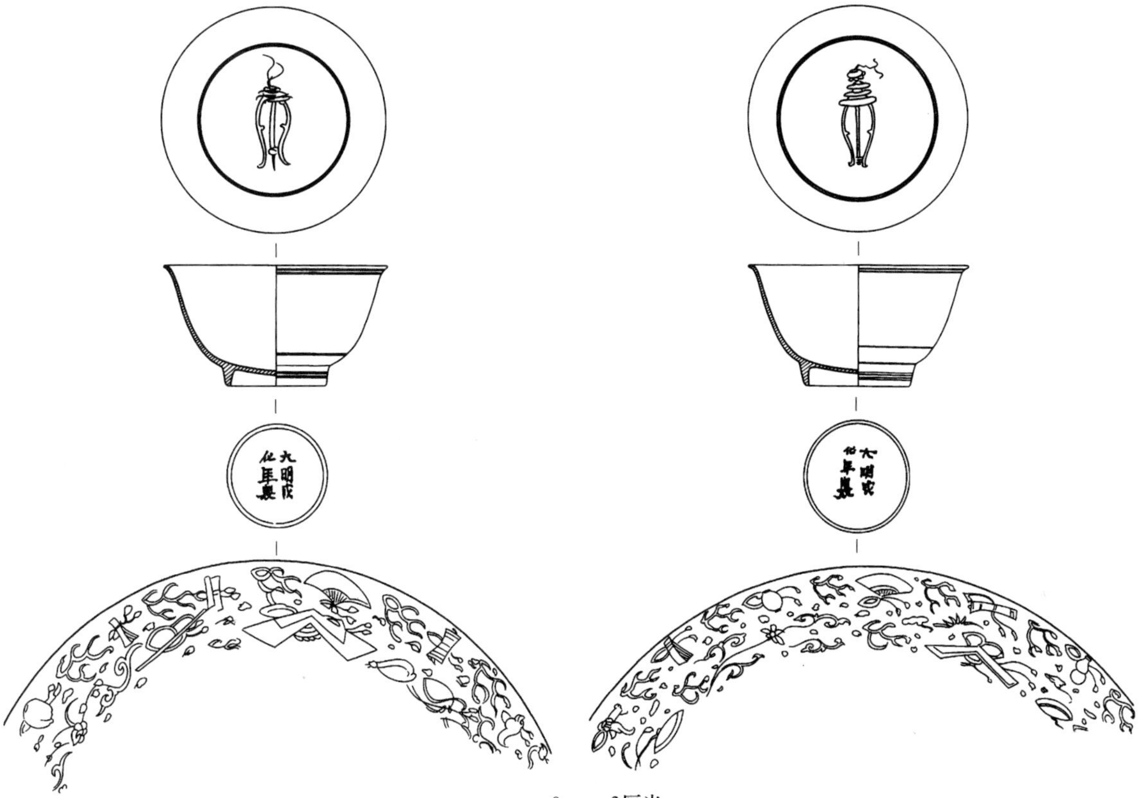

0　3厘米

1　　2

图七七　暗八仙纹碗

1. T2F2：2　2. T4：2

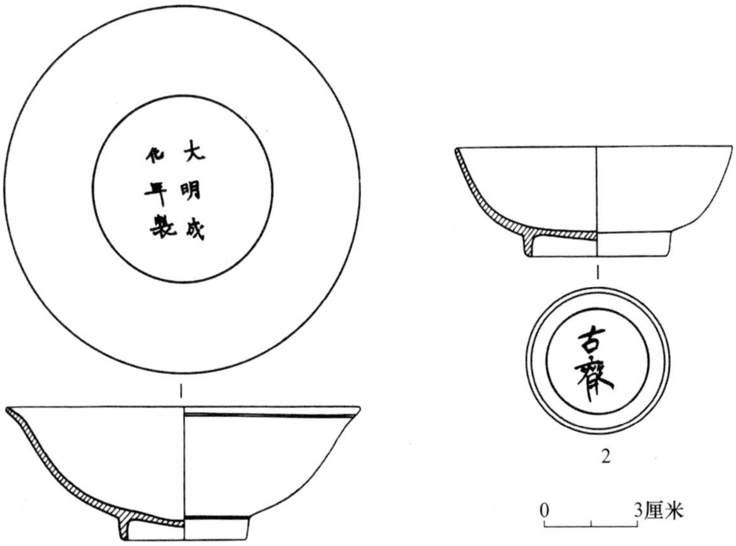

1　　2

图七八　弦纹碗和白釉碗

1. 弦纹碗（T2F2：4）　2. 白釉碗（T2：1）

⑫ 白釉碗　1件。

标本T2：1，敞口，弧腹，圈足。通体白釉，无纹饰。底部青花弦纹内有“古斋”款。口径9、底径4.7、高3.5厘米（图七八：2；彩版三九：1、2）。

（2）碟　共39件。依纹饰的不同，可分为龙纹碟、变形龙纹碟、松鹿纹碟、花卉纹碟、花果纹碟、花鸟纹碟、山水纹碟等。

① 龙纹碟　1件。

标本T20：1，撇沿，弧腹，宽圈足。内底青花弦纹内饰龙纹，内壁口沿有一周青花弦纹。口沿一侧有六个小孔。通体施白釉、底部涩胎，仅外口沿处有一青花斑点，再无其他纹饰。口径8.6、底径3.3、高2.6厘米（图七九：1；彩版四〇：1、2）。

② 变形龙纹碟　2件。

标本T5：13，撇沿，弧腹，圈足。内底两周青花弦纹内饰变形龙纹，内口沿饰一周几何纹，外口沿及腹足交汇处均饰青花弦纹，外腹饰两组花叶纹。口径14.4、底径7.5、高3.1厘米（图七九：2；彩版四一：1、2）。

标本T5：21，撇沿，浅弧腹，矮圈足。内底两周青花弦纹内饰花卉纹，口沿内外均饰青花弦纹，外腹饰三组花卉纹。釉色发青，青花呈色晦暗，圈足四周有窑粘。口径12.7、底径7.1、高2.8厘米（图七九：3；彩版四一：3、4）。

③ 松鹿纹碟　15件。全部出土于T16F8内，形制相似，大小、青花呈色、纹饰略有不同。板沿，折弧腹，圈足。内底两周青花弦纹内饰松鹿纹，口沿上饰一周草叶纹，外腹部饰两组花鸟纹，口沿及足墙上均有两周青花弦纹，底部两周青花弦纹内有“大明成化年制”六字双行楷书款。

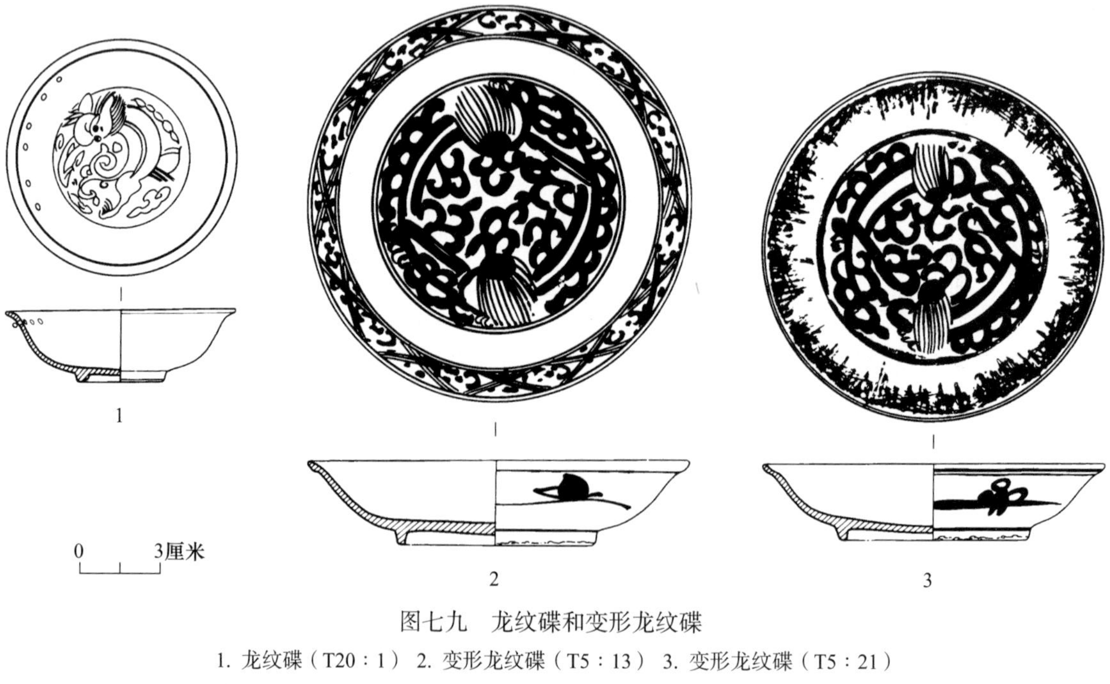

图七九　龙纹碟和变形龙纹碟

1. 龙纹碟（T20：1）　2. 变形龙纹碟（T5：13）　3. 变形龙纹碟（T5：21）

标本 T16F8：1，口径 9.7、底径 5.5、高 2.1 厘米（图八〇：1；彩版四二：1—3）。

标本 T16F8：2，口径 8.7、底径 5.3、高 1.7 厘米（图八〇：2；彩版四二：4—6）。

标本 T16F8：3，口径 9.4、底径 5.3、高 2 厘米（图八〇：3；彩版四三：1—3）。

标本 T16F8：4，口径 9.8、底径 5.5、高 2.1 厘米（图八〇：4；彩版四三：4—6）。

标本 T16F8：5，口径 9.8、底径 5.3、高 2.1 厘米（图八〇：5；彩版四四：1—3）。

标本 T16F8：6，口径 9.8、底径 5.7、高 2.1 厘米（图八〇：6；彩版四四：4—6）。

标本 T16F8：7，口径 9.4、底径 5.3、高 2 厘米（图八〇：7；彩版四五：1—3）。

标本 T16F8：8，口径 9.7、底径 5.3、高 2 厘米（图八〇：8；彩版四五：4—6）。

标本 T16F8：9，口径 9.8、底径 5.2、高 2.1 厘米（图八〇：9；彩版四六：1—3）。

标本 T16F9：11，口径 9、底径 5.5、高 1.8 厘米（图八〇：10；彩版四六：4—6）。

标本 T16F8：12，口径 9.8、底径 5.9、高 2 厘米（图八〇：11；彩版四七：1—3）。

标本 T16F8：13，口径 9.8、底径 5.8、高 2.1 厘米（图八〇：12；彩版四七：4—6）。

标本 T16F8：14，口径 9.7、底径 5.8、高 2.1 厘米（图八〇：13；彩版四八：1—3）。

标本 T16F8：15，口径 9.3、底径 5.7、高 2.1 厘米（图八〇：14；彩版四八：4—6）。

标本 T16F8：16，口径 9.7、底径 5.7、高 2.2 厘米（图八〇：15；彩版四九：1—3）。

④ 花卉纹碟　13 件。

标本 T2F2：6，沿微撇，斜弧腹，矮圈足。内底两周青花弦纹内饰花卉纹，口沿内外饰青花弦纹，外腹部饰青花圆点。口径 12.3、底径 6.7、高 2.1 厘米（图八一：1；彩版五〇：1、2）。

标本 T2F2：7，沿微撇，斜弧腹，矮圈足。内底两周青花弦纹内饰花卉纹，口沿内外饰青花弦纹，外腹部饰花卉纹，足墙上有青花弦纹。口径 12.8、底径 7.1、高 2.3 厘米（图八一：2；彩版五〇：3、4）。

标本 T2F2：8，口径 12.7、底径 6.9、高 2.2 厘米（图八一：3；彩版五〇：5、6）。

标本 T4：3，沿微撇，斜弧腹，矮圈足。内底两周青花弦纹内饰花卉纹，口沿内外饰青花弦纹。口径 13.1、底径 7.3、高 2.4 厘米（图八一：4；彩版五〇：7、8）。

标本 T4：4，敞口，弧腹，圈足。碟内饰花卉纹，内口沿处饰青花弦纹，外壁无纹饰，施白釉。底部青花弦纹内有“大明成化年制”六字双行楷书款。口径 11.8、底径 5.4、高 3 厘米（图八一：5；彩版五一：1、3）。

标本 T5：1，撇沿，浅弧腹，矮圈足。内底两周青花弦纹内饰花卉纹，口沿内外饰青花弦纹，外腹部饰两个青花圆点。釉色青灰，青花呈色有些暗沉。口径 12.4、底径 6.7、高 2.1 厘米（图八一：6；彩版五一：4、5）。

标本 T5：2，撇沿，浅弧腹，矮圈足。内底两周青花弦纹内饰花卉纹，口沿内外饰青花弦纹，外腹部饰三组花卉纹。釉色青灰，青花呈色暗沉。口径 13、底径 6.7、高 2.2 厘米（图八一：7；彩版五一：6—7）。

标本 T5：12，撇沿，浅弧腹，矮圈足。内底两周青花弦纹内饰花卉纹，口沿内外饰青花弦纹，外腹部饰两个青花圆点。釉色青灰，青花呈色暗沉。口径 12.6、底径 6.8、高 2.4 厘米（图八一：8；彩版五二：1—3）。

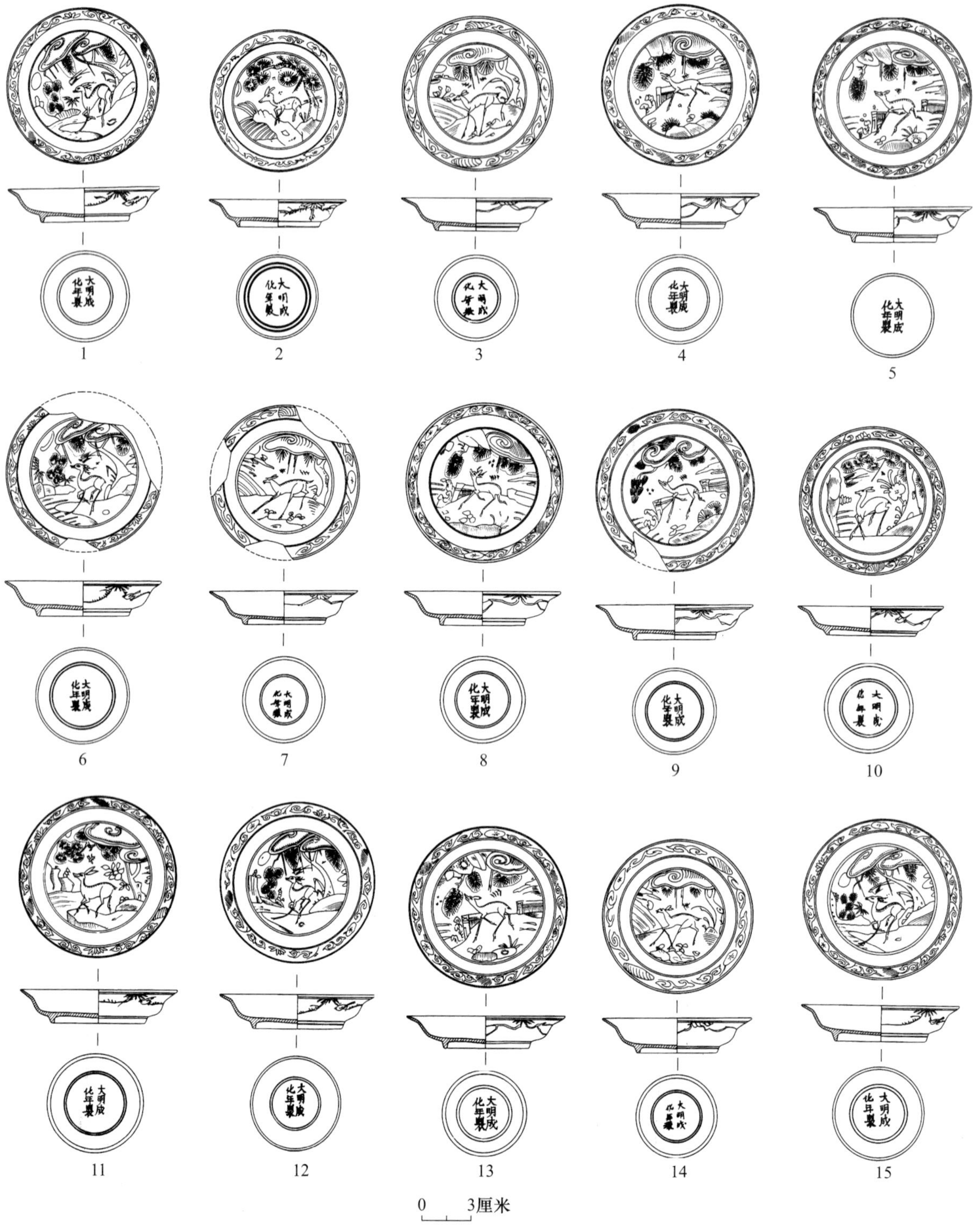

图八〇　松鹿纹碟

1. T16F8 : 1　2. T16F8 : 2　3. T16F8 : 3　4. T16F8 : 4　5. T16F8 : 5　6. T16F8 : 6　7. T16F8 : 7　8. T16F8 : 8　9. T16F8 : 9　10. T16F8 : 11　11. T16F8 : 12　12. T16F8 : 13　13. T16F8 : 14　14. T16F8 : 15　15. T16F8 : 16

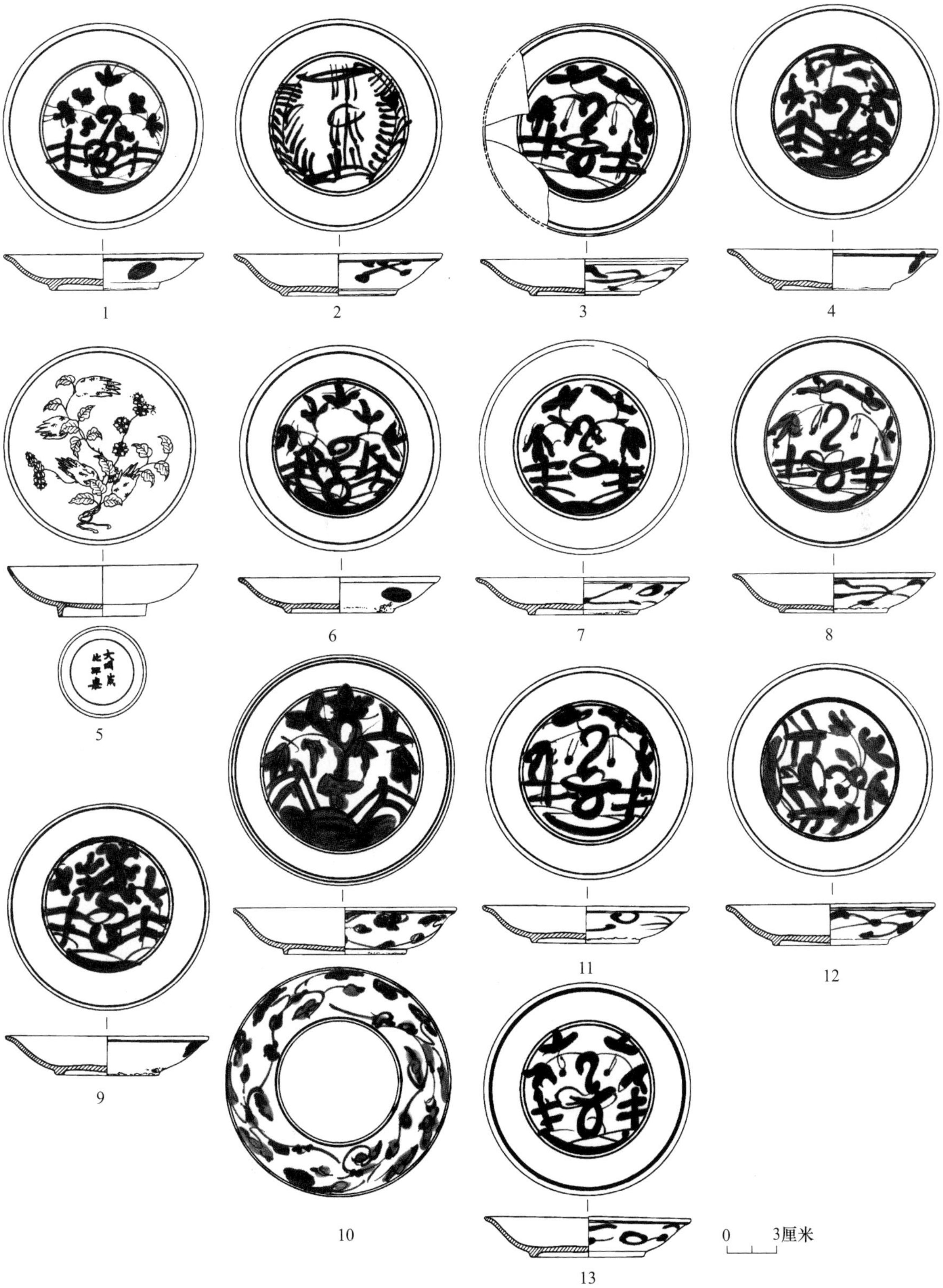

图八一 花卉纹碟

1. T2F2：6 2. T2F2：7 3. T2F2：8 4. T4：3 5. T4：4 6. T5：1 7. T5：2 8. T5：12 9. T5：14 10. T5：18 11. T5：19 12. T5：20 13. T16F7：2

标本 T5：18，撇沿，浅弧腹，矮圈足。内底两周青花弦纹内饰花卉纹，口沿内外饰青花弦纹，外腹部饰两组花卉纹，外足墙上饰青花弦纹。釉色青灰，青花呈色暗沉。圈足四周有窑粘。口径 13.8、底径 7.6、高 2.8 厘米（图八一：10；彩版五二：4—6）。

标本 T5：14，撇沿，浅弧腹，矮圈足。内底两周青花弦纹内饰花卉纹，口沿内外饰青花弦纹，外腹部饰两个青花圆点。釉色青灰，青花呈色暗沉。口径 12.4、底径 6.4、高 2.3 厘米（图八一：9；彩版五二：7、8）。

标本 T5：19，撇沿，浅弧腹，矮圈足。内底两周青花弦纹内饰花卉纹，口沿内外饰青花弦纹，外腹部饰三组花卉纹。釉色灰白，青花呈色有些暗沉。圈足四周有窑粘。口径 12.8、底径 6.6、高 2.2 厘米（图八一：11；彩版五三：1、2）。

标本 T5：20，撇沿，浅弧腹，矮圈足。内底两周青花弦纹内饰花卉纹，口沿内外饰青花弦纹，外腹部饰三组花卉纹，外足墙上饰青花弦纹。釉色青灰，青花呈色有些暗沉。圈足四周有窑粘。口径 13、底径 7.2、高 2.4 厘米（图八一：12；彩版五三：3、4）。

标本 T16F7：2，撇沿，浅弧腹，矮圈足。内底两周青花弦纹内饰花卉纹，口沿内外饰青花弦纹，外腹部饰三组花卉纹，外足墙上饰青花弦纹。釉色青灰，青花呈色淡雅。圈足四周有窑粘。口径 12.6、底径 7、高 2.4 厘米（图八一：13；彩版五三：5—7）。

⑤ 花果纹碟　6 件。

标本 T42：1，板沿，弧腹，圈足。内壁饰四季花果纹及如意云纹，口沿内外均饰两周青花弦纹，外壁饰四组变形方胜纹，足墙上饰两周青花弦纹，底部饰两周青花弦纹。釉色发青，青花呈色鲜艳。口径 12.6、底径 7.2、高 2.4 厘米（图八二：1；彩版五四：1—3）。

标本 T42：2，板沿，弧腹，圈足。内壁饰四季花果纹及如意云纹，口沿内外均饰两周青花弦纹，外壁饰三组变形方胜纹，足墙上饰两周青花弦纹，底部饰青花弦纹。釉色发青，青花呈色有些暗沉。口径 12.5、底径 6.7、高 2.4 厘米（图八二：2；彩版五四：4—6）。

标本 T43：1，仅残存底部，圈足。内壁饰四季花果纹及如意云纹，足墙上饰两周青花弦纹，底部饰青花弦纹。釉色发青。底径 6.8、高 1.4 厘米（图八二：3；彩版五四：7）。

标本 T44：1，板沿，弧腹，圈足。内壁饰四季花果纹及如意云纹，口沿内外均饰两周青花弦纹，外壁饰三组变形方胜纹，足墙上饰两周青花弦纹，底部饰青花弦纹。釉色发青，青花呈色鲜艳。口径 12.9、底径 6.5、高 2.8 厘米（图八二：4；彩版五五：1、2）。

标本 T44：2，板沿，弧腹，圈足。内壁饰四季花果纹及如意云纹，口沿内外均饰两周青花弦纹，外壁饰三组变形方胜纹，足墙上饰两周青花弦纹，底部饰青花弦纹。釉色发青，青花呈色鲜艳。口径 12.8、底径 6.8、高 2.7 厘米（图八二：5；彩版五五：3—5）。

标本 T44：3，板沿，弧腹，圈足。内壁饰四季花果纹及如意云纹，口沿内外均饰两周青花弦纹，外壁饰三组变形方胜纹，足墙上饰两周青花弦纹，底部饰青花弦纹。釉色发青，青花呈色鲜艳。口径 12.4、底径 6.4、高 2.7 厘米（图八二：6；彩版五五：6—8）。

⑥ 花鸟纹碟　1 件。

标本 T4：5，板沿，折弧腹，圈足。内底两周青花弦纹内饰花鸟纹，内口沿上饰一周回纹，外壁无纹饰，施白釉。底部有“隆庆年制”四字双行青花款。口径 11.4、底径 6.1、高 2.2

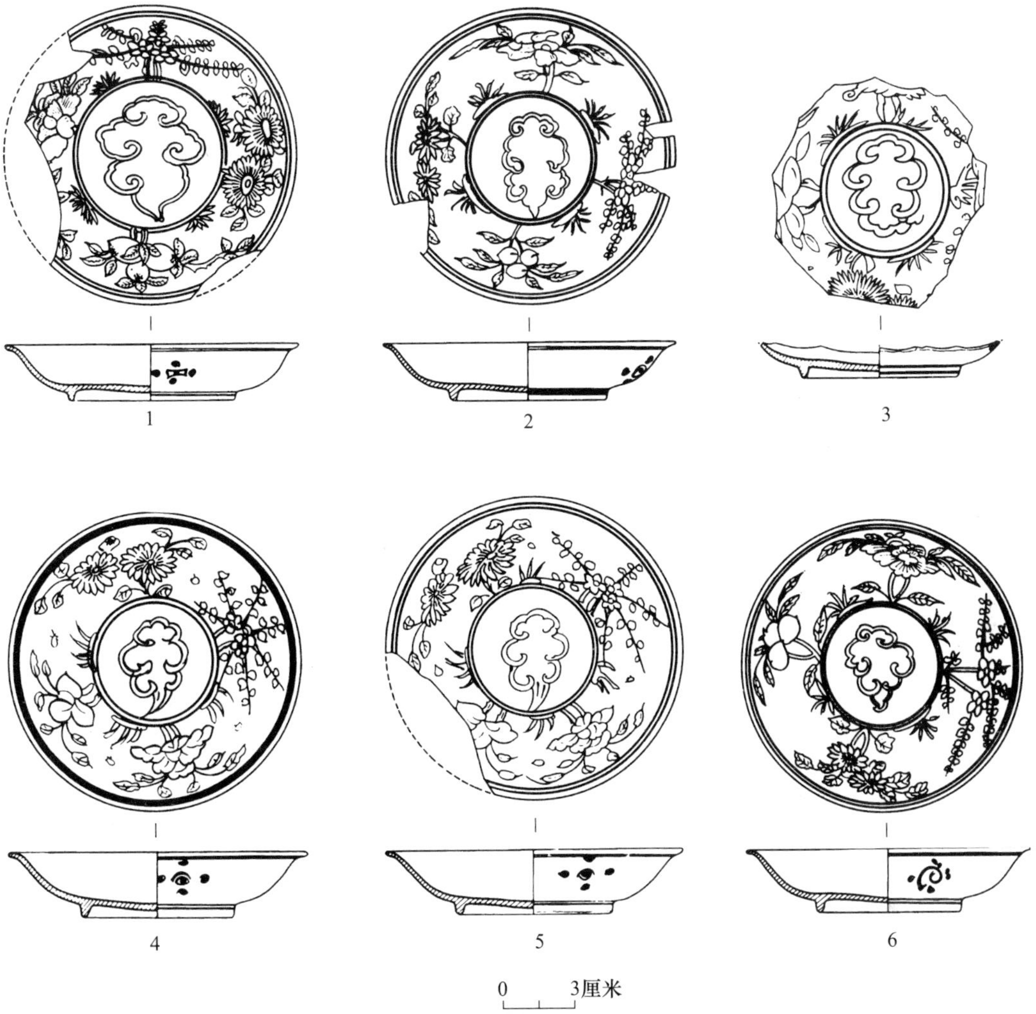

图八二　花果纹碟

1. T42∶1　2. T42∶2　3. T43∶1　4. T44∶1　5. T44∶2　6. T44∶3

厘米（图八三：1；彩版五七：1—3）。

⑦ 山水纹碟　1件。

标本T2F2∶9，板沿，弧腹，矮圈足。内底两周青花弦纹内饰山水、舟船纹，外壁无纹饰，釉色发青，圈足四周有多处窑粘。口径9.4、底径4.9、高2.2厘米（图八三：2；彩版五六：4、5）。

（3）盘　共13件。依纹饰的不同，可分为花卉纹盘、“周府上用”盘等。

① 花卉纹盘　1件。

标本T4∶6，撇沿，浅腹，圈足。盘内底部两周青花弦纹内饰花卉纹，内壁口沿饰几何纹，外壁口沿有青花弦纹，腹部饰折枝花卉，足墙上有两周青花弦纹。底部有“天禄佳器”四字双行青花款。口径17.2、底径10.2、高3.3厘米（图八四；彩版五六：6、7）。

② “周府上用”盘　12件，其中标本7件。形制相似，大小、青花呈色、纹饰略有不同。均为撇沿，弧腹，圈足。

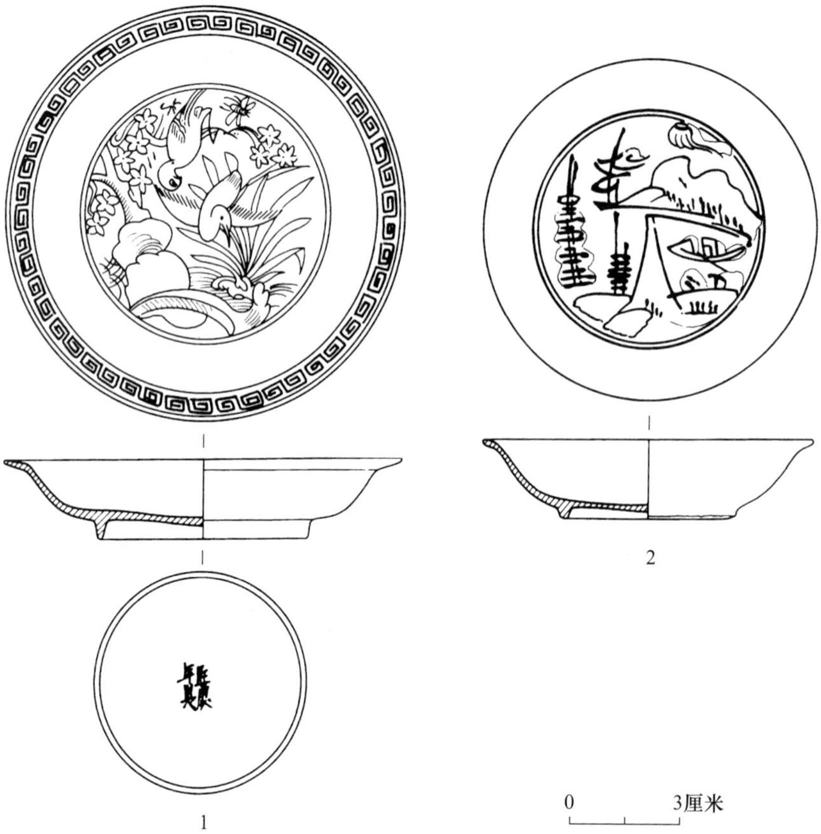

图八三　花鸟纹碟和山水纹碟

1. 花鸟纹碟（T4：5） 2. 山水纹碟（T2F2：9）

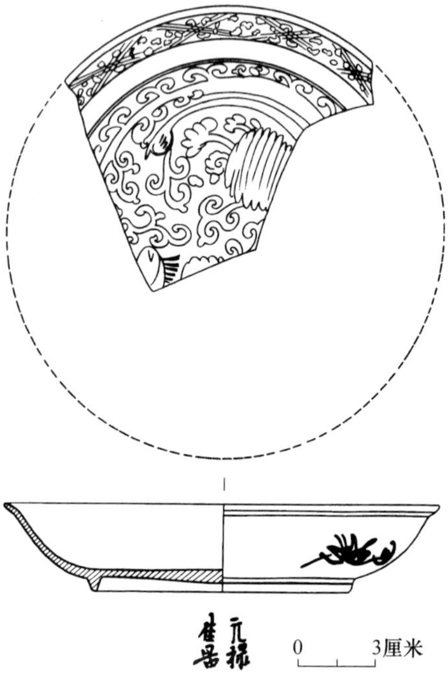

图八四　花卉纹盘

T4：6

标本 T27：2，内底两周青花弦纹内饰莲瓣纹，莲瓣中心有“周府上□（用）”字样，外壁饰花卉纹。釉色发青，青花呈色鲜艳。口径 14.1、底径 8、高 2.6 厘米（图八五：1；彩板五七：1、2）。

标本 T27：3，内底饰两周花卉纹，中间饰“周府□（上）□（用）”，外壁饰花卉纹。釉色发青，青花呈色有些暗沉。口径 14.5、底径 8、高 2.6 厘米（图八五：2；彩板五七：3、4）。

标本 T27：4，内底饰两周花卉纹，中间饰“□（周）□（府）上□（用）”，仅存“上”字，外壁饰花卉纹。釉色发青，青花呈色鲜艳。口径 13.5、底径 7.8、高 2.5 厘米（图八五：3；彩板五七：5、6）。

标本 T27：5，内底饰两周花卉纹，中间饰“□（周）□（府）□（上）□（用）”，仅存“府”字右上角，外壁饰花卉纹。釉色发青，青花呈色有些暗沉。口径 13.6、底径 7.5、高 2.5 厘米（图八五：4；彩板五七：7、8）。

标本 T27：6，口部残。内底两周青花弦纹内饰莲瓣纹，中间饰“□（周）□（府）□（上）□（用）”，仅存“周”“上”二字的上部，外壁饰花卉纹。釉色发青，青花呈色鲜艳。底径 7.5、残高 2.6 厘米（图八五：5；彩板五八：1、2）。

标本 T27：7，内底饰两周花卉纹，中间饰“□（周）□（府）□（上）用”，仅存“用”字，外壁饰花卉纹。釉色发青，青花呈色淡雅。口径 13.8、底径 8、高 2.6 厘米（图八五：6；彩板五八：3、4）。

标本 T27：8，内底一周花卉纹内饰“□（周）府□（上）□（用）”，仅存“府”字右半部，外壁饰花卉纹。釉色发青，青花呈色淡雅。高 2.6 厘米（图八五：7；彩板五八：5、6）。

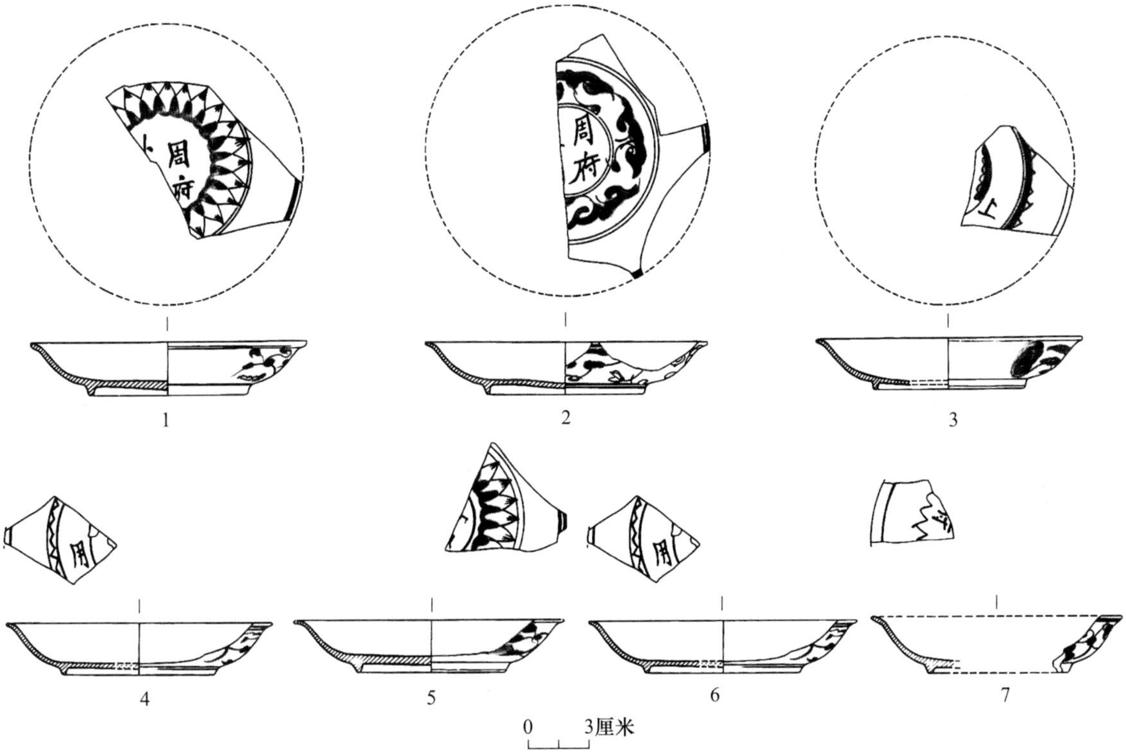

图八五　“周府上用”盘

1. T27：2　2. T27：3　3. T27：4　4. T27：5　5. T27：6　6. T27：7　7. T27：8

（4）瓶 1 件。

标本 T1：1，残片，厚胎。青花呈色鲜艳，饰有鹿纹及花草、树木等（彩版五九：1）。

（5）高足杯　1 件。

标本 T16F8：17，撇沿，弧腹，喇叭形足。腹部饰山水人物纹，口沿及足上下均饰两周青花弦纹。底部青花弦纹内有“大明成化年制”六字双行楷书款。口径 7.4、底径 3.3、高 6 厘米（图八六：1；彩版五九：2—4）。

（6）酒盅　4 件。

形制相同、大小一致，均为撇沿，斜弧腹，圈足，薄胎。外腹下部饰一周莲瓣纹。标本

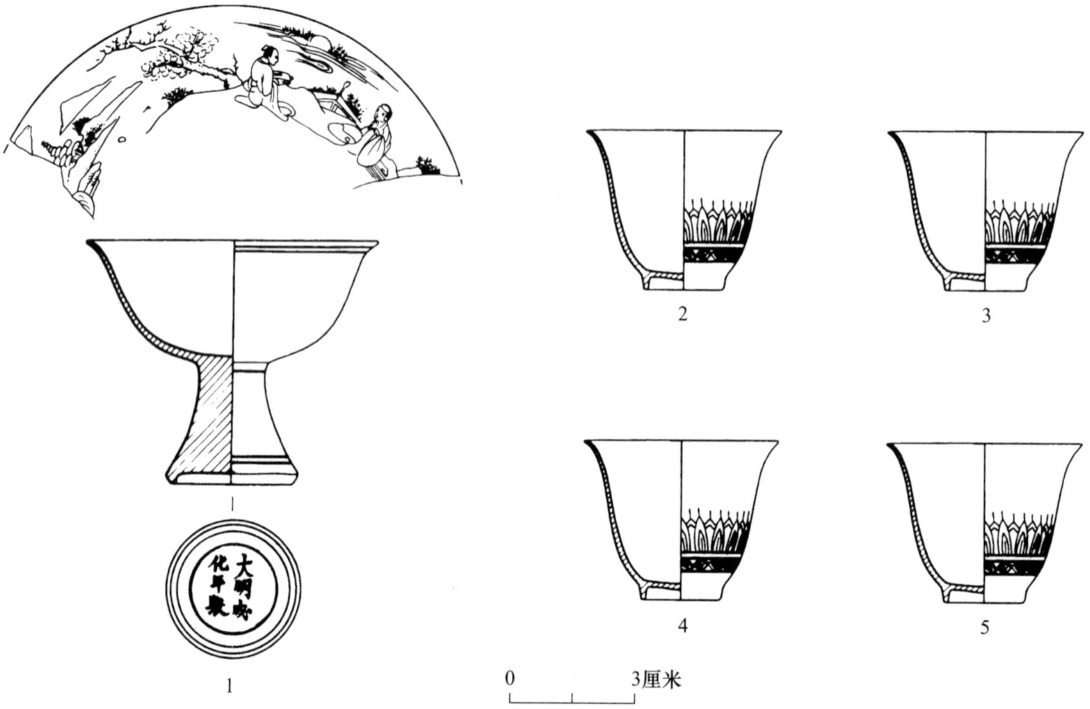

图八六　高足杯和酒盅

1. 高足杯 T16F8：17　2. 酒盅 T4：7　3. 酒盅 T4：8　4. 酒盅 T4：9　5. 酒盅 T4：10

T4：7、标本 T4：8、标本 T4：9、标本 T4：10，口径 4.8、底径 2、高 3.9 厘米（图八六：2—5；彩版六〇：1—4）。

2. 其他瓷器

共计 7 件。釉色有白釉、酱釉等，器形主要有罐、瓶、杯、壶、盏等；另外还有一件素烧瓷骰子。按器形分类介绍如下：

（1）罐　1 件。

标本 T4：11，矮领，直口，圆唇，鼓腹，圈足。外腹上半部及器内施酱釉，下半部涩胎及底无釉。口径 5.9、底径 4.6、最大腹径 7.6、高 9.2 厘米（图八七：1；彩版六一：1）。

（2）瓶　2 件。

形制、大小相似，直口、宽沿、束颈，口大底小、腹部粗大，通体施酱釉，整体形状似鸡腿，故又命名为“鸡腿瓶”。

标本 T16：18，制作比较粗糙，口径 5.5、底径 4.2、最大腹径 9、高 20.1 厘米（图八七：2；彩版六一：2）。

标本 T16：19，釉色不均，表面有紫红色及黑褐色斑块。制作粗糙，底部有变形现象，应为残次品。口径 5.5、底径 4.4、最大腹径 9、高 19.4 厘米（彩版六一：2）。

（3）杯　1 件。

标本 T28②：1，撇沿，弧腹，圈足。内底两周青花弦纹内饰草木纹，内壁口沿有两周青

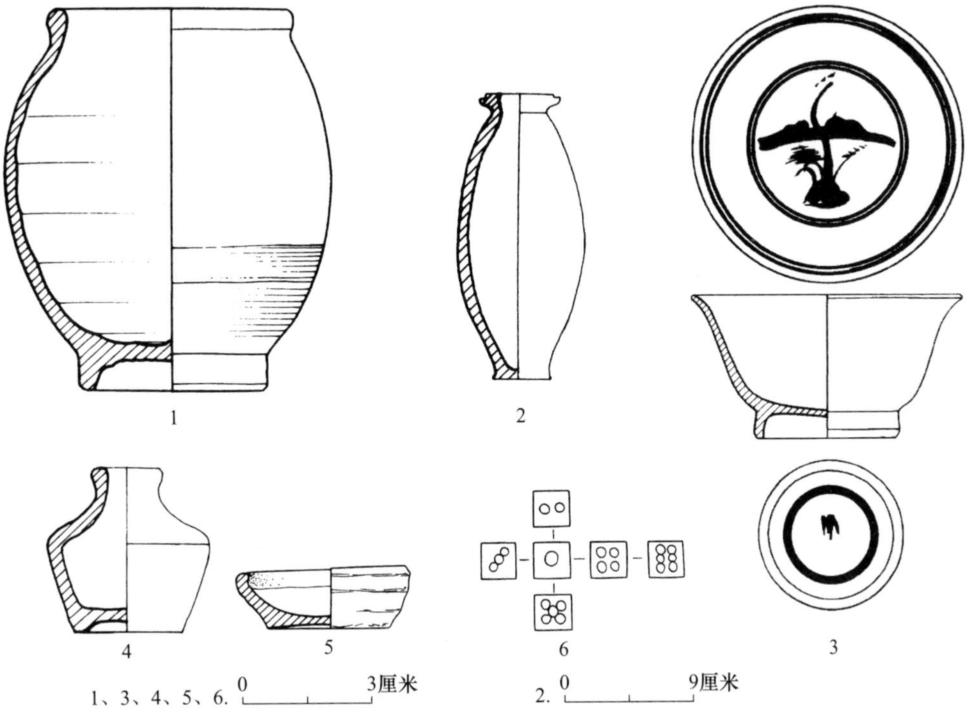

图八七　其他瓷器

1. 罐（T4：11） 2. 瓶（T16：18） 3. 杯（T28②：1） 4. 壶（T45：1） 5. 盏（T32：1） 6. 骰子（T3：8）

花弦纹，底部有青花弦纹草叶纹，外壁施黄褐釉。口径6.4、底径3.4、高3.3厘米（图八七：3；彩版六二：1—3）。

（4）壶　1件。

标本T45：1，小口，矮领，折肩，弧腹，圈足。肩及肩以上施黑褐釉，下部施黄褐釉。口径3.6、底径5.2、最大腹径7.6、高7.4厘米（图八七：4；彩版六三：1）。

（5）盏　1件。

标本T32：1，敛口，斜弧腹，平底。仅内下腹及底施酱色釉，其余均未施釉。口径3.4、底径3、高1.4厘米（图八七：5；彩版六三：2）。

（6）骰子　1件。

标本T3：8，正方体，六面分别为1—6个圆点，其中1个和4个圆点两面的圆点呈红色，其余四面的圆点均呈黑色。未施釉，素烧，胎土呈白色。边长0.9厘米（图八七：6；彩版六三：3）。

（二）陶器

共计12件。按器类可分为罐和花盆两种。

1. 罐

2件。形制、大小相似。泥质灰陶。直口、方唇，矮领，鼓腹，平底。肩部四周有三系、三孔，三系均匀分布，三孔与三系交叉等距均匀分布。

标本T1③：11，口径11、底径11.2、高14.4、最大腹径16厘米。出土时罐内有煤（图八八：1；彩版六四：1）。

标本T1③：12与T1③：11相似（彩版六四：2）。

2. 花盆

10件。形制相似，大小不同。均为泥质灰陶，宽沿，斜直腹微弧，腹中部有一周凸弦纹，平底，底部中心有一圆孔。

标本T6：1，口径30、底径20.8、高21.4厘米，底部圆孔直径约1.5厘米（图八八：2；彩版六四：3）。

标本T6：2，口径28.8、底径21、高20.5厘米，底部圆孔直径约1.1厘米（图八八：3）。

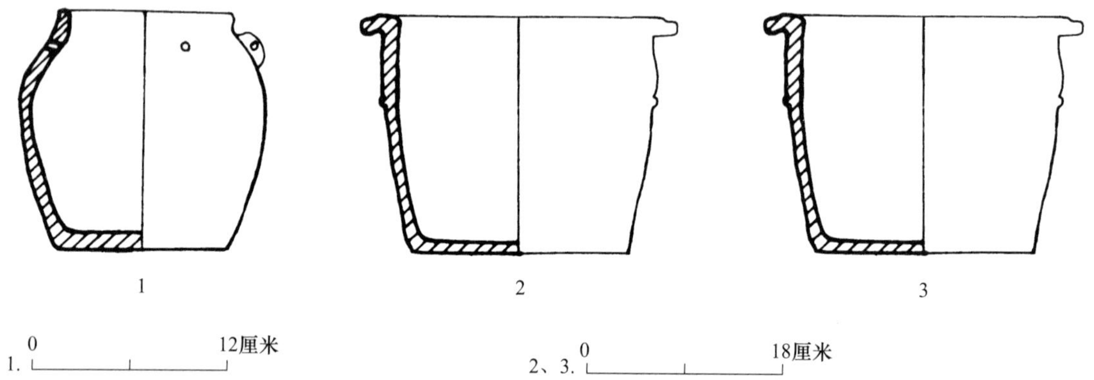

图八八　陶罐和花盆

1. 罐T1③：11　2. 花盆T6：1　3. 花盆T6：2

（三）铜器

共计25件。按器类可分为炉、镜、壶、钥匙和钱币等。

1. 炉

1件。

标本T2：46，侈口，垂腹，双耳呈兽面状，圈足外撇，外底部有“大明宣德年制”六字三行楷书款，减地阳文。口径11.7、底径11.5、最大腹径14.4、高7.8厘米，重1.105千克（图八九：1；彩版六五：1—3）。

2. 镜

2件。形制相似，均为圆形，背面有一圆钮，锈蚀比较严重，纹饰不清。

标本T2：15，钮上阳刻“仰桥自造”四字双行款，铜镜直径8.7厘米，捉手直径1.7厘米（彩版六五：4）。

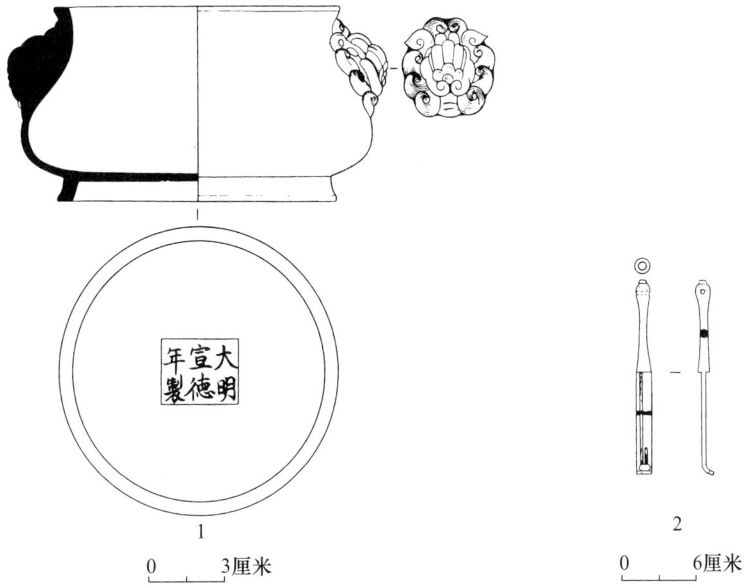

图八九　铜炉和钥匙
1. 铜炉 T2∶46　2. 钥匙 T3∶5

标本 T16F8∶20，钮上有一横向穿孔，铜镜直径 6.3 厘米，钮直径 1.2 厘米（彩版六五：5）。

3. 壶

1 件。

标本 T4∶20，小直口，微鼓腹，腹上、下部均有一周凹痕，矮圈足。口径 2.2、底径 7、高 5.2 厘米（彩版六五：6）。

4. 钥匙　3 件

形制相似，仅大小不同。柄部呈圆形，尾端有一横向穿孔和一纵向穿孔，前段呈长条形，表面有一条凹槽。从残断面分析柄部和前段为分铸而成。

标本 T3∶5，长 15.2、宽 1.2 厘米（图八九：2；彩版六五：7）。

标本 T2∶19，长 9.4、宽 1.4 厘米（彩版六五：7）。

5. 钱币

18 枚。钱币均锈蚀，币面模糊不清，尚能辨认出款识的有万历通宝 4 枚、天启通宝 2 枚、至元通宝 1 枚、崇祯通宝 8 枚，钱文不清的共 3 枚。至元通宝，直径约 2.5 厘米；万历通宝，直径约 2.6 厘米；天启通宝，直径分别为 2.5 和 2.6 厘米；崇祯通宝，直径约 2.3 厘米（彩版六五：8）。

（四）玉石器

共计 12 件。按器类可分为佩、象棋子、香座、印泥盒、翠饰、盆景和铸范等。

1. 玉佩

1 件。

标本 T2：16，和田白玉，整体大致呈圆形。镂空，雕成盘龙纹状，中间盘旋着一条大龙、左右两边各攀附一条小龙。长约 4.5、宽约 3.6、厚约 0.5 厘米（图九〇：1；彩版六六：1）。

2. 翠环

1 件。

标本 T2：17，环形，外径 1.4、内径 0.2、厚 0.3 厘米（图九〇：2；彩版六六：2）。

3. 香座

1 件。

标本 T16F8：25，青田石质，雕塑成佛像坐在高台上打坐的形象，中心自上而下有一小圆孔。宽 1.1、高 2.4、厚 1.1 厘米，孔径 0.2 厘米（图九〇：3；彩版六六：3）。

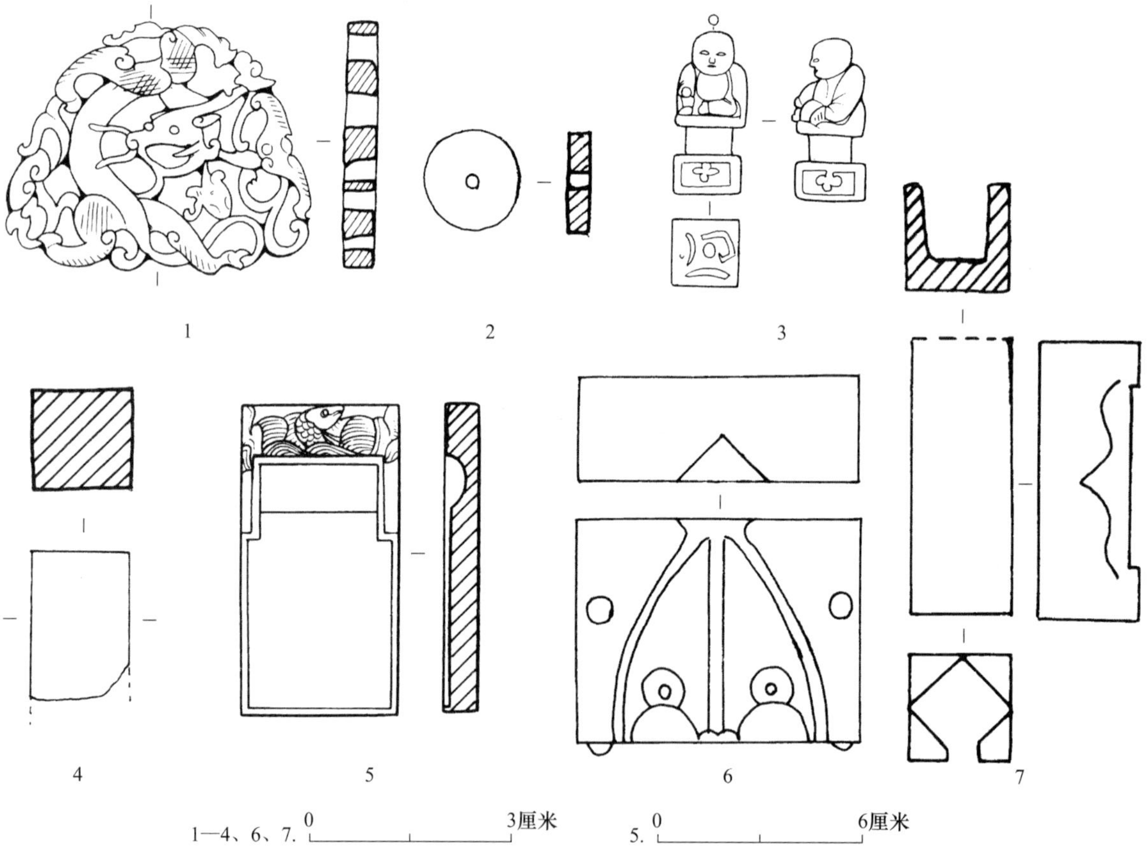

图九〇　玉石类遗物

1. 玉佩（T2：16）2. 翠环（T2：17）3. 香座（T16F8：25）4. 残印章（T4：19）5. 石砚（T1：4）6. 铸范（T3：7）7. 印泥盒（T2：18）

4. 残印章

1件。

标本T4∶19，长条状青石，四周打磨光滑。残长1.2、宽1.5、厚1.5厘米（图九〇：4；彩版六六：6）。

5. 石砚

1件。

标本T1∶4，胎质细腻，砚的一端刻有鱼、水纹，砚长9.1、宽4.8、厚1厘米（图九〇：5；彩版六四：4）。

6. 铸范

1件。

标本T3∶7，合范的一半，铸物分上下两部分，上部圆环，下部圆球，圆球外有花瓣纹。范长4.3、宽3.2、厚1.5厘米（图九〇：6；彩版六六：7）。

7. 印泥盒

1件。

标本T2∶18，两侧阴刻如意尖纹饰，两端阴刻菱形纹饰，平底四角有矩形足。长2.9、宽1.1、高1.1、槽深0.8厘米（图九〇：7；彩版六六：5）。

8. 石球

2件。

标本T27∶9，黄褐色，外表比较光滑、规整，直径约1.8厘米（彩版六六：8）。

9. 莲花盆

2件。均为红色石头雕成，直口、弧腹、圈足，外壁雕成莲瓣形。

标本T3∶11，出土时盆内还栽有柱状观赏石，石柱直径约35、残高约60厘米，盆口径65、底径15、高约31厘米（见图版三九：4）。

标本T7∶1，口径约59、底径15、高约31厘米。

10. 象棋子

4枚[①]。玉质，分别为“兵”“车”“卒”和“马”（见图版三六：7）。

---

① 因湖水突然倒灌，未能及时收集，仅存有照片。

（五）银器

1. 权

1 件。

标本 T16F8：23，呈亚腰状，其中一面刻有“壹两”字样。重 36.88 克，长 2.7、宽 0.9—2、厚 1.3 厘米（彩版六七：1）。

2. 饰件

4 件。

标本 T16F8：30，锈蚀，背面有两排扒钉、两个方孔，残长约 7.1、厚约 0.1 厘米。

另外三件形制相似，圆形，背面有扒钉，表面有盘龙纹，但因锈蚀而模糊不清。其中标本 T16F8：36，正面阴刻有盘龙纹，直径约 5 厘米（彩版六七：2）。

（六）漆竹木器

圆形木盒①，盒已损坏，直径 0.3 米，上印有“曾造”方形印戳两个。

另有朱漆木门、木窗、木门槛、竹簾子、朱漆木圆盘等②，因均已朽蚀，未采集（见图版三三：3；图版三七：2、3；图版三九：1、2 等）。

（七）其他

在潘湖遗址的发掘中，还出土五根造型独特的木棒（彩版六八：1）、一根牛肋骨（彩版六八：2）一块景观石（彩版六八：3）等，另有一些铁器（彩版六八：4）、锡器（彩版六八：5），由于锈蚀或破碎较严重，器型已难以辨认。

---

① 出土位置为 T8 明代铺砖地面上，由于出土时损坏严重，没有收集，仅有文字记录。

② 在 T2F2 内出土有朱漆木门、窗、门槛等，另外在门槛处还出土有朱漆竹簾子，因竹木器均锈蚀严重，未收集。

第五章　清代文化遗存

遗址内的清代文化遗存仅揭露于Ⅰ潘T46内。本期文化遗存中的主要遗迹现象有门址一处（MZ3），遗物则为门址内出土的青灰砖和石条等。

MZ3位于Ⅰ潘T46内，平面呈凸字形，方向8°（见图七、图八）。门址的上部建筑已遭破坏，仅残存台基部分，且台基的东部、南部、北部凸出部分也遭不同程度破坏，其中东南角遭破坏最严重，仅残存角柱石。台基东西两侧分别与宽约0.6米的东西向墙体相连。从发掘情况来看，该门址面阔三间、进深二间（图九一；图版四九；另见图版七、图版八）。

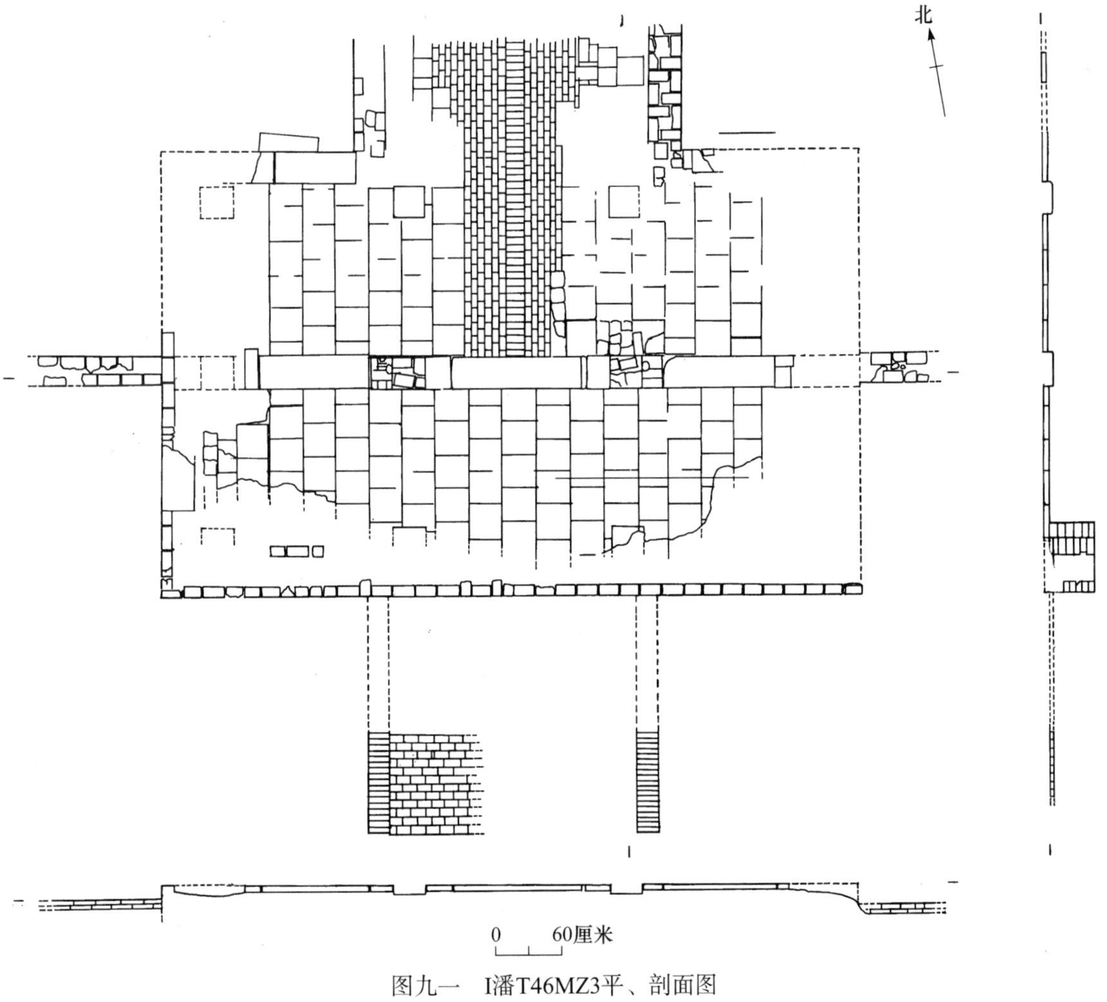

图九一　Ⅰ潘T46MZ3平、剖面图

台基东西长约13.5米、南北残宽约8.5米（不包括北部凸出部分）、高0.67米。台基北部凸出部分东西宽约6.2米，南北残长约2.4米，其两侧为青条砖平铺地面，较台基表面铺砖低约0.1米。台基南侧也有条砖平铺地面，同样较台基表面铺砖低约0.1米。

台基建筑方式是内为夯土、外壁包砖，其中包砖厚约1.3米，包砖内为黄褐色夯土基础。

台基表面铺砖、四周砌有阶条石，其中表面铺砖除了明间的中北部、北部凸出部分为用青条砖东西向对缝平铺或南北向错缝平铺外，其余均为方砖错缝正铺。其中所用方砖尺寸为65×65×10厘米，条砖尺寸为42×20×10厘米。

台基上有南北三排柱础坑，从发掘情况来看，每排均应有四个柱础坑，但因台基东部遭破坏，最东列柱础坑遭破坏，故每排仅存三个柱础坑。柱础坑平面呈方形，边长约0.6米，坑深0.2米。中间一排柱础坑之间铺砌有青石条，青石条长达1.5米、宽约0.65米，西2柱础坑西侧和西3柱础坑东侧的青石条上均有一个直径约12厘米的小圆窝，故推测上述两块青石条是门枕石，中排柱础应是安装门的位置（图版五〇）。

第六章　结　　语

开封历史悠久，文化底蕴厚重，不仅是我国历史上一座著名的古都，也是国务院首批颁布的国家级历史文化名城之一。夏朝的六代帝王（帝杼、帝芬、帝芒、帝泄、帝不降、帝扃，历 221 年）、战国时期的魏（公元前 364—前 225 年），五代时期的后梁、后晋、后汉、后周（907—960 年），北宋（960—1127 年）和金代后期（1214—1233 年）都曾在这里建都，因而开封又有“八朝古都”之称。特别是北宋时期，经过北宋政府长期的营建，使这座名震四方的京师成为“人口上百万，富丽甲天下”的国际大都会，在中国古代都城发展史上起着承前启后的作用。除此之外，开封在汉代为梁孝王的封地，隋唐时期是国之重镇、“王室藩屏”，明代是周王藩地、“势若两京”，清代仍为河南省府之所在。而且，较我国其他的都城、名城不同的是，开封还有典型的“城下城”“城摞城”现象。大量的考古勘探发掘表明，今开封城下共埋有六座城池：战国时期魏国的大梁城、唐代的汴州城、五代及北宋时期的东京城、金代汴京城、明代开封城和清代开封城。这六座城池按照时代由早到晚，地层自下而上地叠压在一起，埋藏在今开封城下的不同深处。开封独特的“城摞城”现象注定了开封的城市考古工作尤为重要。

潘湖遗址考古拉开了开封城市考古的帷幕，价值重大，意义非凡。潘湖遗址所在的开封市区中北部的龙亭公园一带，是开封作为“八朝古都”中除了夏代和战国时期其他六朝的皇宫所在地，另外唐代汴州城的行政、军事中心宣武军的衙署和明代周王府的核心也都“不离其宗”，该区域集中承载了开封改朝换代、城址变迁的历史沧桑，可谓是开封城考古“重中之重”的风水宝地，因此，潘湖遗址的考古资料在整个开封城考古的研究和评价体系中，注定会起着标尺性的作用。

潘湖遗址的发掘，清理出了多处大型的明代建筑基址以及宋、金、明时期的夯土墙体，出土了大量的瓷器、陶器、铜器、玉石器、陶器、漆木器等遗物，初步揭示了该地区丰富的文化内涵，体现了各不同历史时期的文化面貌，为研究该地区历代城址的位置、结构、布局以及古代开封城址的发展演变等提供了重要的考古资料。下面结合文献和近年来开封城市考古的综合成果对遗址内所揭示的各个历史时期的文化遗存现象进行总结分析。

第一节　对于宋金及之前时期文化遗存的认识

通过对潘湖遗址的发掘可知，宋、金及之前时期文化遗存叠压在明代文化遗存的下面，因为埋藏较深、地下水位较高、湖水倒灌等原因，揭露面积有限，因此很难了解该时期遗址的全貌。但值得庆幸的是，从为数不多几个探方的发掘中，仍清理出了多处宋、金时期的重要遗迹：如在Ⅰ潘 T8、Ⅰ潘 T10 和Ⅰ潘 T12 内，分别发现有 HC1、HC2、HC3 等厚达 2.4—3 米的夯土层；在北萧 T1、T2 内，发现有宋、金时期的城墙墙体；在 KBD 皇北 T1 内，发现有北宋时期的城墙墙体等。这些遗迹，有的直接叠压在明周王府紫禁城范围内的明代砖铺地面以下；有的直接叠压在明周王府紫禁城的墙体下；有的直接叠压在明周王府萧墙的墙体下，虽揭露面积有限，但内涵丰富，为我们认识明代周王府和宋、金时期开封城的渊源关系提供了直接、有力的证据。

同时，以潘湖遗址的考古发掘为契机，当年“开封宋城考古队”还在当时的潘湖周围及开封城区和近郊，展开了大规模针对历代开封古城址的考古调查和勘探工作，经过一段时间的努力，初步探明了北宋东京城遗址的位置，尤其是在潘湖遗址的邻近，探明了北宋东京城皇城的范围和内城北墙的一段。由于北宋时期的东京城、金代的汴京城和明代的周王府有直接的渊源关系，故在此对宋、金时期开封城的总体布局一并作以简要介绍。

一、北宋东京城的平面布局

1978 年秋，开封市博物馆选派业务人员对北宋东京外城遗址开展田野调查，并在开封市区西南郊一带发现了外城遗址的一些线索。1981 年 5 月，随着潘湖遗址考古发掘的展开，在部分探方明代周王府的遗迹之下，首次发现了北宋皇宫遗址的部分遗迹。之后考古人员遂以潘湖遗址为中心，在龙亭公园及其四周邻近地带，开展了以寻找北宋东京皇城遗址为主要任务的调查勘探，并很快探明了其位置。1981 年冬“开封宋城考古队”成立之后，始终把探查北宋东京城遗址作为考古队的首要任务，并相继展开了一系列的调查、勘探和发掘工作，北宋东京城遗址的整体面貌日趋明朗。

大量的考古勘探发掘表明，北宋东京城共分外城、内城、皇城三道城墙，形成了层层套叠、壁垒森严的国际大都会的宏大气势（图九二）。

1. 外城

外城，是东京城军事防御的第一道屏障，由于历代的兵灾水患，外城遭到了极大破坏，并全部淤埋于地下约 2—8 米深。经实测，外城呈一南北稍长、东西略短的长方形。四墙全长 29120 米，折合宋里约 52 里（一般认为 1 宋里约合 559.872 米），与文献记载的“五十里一百六十五步”基本吻合。四面城墙距今开封市现存的明清城墙 1.3—2 千米不等，方向约 190°[①]（图九二）。

东墙基　基本呈直线，中段稍内弧。东南角位于驻军某部院内。自南向北经文庄、大花园村、小巴屯村、铁牛村西、止于辛庄东北，全长约 7660 米。除 4 处约 2200 米的地段被厂房、

① 开封宋城考古队：《北宋东京外城的初步勘探与试掘》，《文物》1992 年第 12 期。

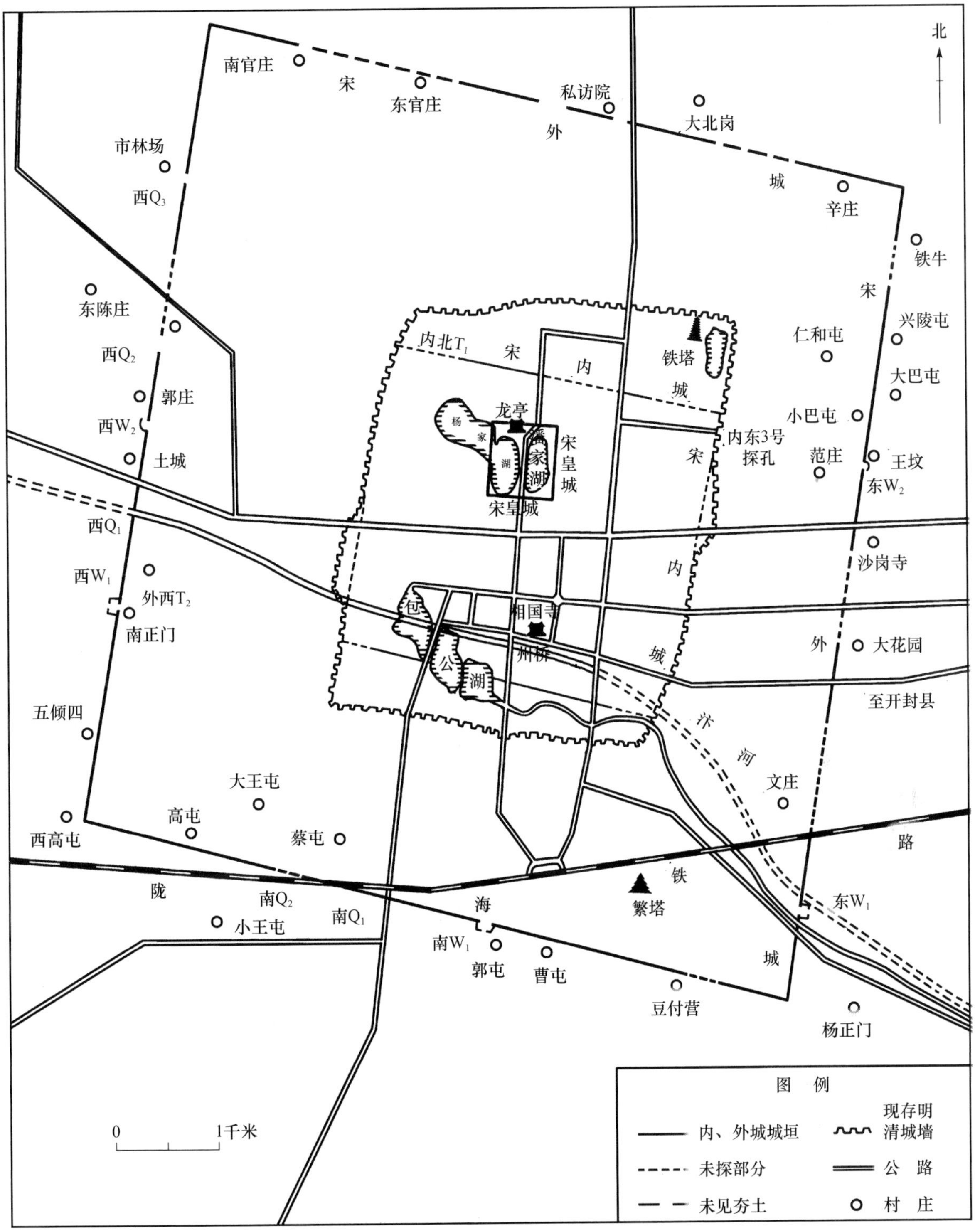

图九二　北宋东京城平面实测图

货场、村庄和鱼塘所压或因是流沙层而无法勘探外，其余地段均在地表下约 0.5—5 米间探到夯土，墙宽 10—20 米。

西墙基　基本呈直线，中段弯曲稍内弧。南起建筑公司预制构件厂西墙外，经五顷四村、南郑门口村、土城村、堌门村、北至市林场护城堤处，全长约 7590 米。除土城村偏北及前堌门村偏北两段在地表以下 4 米处为流沙层外，其余均在地表下 0.2—3 米左右探到城墙夯土。墙宽一般 10—20 米，但城西南角及开封市林场院内两段城墙宽达 24 米，此处是否为文献所记的城墙马面有待详查。西墙是四面城墙中残留最多的。

南墙基　大致呈直线。自东向西经药厂、烟厂、郭屯村、蔡屯村南、高屯村南，止于预制构件厂西墙外，全长约 6990 米。南墙大部分被现代建筑所压，钻探极为困难。但坐落在墙基上的建筑因地基软硬不一，多出现裂缝，为寻找墙址提供了线索。除东起 650—1000 米、1550—1650 米两处是厂区和水坑无法勘探外，其余皆在距地表深 1—8 米之间探出夯土层。墙宽一般为 10—20 米。

北墙基　历次黄河灌淹，北墙首当其冲，破坏较严重。此墙所经地段地下水位较高，不易勘探，仅断断续续勘探了 5500 米左右。北墙略呈直线，自东向西经大北岗村、私访院村、东官庄和南官庄，全长 6940 米，城墙宽度 15 米左右。

2. 内城

据勘探得知，整个内城略呈正方形，南墙位于今开封城南墙北约 300 米的东西一线，北墙位于龙亭大殿北约 500 米的东西一线，东、西墙叠压在今开封城东西墙下，方向约 10°，四墙总长约 11550 米，面积较现存的开封明清城墙略小[①]（图九二）。

东墙基　与明清城东墙相重叠。明清城东墙今保存基本完好，高约 6 米，外壁砖砌。在东墙新开城门的缺口处探测结果表明：宋内城东墙叠压在明清城墙下，顶端距地表 3.6 米左右。夯土层次分明，坚硬细密，土质呈黄褐色，下部因长期水浸夯层稍软，由于勘探困难，东墙的准确长度尚无法确定。

西墙基　勘探工作多在新开的城门或明清城墙突出部分的内侧进行。勘探结果表明：内城西墙的大部分地段叠压在明清西墙下面。内城顶端距地表 3 米左右，内城城墙残高 8.2 米（勘探解剖探孔部分），宽度因城墙下的人防设施而无法确定。夯土层次分明，城墙底部垫有厚 30 厘米左右的砖瓦层，为北宋内城城墙的基础。

南墙基　略呈一直线，自西向东经市三建预制厂、迎宾饭店、包府坑东湖、封吉府街、南泰山庙街、青龙背街至汽车发动机厂，已探明的地段约 2100 米。南墙破坏较甚。残墙距地表深一般在 8 米以下，最深达 9.8 米。南墙基残高 0.6—1.8 米、残宽 3—10 米。南墙之所以遭到严重毁坏的原因，推测是金宣宗定都开封期间将宋内城南墙铲平后向外扩展的缘故，北宋内城南墙只保留了金代地面下的墙基部分。

北墙基　略呈直线，自西向东经市汽车公司停车场、塑料公司、文昌街小学、市人民体育场南部、汽车四队、二十八中等地。同其他三面墙相比，北墙破坏最甚。目前已探明地段仅

① 开封宋城考古队：《北宋东京内城的初步勘探与测试》，《文物》1996 年第 5 期。

长约 1400 米，其余地段多为鱼塘或人口稠密区无法勘探。内城部分地段与金皇宫北墙、明周王府萧墙北墙相叠压，两侧向外延伸的地段距地表深 8.5—9.5、城墙残高 0.5—1.2、残宽不足 5 米。

3. 皇城

皇城，又称宫城或大内，位于龙亭公园前的潘、杨湖一带。经实测，皇城呈东西略短、南北稍长的长方形，四墙总长约 2521 米，与《宋史·地理志》等文献记载的宋皇城“周回五里”大致吻合。南墙在潘、杨二湖南岸的南侧，北墙在龙亭大殿的北侧，东、西墙分别位于今潘、杨二湖的东西岸[①]（图九二）。

东墙基　略呈一直线。南起今开封市图书馆北围墙附近，自南向北经市曲剧团家属院、市文化局家属院、东华门街西侧、豆制品厂、止于豆制品厂北侧。西距龙亭大殿 230 米，全长约 690 米。城墙宽 8—10 米，深度距地表 5 米以下。

西墙基　略呈一直线。北起龙亭公园西南侧，自北向南经杨家湖（龙亭西湖）西岸、杨家湖与杨家西湖之间断桥处，止于市麻刀厂西墙附近，全长约 690 米。由于西墙大部分地段被湖水淹没，无法进行传统的考古勘探方式。1982 年安徽省滁州文物保护研究所曾尝试用地球物理勘探技术（即电磁法）对该区域进行了试验性探测，取得了一定效果。勘测结果表明：西墙在陆地上的南北两段，城墙残宽 8 米左右，距地表深 5 米以下。

南墙基　略呈一直线。西起市麻刀厂西墙附近，自西向东经原午朝门影剧院、午朝门、宋都御街停车场、市杂技团东院，止于市图书馆北墙附近。全墙基本位于潘湖和杨湖南岸一线，全长约 570 米。南墙西段的深度距地表 4 米左右，其余地段距地表深 4.5—5 米，城墙残宽 10—12 米。

北墙基　略呈一直线。东起市豆制品厂北部，向西经原市人民检察院、龙亭大殿后墙处，止于龙亭公园西墙附近，全长约 570 米，城墙残宽 12 米左右，距地表深 6 米左右。

二、金代汴京城的平面布局

金代汴京城的总体布局，自外向内由外城、子城（内城）、皇城、宫城四重城垣围护，与北宋时期东京城的外城、内城、皇城三重城垣之制略有不同，由外城南门南薰门向北经新筑子城南门丰宜门、原宋内城南门丹凤门（即北宋时的朱雀门）、再向北至皇宫南门承天门之间的大道为全城的中轴线[②]（图九三）。

---

① 丘刚、董祥：《北宋东京皇城的初步勘探与试掘》，《开封考古发现与研究》，中州古籍出版社，1998 年，第 163 页。

② 刘春迎：《金代汴京（开封）城布局初探》，《史学月刊》2006 年第 10 期；刘春迎：《金汴京皇宫考略》，《文物》2005 年第 9 期。

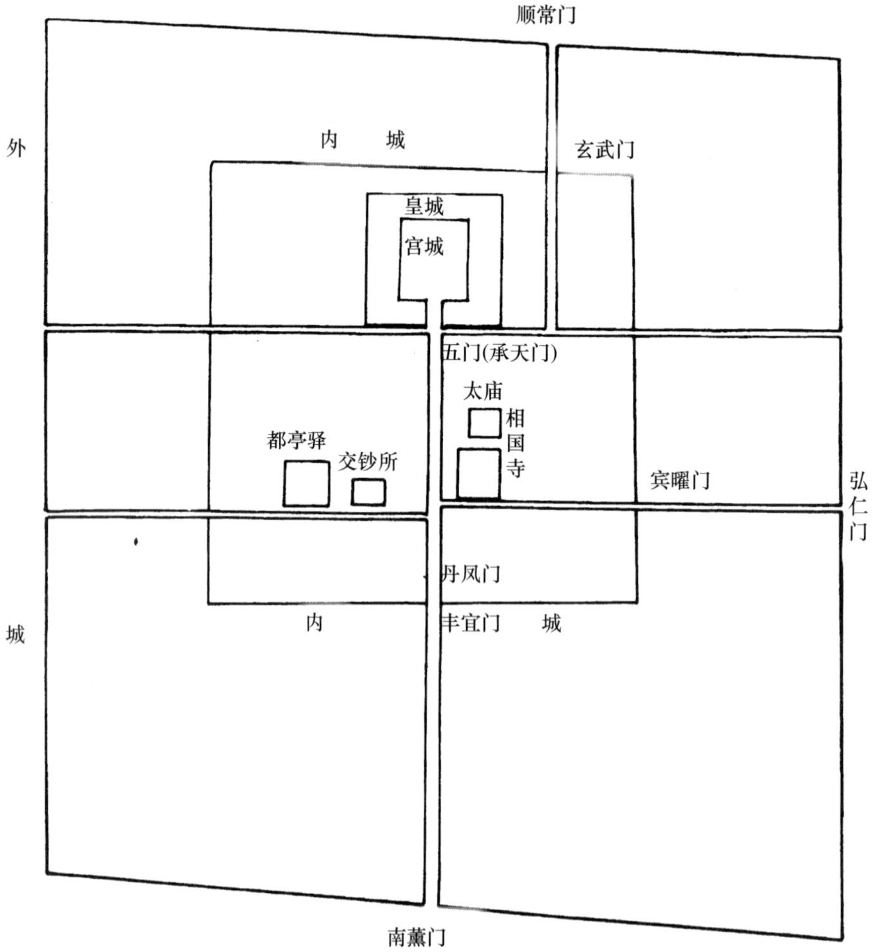

图九三　金汴京城平面布局示意图

1. 外城

金代汴京城外城源于北宋东京城外城。在靖康元年（1126年）金兵攻取北宋东京城的激烈战斗中，外城首当其冲，遭到极大破坏。由于金代在汴京定都时间较短，国力相对较弱且战争连年不断，无暇对外城进行整修加固，外城的位置和格局较北宋未发生任何变化。因为饱经战争摧残，此时的外城已是伤痕累累，满目疮痍，昔日巍峨壮观的风采早已不在。

2. 内城

金汴京城的子城系在北宋东京城内城的基础上展筑而成。在靖康元年的宋、金战争中，由于受到了外城的庇护，内城遭受的破坏不甚严重，金朝早期，也一直未对其进行整修，直到金朝末年金宣宗都汴之后，才对其南、北两墙进行了展筑，有些史籍中称作“再筑子城”。所谓的“再筑子城”，实际上是在北宋东京内城故基的基础上，将其南、北两面的墙基分别向外进行了展筑而已。展筑后南、北城墙的位置就是今日现存的开封明清城墙南、北墙的位置，展筑后城墙的范围与明清城墙完全一致，周长达到了14.4千米[①]。可见，金宣宗时期所展筑后的城墙即今日开封城墙的前身。

3. 皇城

金汴京皇城是在北宋末年皇宫北部延福宫、景龙江等扩建的基础上，于金代初年由金废帝完颜亮选派大臣张浩等人在原宋皇宫的四周重新修筑而成，方圆达到了“九里三十步”的规模。经实测，皇城平面为一南北稍长，东西略短的长方形，其南墙东起今开封市南京巷口，向西经西大街、新街口、前营门至河南大学医学院西墙止，长约1150米；东墙为南京巷至河大附中北校区南北一线，长约1420米；西墙位于大兴街向北至开封渔场一线，长约1400米；北墙自河大附中北校区向西经开封人民体育场、文昌小学至汽车公司停车场沿线，长约1340米。四墙全长5310米，故与文献记载中的明周王府萧墙“九里十三步”、金中都皇城“九里三十步”以及经实测的金中都皇城周长5000米均相去不远。金皇城遗址叠压在明周王府萧墙遗址之下，位置与分布范围与萧墙遗址完全相同[②]。

4. 宫城

沿用北宋东京皇城旧基而来，其位置与范围与宋东京皇城完全一致。金废帝完颜亮时期新的一道皇城修筑好之后，金庭遂将原宋皇城作为其宫城，自此完成了皇城与宫城的正式分离，从而使其宫室制度更趋于完善和合理[③]。

三、北萧T1发掘出的宋内城北墙、金皇城北墙

通过对宋内城遗址平面布局的整体把握以及结合本次北萧T1的重点试掘，我们认为北萧T1解剖的夯土墙体HQ2的下层部分（4.45—7.32米深度部分），就是宋内城北墙的墙体。内城作为保护皇城的缓冲地带，军事地位也颇为重要，北宋政府为了保障赵氏皇族和城内居民的安全，对内城的修筑也十分坚固。通过北萧T1的重点试掘以及利用地质工程钻机对内城遗址其他地段的勘探解剖，已基本搞清了内城遗址墙体的建筑结构和叠压关系。

内城城墙系用夯土版筑而成，但其土质土色和已经发掘解剖的外城遗址有所不同[④]。内城的夯土土质主要分为两种，一种是深黄色质地纯净的黏性土，土质坚硬细密，基本不含任何包含物，这和兴筑外城使用的含有大量细、白颗粒的红褐黏土是不同的；另一种是含沙量较大，土质松散，含有唐宋时期瓷片等包含物的灰黄杂土。两种土交替夯筑，其中黏性土夯层较厚，约8—15厘米；灰黄色杂土夯层较薄，厚约6厘米。城墙上层夯土的夯窝较为明显，一般呈圜底

① 刘春迎：《金代对汴京（开封）城的营建》，《河南文物考古论集·4》，大象出版社2006年。

② 刘春迎：《金汴京皇宫考略》，《文物》2005年第9期。

③ 刘春迎：《金汴京皇宫考略》，《文物》2005年第9期。

④ 参见外西T1考古试掘资料，刘春迎：《北宋东京城研究》，科学出版社，2004年，第127页。

状，直径约6—7厘米，深约1厘米。城墙下层夯土因为含水量较大，夯窝已模糊不清，虽能看出其痕迹，但已不易辨认。

由于地下水位高、塌方严重，该层夯土之下未能继续发掘。但用探铲向下探至距地表9.5米深处仍为灰褐色夯土层。另外，在距地表近11米深的城墙的底部，普遍发现垫有一层厚约15—30厘米不等的碎砖瓦层，经过对部分探孔中所出土的砖、瓦的初步鉴定，砖瓦均属宋代或宋代以前的遗物，表明在兴筑内城时，应是先在地面挖好城墙基槽，垫上一层碎砖瓦，上覆以土，经夯打之后作为城墙的基础部分，然后再在其上面用黏土和杂土交替夯筑。

内城夯土中未见有外城夯土普遍使用的取自郑州虎牢关一带的红褐色黏土，且文献中也未见从他处取土的记载，显然，内城城墙系就地取材夯筑而成。

通过对金汴京城遗址平面布局的整体把握以及结合本次北萧T1的重点试掘，我们认为在北萧T1中所解剖出的夯土墙体HQ2的上层部分（4.15—4.45米深度部分），应是金皇城北墙墙体。

金皇城北墙直接叠压在北宋内城北墙上面，其上又为明周王府萧墙北墙（HQ3）所叠压，周王府萧墙北墙之上又分别为明、清两代黄河洪水淤积层以及近现代的扰土层所叠压。和北宋内城北墙一样，金皇城北墙和明周王府萧墙北墙均系夯土版筑而成，各墙底部也都铺有一层碎砖瓦层作为城墙的基础，这些铺设在各代墙体底部的碎砖瓦层是各层墙体之间的分界线，为我们划分各层墙体的时代提供了重要依据。

四、KBD皇北T1发掘出的宋皇城北墙

通过对北宋东京皇城遗址平面布局的整体把握以及结合本次KBD皇北T1的重点试掘，我们认为在皇北T1中所解剖出的夯土墙体HQ4，应是宋皇城北墙的墙体。

《宋会要辑稿》在记载北宋东京皇城：“今大内，即宣武军节度使治所。朱梁建都，遂以衙署为建昌宫；晋天福初，又为大宁宫，但改名号而已；周世宗虽加营缮，犹未合古制。建隆三年，发开封、浚仪民广皇城。四年五月，太祖命有司画洛阳宫殿，按图修之，自是皇居始壮丽矣。”据此可知，北宋时期的皇宫源于唐汴州城宣武军节度使的衙署，亦即五代时期后梁的建昌宫、后晋的大宁宫。

北宋政权承五代纷乱之后，统一了中国大部，五代时期遗留下的皇宫已不足显示北宋王朝的威严。太祖赵匡胤在“黄袍加身”后不久，就深感原有皇宫规模狭小，遂以皇宫制度草创为由，颁诏扩建皇宫。对此次修城事宜，《宋会要辑稿》有载：“太祖建隆三年（962年）正月十五日，发开封、浚仪民数千，广皇城东北隅。五月，命有司按西京（洛阳）宫室图修宫城。义成军节度使韩重赟督役。四年五月十四日诏重修大内，以铁骑都将李怀义、内班都知赵仁遂护其役。”①

① （清）徐松辑：《宋会要辑稿·方域一·一一》，中华书局影印本，1957年。

这次扩建工程前后持续 4 年之久，耗费大量人力物力。经过这次大规模兴建，皇城达到了周围 5 里的规模，尽管较之唐洛阳宫城 9 里 300 步的规模还相去甚远，但已基本上奠定了北宋皇宫的规模和基本格局，正如《宋会要辑稿》所言“自是皇居始壮丽矣”。后至雍熙三年（986 年），太宗欲再次扩建，诏殿前指挥使刘延翰经度，但后因周围居民多不愿搬迁，只好罢休。大中祥符五年（1012 年）正月，真宗又下诏“以砖垒皇城”①，中国古代都城在此以前，多为土筑，宫城也不例外，宋初扩建的皇城，也是板筑的土城，自此方开皇城砖筑之始。

在 KBD 皇北 T1 的试掘中，首先是在上层发现了明代夯土城墙 HQ3，其下直接叠压着宋皇城北墙 HQ4。为了进一步了解宋皇城城墙的结构，在明城墙底部内外两侧各开挖了一条深沟。城墙北壁的探沟为东西 1.35、南北 5.1 米；城墙南壁的探沟为东西 2.7、南北 2.6 米。发掘结果表明（以北边解剖坑为例）：HQ4 叠压在明 HQ3 之下，距地表深约 5.3—9.85 米，残高 4.2—4.5 米。所发现的 HQ4，夯层结构可分上、中、下三大部分，其中厚 0.6 米的中部为青砖构砌的砖层，砖尺寸为 18×14.5×5 厘米，完全符合北宋时期砖的规制，因此我们认为该部分即为北宋真宗时所修筑的墙体。被其隔断的上下两层墙体，均为棕褐色夯土层，结合上述相关文献记载推测，下层墙体应为北宋初年太祖时期所修筑，上层墙体则应为北宋末期或更晚的金、元时期修筑。

在对城墙墙体进行解剖的同时，还分别对皇北 T1 探沟两侧的地面进行了清理，结果在探沟北侧（墙体外壁）的底部，发现有砖砌的建筑残迹，用途不清。在探沟南侧（墙体内壁）的底部，也发现有宋代砖铺地面残迹。

五、I 潘 T8、T10、T12 内发现的宋代夯土台基

当年在对潘湖遗址的发掘过程中，大部分探方在清理到明代遗迹时即停止下挖，这样做的原因不仅是因为发掘区域地下水位高，继续下挖困难，同时也是为了保护已经清理出的遗迹。为了解明代文化层之下的早期地层的性质和面貌，当时仅选择了部分探方如 T8、T10、T12 等，在对已清理出的明代遗迹进行妥善处理后，继续下挖解剖。

潘湖 T8、T10、T12 等探方位于潘湖遗址的中部偏北区域，由于当时在挖掘过程中不断遇到探方底部出水、探方四壁塌方等困难，分别采取了局部交替下挖、潜水泵抽水、用木板支撑加固坑壁、将坑壁挖成斜坡状以及视发掘情况及时扩方等措施，但最终发掘工作仍不得不中途搁浅，未能清理至生土层。

尽管如此，在对 T8、T10、T12 的发掘中仍取得了重要发现，发现了夯土遗迹 HC1、HC2、HC3。

HC1、HC2、HC3 分别位于探方 T8、T10、T12 内，夯层均开口于明代砖铺地面以下，其下又叠压有较早期的宋代文化层，厚分别为 3、2.4 和 2.8 米。这几处夯层囿于揭露面积狭小，

① （宋）李焘：《续资治通鉴长编·卷七七·大中祥符五年春正月丁酉》，上海古籍出版社，1986 年。

所传递信息有限，尚难对其准确定性。但根据近年来对北宋东京皇城遗址平面布局的整体把握，本次发掘区域显然位于北宋皇城遗址范围之内，再结合本次解剖出的HC1、HC2、HC3的夯层结构特征以及夯层中所出土的显具宋代特征的白釉、黑釉、青釉、酱色釉、影青釉瓷片，绿釉陶片、灰陶片等包含物的情况综合分析，HC1、HC2、HC3应为北宋皇宫范围内的大型夯土台基。

第二节　对于明代文化遗存的认识

根据对潘湖遗址的发掘以及对所收获的考古资料的整理，结合开封城历史沿革相关文献记载判定，本次潘湖遗址所发掘出的明代文化遗存属于明开封周王府的遗迹和遗物。

潘湖遗址发掘过程中，在抽干了水的湖面之下，普遍发现了属于明代晚期不同性质的各类文化遗迹；在北萧T1的发掘中，发现了明周王府萧墙遗址；在KBD皇北T1的发掘中，发现了明周王府紫禁城遗址；同时，以潘湖遗址为中心在其周围所展开的调查和勘探中，也分别获得了周王府萧墙上的午门，紫禁城上的端礼门、承智门和礼仁门等重要线索。总之，通过对潘湖遗址的发掘，我们对明代开封周王府遗址的总体面貌有了初步认识。

一、明代开封城概况

朱元璋于洪武元年（1368年）称帝，建立明朝。做上了皇帝之后，朱元璋立即展开了平定各派割据势力，消灭元朝残余的战争。因为在以反元复宋为号召的朱元璋心目中，汴梁（即开封）因曾是北宋时期的都城，有着极其重要的地位，所以朱元璋将汴梁作为了当时平定中原，出兵北伐，夺取元朝都城大都（今北京）的根据地。洪武元年八月，朱元璋“以金陵（南京）为南京，大梁为北京，朕于春秋往来巡狩”[①]。洪武九年（1376年），明政府在汴梁设立河南布政使司，朱元璋不再将其作为“春秋往来巡狩”之地。洪武十一年（1378年），朱元璋又废汴梁北京称号，开始封其第五子周橚为周王，建藩开封，开封自此成为了周王的府地。

明代开封的总体布局，自外而内由土城、砖城、周王府萧墙及紫禁城四重城垣层层围护[②]（见图九三），颇像明南京城的外城、内城、皇城与宫城之制。

明开封最外围的城垣是土城。土城，亦即始筑于后周、北宋时期又多次增筑的外城，是五代、宋金时期开封城军事防御的首道屏障。外城在北宋末年和金代末年围绕开封城的战争中都曾受到重创。元至正年间，刘福通率领的农民起义军据守开封，元军围城达三个月之久，起义军和元军在城下展开了数场激烈的战斗，外城再次损坏惨重。元年末年，“尽毁天下城隍，开

---

① 《明实录·太祖·卷三十四·洪武元年八月己巳》，“中研院”历史语言研究所校印本，1962年。

② 明代开封城的土城、砖城、周王府萧墙和紫禁城分别对应金代开封城的外城、内城、皇城和宫城，位置不变。

封城亦仅余土阜”[①]，明人李梦阳在《河南省城修五门碑记》中也曾留下“宋亡，入金历元，外城毁而内城存”[②]的感叹。

明代，原外城部分城门故迹尚在，少数仍保留着北宋时期的名字，“去城七八里许，有土城，仅有土基，孔道存焉。周围约四十余里，其门尚有存宋时之名，如东南陈州门，东北酸枣门而已。其北为陈桥门、封丘门、卫州门，南则戴楼门，西则今称为郑门，本顺天门；固子门本金耀门，歇兹门本万胜门，水门本利泽门，并其名而亦不存矣，城之变迁有如此”[③]。《如梦录》中亦载：“外城曰土城……仅余基址，有门不修，以土填塞，备防河患。”[④]可见，昔日高大雄壮的外城至此已沦落为开封周围的一条土堤，也叫土城，在明代连年不断的黄河水患中，只是在抵御洪水、捍卫开封城安全中还发挥着一定的作用。

围护明开封城的第二道城垣是砖城，是洪武元年朱元璋定开封为北京时，在原金汴京里城的基础上修建而成的。明初把开封作为陪都，是出于强烈的政治目的和军事目的，因而重修的开封城，不仅比当时国内其他城池更为坚固，而且和其自身以往的格局和特点也有所不同。明李梦阳《河南省城修五门碑记》中云：“河南省城者，宋之内京城也。是城也，起自五代，至宋而益饰。……我高皇帝定天下也，跸于汴驻焉，但遣将北伐，于是升汴为京，设卫十有六，填实之守焉。是故，是城也缮之视他城坚，甃皆砖也。然又重砖而城，根砖若石，入之地又数尺。”[⑤]明以前的历代开封城池均为土筑，即以土和泥，经层层夯打版筑而成，并在夯土之中浇以猪血、米汤、白灰等物以增加其牢固性，最多只是在城门一段，才用青砖漫砌。而明开封城外则全部用青砖包砌，只有墙心和内侧仍为夯土，极大地增强了其坚固性和防御能力，这不仅是技术上的进步，也是生产力发展的结果。

经洪武元年重修后的开封城“周围二十里一百九十步，高三丈五尺，广一尺”，城外有护城河，“深一丈，阔五丈”，共有城门5座：其中东边2个，偏南的为丽景门，俗称宋门，偏北的为仁和门，俗称曹门；南边为南薰门；西边为大梁门；北边为安远门。每门“各建月城三重”，城上还有“角楼四座，敌台八十四，警铺八十一，甚称严密”[⑥]。

在洪武年间大修的基础上，后来明政府还多次对开封城进行增筑维修。明末的开封城不仅高大雄壮，诸如月城、敌楼、炮楼、护城河、吊桥等各类军事防御设施也构筑的一应俱全，并常年有守兵防护，可谓城高池深，戒备森严。明陈所蕴《增建敌楼碑记》曾描绘开封城“万雉云连，屹屹言言，望若列嶂，壮都会也”“登楼四望，太行嵩室，居然在几案间，大河汤汤，仅如衣带，城之大观，于是乎备矣”。当时，不仅在开封城楼上可远眺黄河，甚至远在黄河河床中，也可遥远望见高大的开封城。明代于谦《黄河舟中》就曾写道：“顺风吹浪片帆轻，顷

---

① （清）顾祖禹：《读史方舆纪要》卷六引《城邑考》，天下出版社，2000年，第1636页。

② （明）李梦阳：《河南省城修五门碑记》，《汴京遗迹志·卷一六·艺文三》，中华书局，1999年，第303页。

③ 郑之鎏：《续东京梦华录》，《新修祥符县志·卷九·建置志·城池》，光绪二十四年夏六月刊成本。

④ 孔宪易校注：《如梦录·城池纪第一》，中州古籍出版社，1984年，第1页。

⑤ （明）李梦阳：《河南省城修五门碑》，《汴京遗迹志·卷一六·艺文三》，中华书局，1999年，第303、304页。

⑥ 《新修祥符县志·卷九·建置志·城池》，光绪二十四年夏六月刊成本。

刻奔驰十数程。舵尾炊烟犹未熟，船头已见汴梁城。”①

作为明代开封城核心的周王府，位于全城的偏北处，筑有萧墙和紫禁城两重城垣，其中以萧墙南墙以外的东西大街（曹门至西门之间的大街）为标志，将明代开封城分割为南、北两大部分，以南为居民区和商业区，以北主要是王府宫殿区。

二、明开封周王府的营建

明代出于巩固皇权的需要，在进一步加强中央集权、完善官僚系统的同时，对皇族则实分封制。“帝惩宋元孤立，失古封建意，于是择名城大都，豫王诸子，待其壮，而遣就藩服，外卫边陲，内资夹辅”②；“诸子当封以王爵，分茅胙土，以藩屏国家”③。洪武三年（1370年）四月乙丑，太祖开启封藩制，首次分封其诸子和一个重孙（靖江王）到全国战略要地为王，“皆据名藩，控要害，以分制海内”④。当时，因开封系陪都未封。洪武十一年（1378年），太祖取消开封北京称号后，遂于同年正月封吴王朱橚为周王，建藩开封。

第一代周王朱橚，是朱元璋的第5个儿子，初于洪武三年四月被封吴王，建藩钱塘，后因“钱塘财赋地”⑤不可封，适逢开封取消陪都称号，遂被改封周王。

关于建造周王府的时间，《明史·地理志》中说是“洪武十一年正月建周王府”，而另在《明太祖实录》卷一二六和卷一三一中又分别有以下记载：

> 洪武十二年（1379年）八月，遣使赍敕谕宋国公冯胜，时胜督工建周王宫殿于开封府，将以九月兴役。上以其时民当种麦，敕谕之曰：“中原民食所恃者二麦耳，近闻尔令有司集民夫，欲以九月赴工，正当播种之时而役之，是夺其时也，过此则天寒地冻，种不得入土，来年何以续食！自古治天下者必重农时，朕封建诸子，将以福民，今福未及施，而先夺农时，朕恐小民之怨咨也。敕至其即放还，俟农隙之时，赴工未晚也。”
>
> （洪武十三年五月，太祖又）命会宁侯张温、雄武周武，往河南理军务。时上以河南方造周王宫殿，恐军民服役劳苦，故命温等往抚之。仍谕之曰：“河南将士疲劳多矣，宜善抚之，凡役万人者可役千人，千人者可役百人，使得更休，毋尽其力。”

以上《明史·地理志》与《明太祖实录》中对周王府建造时间的记载不完全一致，据此，有学者认为《明史》中记载的“洪武十一年正月建周王府”的说法是错误的⑥。而事实上，也许

① （明）李濂撰，周宝珠、程民生点校：《汴京遗迹志》卷二四“七言绝句”条，中华书局，1999年，第492页。

② 《御批历代通鉴辑览》卷一〇〇，《景印文渊阁四库全书》，台北商务印书馆，1986年。

③ 《明实录·太祖·卷五一·洪武三年四月乙丑》，“中研院”历史语言研究所校印本，1962年。

④ （明）王世贞：《弇山堂别集·卷三二·同姓诸王表》，中华书局，1985年，第562页。

⑤ （清）张廷玉：《明史·卷一一六·诸王传》，中华书局，1974年，第3565、3566页。

⑥ 范沛潍：《周王与明代开封》，《史学月刊》1994年第4期。

二者所说并不矛盾，《明史・地理志》中所说的洪武十一年建周王府应是指周王府的建制而言，而《明太祖实录》中所说的洪武十二年和洪武十三年则为大规模地建造周王府的时间。从以上文献中推测，具体的建造时间应是在洪武十二年至洪武十三年之间的"农隙之时"①。王府修建好后不久，周王遂于洪武十四年（1381年）就藩开封②。

明朝的分封制度效法周代的嫡长子继承制，规定："皇子封亲王，授金册金宝，岁禄万石，府置官属。护卫甲士少者三千人，多者至万九千人，隶籍兵部。冕服车旗邸第，下天子一等。公侯大臣伏而拜谒，无敢钧礼。亲王嫡长子。年及十岁，则授金册金宝，立为王世子，长孙立为世孙，冠服视一品。诸子年十岁，则授涂金银册银宝，封为郡王。嫡长子为郡王世子。嫡长孙则授长孙，冠服视二品。诸子授镇国将军，孙辅国将军，曾孙奉国将军，四世孙镇国中尉，五世孙辅国中尉。六世以下皆奉国中尉。其生也请名，其长也请婚，禄之终身，丧葬予费，亲亲之谊笃矣。"③即亲王嫡长子为世子，袭封亲王，其余子为郡王，郡王嫡长子袭封郡王，余子封镇国……依次下推。开封自第一代周王朱橚开始，到明朝末年第十一世周王朱恭枵因洪水灌城出逃，共传十一世十一王（分别为定王橚、宪王有炖、简王有爝、靖王子垕、懿王子埅、惠王同镳、恭王睦柙、庄王朝堈、敬王在铤、端王肃溱、末代无谥号周王恭枵），共历时264年，几乎与明朝相始终。

周王妻妾成群，子孙众多，在明代藩王中"诸藩惟周府最为蕃衍"④。第一代周定王朱橚有14个儿子，除了周有炖袭封周王外，其余13个儿子均被封为郡王，至成化二十年，周藩的郡王就有59位，将军和中尉有177位⑤。至明末，除袭亲王周王外，"历代周王位下分封郡王70余府，合计追封郡王共有270余位"⑥，按明末清初大梁人王紫绶的考证，当时开封城中的王府竟有72家之多，系全国之最，故有"天下藩封数汴中"⑦之说。如此朱氏子孙世代相藩，在开封形成了一个庞大的"周藩"系统，开封城俨然成了一座"王的城"。城内凡街市繁华之处，皆是王府林立，诸宫相接；反之亦然，凡是王府集中之地，也自然成为了当时的街市繁华之处。正如《如梦录》中所描绘："大街小巷，王府、乡绅牌坊，鱼鳞相次。满城街市，不可计数，势若两京。"⑧

三、明开封周王府的废弃

北宋以前，黄河流经今河南省北部，自濮阳北行流入大海，距离开封数百里。虽然黄河在

① 李合群：《开封城市史论・第五章・由大都市到中原名城》，北京燕山出版社，2004年。

② （清）张廷玉：《明史・卷一一六・诸王传》，中华书局，1974年。

③ （清）张廷玉：《明史・卷一一六・诸王传》，中华书局，1974年，第3557页。

④ 王士性著，周振鹤点校：《广志绎・卷三》，中华书局，2006年，第225页。

⑤ 《成化河南总志》卷一

⑥ 孙凯：《明代周藩王陵调查与研究・序》，中州古籍出版社，2014年，第1页。

⑦ （清）郑廉：《豫变纪略》载王紫绶"大梁宫人行"，浙江古籍出版社，1984年，第139页。

⑧ 孔宪易校注：《如梦录・街市纪第六》，中州古籍出版社，1984年。

此前也不断决溢泛滥，但因与开封距离尚远，对开封城的直接影响不大。金元之后，黄河改道，逼近开封，之后开封的兴衰便与滔滔黄水结下了不解之缘。黄河，这条举世无双的地上悬河在缔造了五千年光辉灿烂中华文明的同时，也给位于它脚下的古城开封带来了严重的安全威胁和无数次的生死劫难。

明代，黄河在今开封辖境决溢 86 次，其中在城市近郊达 58 次之多。自洪武元年（1368 年）至弘治十八年（1505 年）的 138 年间，黄河在开封城周近有决溢的达 59 年，其间两次水淹开封城区，一次是洪武二十年（1387 年）六月，河决开封城，泛水由安远门（北门）冲入城内，淹没官舍民房，冲毁街道店铺，“城中如釜底，民屋廛市尽沉水中，中原财赋聚集之地一没而尽”①，损失十分严重；另一次是天顺五年（1461 年）七月初四日，河水决开封土城，城中军民当即用砖堵塞五门，防备水袭城内。至初六日，风激浪涌，大水冲入北门，平地水深丈余，官宅民舍一空，藩府宫眷及城内官员乘舟避于城外高处，百姓死者不可胜数。

真正给开封城带来灭顶之灾的是发生在崇祯十五年（1642 年）的那次黄河特大水患。

明末的开封不仅是周王府地，亦是河南省会、中原重镇，故在明末农民大起义的过程中，李自成义军和明朝官军曾在开封进行过数次激烈的战争。当时义军曾三次包围开封城。第一次是在崇祯十四年（1641 年）二月，周王朱恭枵“出库金五十万买米麦，日夜造饭屑麦饷守陴者。复悬金募死士，能击死一贼者，予五十金”②，由于城中的官、军、民组织得力，“周王恭枵、巡按御史高名衡拒却之”③，围城义军在狠攻了七昼夜后，主动撤退；第二次是在崇祯十四年十二月至翌年正月，正值传统节日春节前后，面对义军的猛烈攻击，周王朱恭枵仍不惜代价，号召城内官兵进行殊死抵抗，“周王贮库金于城头，擒一贼者予百金，斩一首者五十金，战殁者恤其家五十金，伤者以轻重为差，杀贼甚众”④，面对城内官军的顽强抵抗，义军围攻 20 天后，无奈再次撤退；第三次围城是在崇祯十五年四月至九月，这次义军采取了“围而不攻，欲坐困之”的策略，以逸待劳，被围日久，城中官军弹尽粮绝，终于走到了穷途末路。但此时的官军不愿束手就擒，想尽各种办法，殊死抵抗。崇祯十五年农历九月十五日夜，官军乘阴雨连绵，黄河秋水大涨的时机，在相隔 30 里的朱家寨和马家口两处黄河大堤上，同时扒开两个口子，“河之决口有二：一为朱家寨，宽二里许，居河下流，水面宽而水势缓；一为马家口，宽一里余，居河上流，水势猛，深不可测。两口相距三十里，至汴堤之外，合为一流。决一大口，直冲汴城以去”⑤。奔流的洪水汹涌澎湃，势如山岳，很快就逼近开封城下。由于开封城内地势低洼，如同锅底，故大水一到，城内到处是白浪滔天，“举目汪洋，抬头触浪，其仅存者钟鼓二楼、周府紫禁城、郡王假山、延庆观，大城止存半耳。至宫殿、衙门、民舍、高楼略露屋脊”⑥。因为黄河是在夜间决堤，又值天下大雨，城内老百姓无暇防备，顷刻之

① （清）康基田：《河渠纪闻》卷八，清嘉庆九年霞荫堂刻本。
② （清）谷应泰编：《明史纪事本末·卷七八·李自成之乱》，中华书局，1977 年。
③ （清）张廷玉：《明史·卷二四·庄烈帝纪》，中华书局，1974 年。
④ （清）谷应泰编：《明史纪事本末·卷七八·李自成之乱》，中华书局，1977 年。
⑤ （清）张廷玉：《明史·卷八四·河渠二·黄河下》，中华书局，1974 年。
⑥ 刘益安编：《汴围湿襟录校注》第三围“全河入汴”条，中州书画社，1982 年。

间“合城男妇哀号”“水深数丈，浮尸如鱼”[①]，“居人溺死者十有八、九，救援不及一二，叫苦连天，呼救满河，如鱼之游于沸鼎之中，可怜数十万无辜生灵，尽葬鱼腹之内”[②]。这是开封自魏大梁被淹之后的第二次特大水患，也是一场毁灭性的灾难。周王朱恭枵眼看大势已去，遂携其王妃、王子、一部分宗室和部分王府官员在滔滔洪水和起义军攻城的喊杀声中狼狈逃离，后藏身于开封郊外的树林中数日以求保命。这次洪水，城中“士民溺死数十万”，洪水退后，城内原有的37万余人，“遗民尚余数万”[③]，气宇轩昂的周王府也与城内其他官舍民房一起，被无情地掩埋在了厚厚的泥沙之下，原本势如两京的开封城损毁殆尽，正如《如梦录》中所描述：“瓦砾之场，荆棘丛生，芦苇遍地，百花园俱为牧场。”明末清初人张养蒙《过周废旧址》中亦云：“芳草萋迷问故宫，群群牧马泣悲风；当年翠辇经行路，无尽蒹葭满旧丛。”

四、明开封周王府的规模与布局

明开封周王府的规模与布局，《如梦录·周藩纪第三》中有详细的记载：

周府本宋时建都宫阙旧基，坐北朝南，正对南薰门，即宋之正阳门也。北有大门五间三开，即宋之大宋门也。周围萧墙九里十三步，高二丈许，蜈蚣木镇压，上覆琉璃瓦，下有台基高五尺，上安栏杆，栏杆外街宽五丈，方是居民，四周有井七十二眼，谓之七十二神煞。向南是午门，东曰东华门，西曰西华门，北曰后宰门。层层宫门殿宇上，斗拱俱用铜丝网罩，名为□（字书无此字，疑当音风）衣，下有白石一方，名曰足石，取丰衣足食之义。（门）极大宏敞，碧瓦朱门，九钉九带。门内东西承奉司，承奉内官，掌管阖府事务，传递本章，与在京东厂司礼监同。往北有直房百余间，中有东西二过门，乃宋时科道衙门也。明朝断间为一二三间，各官进内，候朝于此，停息更衣。东过门往南通宗庙。西过门往西通天地坛。东有马厩，直房东西二库，罪宗所禁之地。正北为紫禁城，高五丈，上有花垛口，内有拦马墙。南门，曰端礼门；北门，曰承智门；东门，曰礼仁门；西门，曰尊义门。殿曰：存信殿。存信殿前，旧有银安殿。……端礼门上供明太祖画像，有释、道二教藏经，外有城壕一道与大海子同，壕内地基宽阔，俱是内使居住，东亭后有内书堂，外典宝官二员，候上奏章用宝，端礼门三瓮三开，金钉朱户，红花涂墙，立砖铺地。[④]

当年，在对潘湖遗址进行考古发掘的同时，考古队还在今开封东、西大街沿线以北的广大

① 刘益安编：《汴围湿襟录校注》第三围“全河入汴”条，中州书画社，1982年。

② 孔宪易校注：《如梦录·著者原序》，中州古籍出版社，1984年。

③ （清）谷应泰撰：《明史纪事本末·卷七八·李自成之乱》，中华书局，1977年。

④ 孔宪易校注：《如梦录·周藩纪第三》，中州古籍出版社，1984年。

区域开展了大规模的考古调查、勘探工作，初步探明了明周王府萧墙和紫禁城遗址的位置、形制、范围和部分门址等。

经实测，明周王府萧墙遗址平面呈南北稍长、东西略短的长方形。其南墙约位于今开封市新街口前开封东、西大街东西一线；东墙约位于今南京巷至河大附中北校区南北一线；西墙约位于大兴街向北至开封渔场南北一线；北墙约位于华北体育场至文昌小学东西一线，四墙全长约 5310 米①。若按我国古代常用于测量城垣长度的"营造里"每里长为 576 米计②，则合约 9.2 里许，和《如梦录・周藩纪第三》中所记"周围萧墙九里十三步"相吻合。萧墙遗址因位于今开封城的中心区域，受晚期城市建设破坏严重，残存墙基顶部距地表深约 1.9—5、残宽约 8—10、残高 3—6 米不等。

在几个利用机械钻机进行的探孔中，萧墙遗址之下距地表 11 米处仍可探到城墙夯土，推测其下应叠压着一处早期的墙址。鉴于已经调查探明的萧墙遗址与本章第一节所介绍的金皇城遗址的位置与规模完全一致，我们认为萧墙遗址之下的早期墙址应为金皇城遗址。

为了验证上述推测以及了解周王府萧墙遗址的内部结构，考古队选择在已探明的萧墙北墙的西段开挖了探方北萧 T1。通过对明周王府萧墙遗址平面布局的整体把握以及结合北萧 T1 的重点试掘，我们认为在北萧 T1 中所解剖出的夯土墙体 HQ1，就是明周王府萧墙遗址。通过对北萧 T1 内所发现的城墙夯土的进一步解剖，可知 HQ1 直接叠压在 HQ2 之上，而其上又为第⑥、⑦层地层所叠压。在本章的第一节中已经分析介绍，HQ2 的上层部分为金皇城北墙墙体，下层部分为宋内城北墙墙体。叠压在 HQ2 之上的第⑥、⑦层地层的淤沙土和红褐色亚黏土，应为明崇祯十五年特大黄河水患所形成的淤积层。

通过对北萧 T1 中解剖出的周王府萧墙北墙和利用机械钻机所探明的周王府萧墙东、南、西三面墙体的对比，发现其地层叠压关系有着明显的不同。萧墙北墙系叠压在金皇城北墙上，而金皇城北墙其下又叠压着宋内城北墙；周王府萧墙东、南、西三面墙体也叠压在金皇城之墙上，而金皇城之下却未见早期的墙体。究其原因，是因为金皇城的北墙是在原宋内城北墙的基础上重筑而来，而其他三面墙体则是平地起筑③。

按《如梦录・周藩纪第三》所记，萧墙的四面共辟有四门，"正南门曰午门，东曰东华门，西曰西华门，北曰后宰门"，诸门皆"极大宏敞，碧瓦朱门，九钉九带"④。目前四座城门中只有午门遗址已被探出。1985 年春，在开封东西大街一线的文物勘探中，曾在新街口附近探明了一处萧墙的缺口。1996 年 5 月，在配合城市基本建设的过程中，又在已探明的缺口附近进行了有针对性、细致的文物勘探工作，结果表明，该缺口即为萧墙的正南门午门遗址。已探明的门址距地表深约 4.5 米，东西约 80 米，南北近 50 米，总面积约 4000 平方米⑤（见图三七）。此门址

① 开封市文物工作队：《河南开封明周王府遗址的初步勘探与试掘》，《文物》2005 年第 9 期。

② 刘春迎：《从北宋东京外城的考古发现谈北宋时期的营造尺》，《文物》2018 年第 2 期。

③ 刘春迎：《金汴京皇宫考略》，《文物》2005 年第 9 期。

④ 孔宪易校注：《如梦录・周藩纪第三》，中州古籍出版社，1984 年 8 月。

⑤ 开封市文物工作队：《河南开封明周王府遗址的初步勘探与试掘》，《文物》2005 年第 9 期。

的位置与明万历《开封府志》卷一中收录的“开封府城之图”中所标注的“周府”南大门的位置也是完全一致的（图九四）。

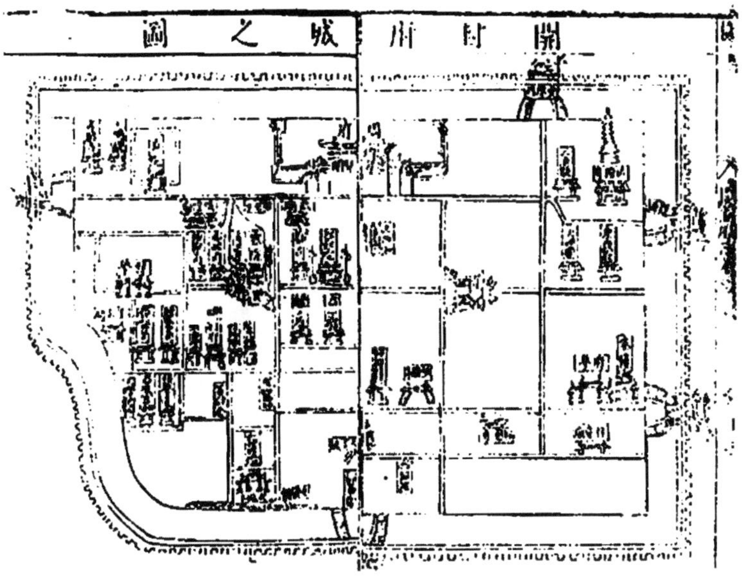

图九四 开封府城图（明万历《开封府志》卷一）

初步测定午门遗址范围之后，又在此处利用地质钻机继续向下勘探，结果在午门遗址之下，距地表约 6.3 米深处，又发现一处较早期的大型建筑残迹，根据该残迹的深度、范围以及其中出土的少量金代或金代以前的文化遗物等情况综合分析，初步判断其应为金皇宫的正南门五门（承天门）遗址。此处自上而下两处门址的相继发现，充分说明明代萧墙午门是在金皇宫五门的基础之上直接修建而来。不仅如此，在此处继续向下钻探的过程中，在距地表深 8.3 米的深度，还发现一处更早期的建筑残迹，直到距地表深 10 米左右的生土层。初步判断，最下层的这处建筑基址应是北宋时期的宣德门遗址[①]。

作为明周王府核心的紫禁城遗址位于今开封龙亭公园的潘、杨湖一带。1981 年秋冬之际，开封宋城考古队先是在潘湖范围内发掘出了紫禁城内的部分大殿遗址，继而又在其四周勘探出了紫禁城的范围。经勘探表明：今午朝门以北，龙亭大殿后墙以南，包括潘、杨两湖在内的区域即紫禁城的范围。经实测，其形制亦呈南北稍长，东西略短的长方形（图九五）。勘探结果表明，紫禁城四壁直接叠压在宋皇城四壁之上，说明紫禁城遗址与宋皇城遗址范围完全一致。KBD 皇北 T1 的发掘，为印证上述勘探结果提供了有力的证据。探方 KBD 皇北 T1 的位置，位于已探明的紫禁城北墙的东段，该探方发掘的最大收获，就是揭示出了紫禁城与宋皇城的地层叠压关系，探方中所清理出的 HQ3，是紫禁城的北墙墙体，而叠压在其下的 HQ4，则是宋皇城的墙体。

按《如梦录》所记，紫禁城有 4 座城门，其中南门曰端礼门；北门曰承智门；东门曰礼仁

① 开封市文物工作队：《河南开封明周王府遗址的初步勘探与试掘》，《文物》2005 年第 9 期。

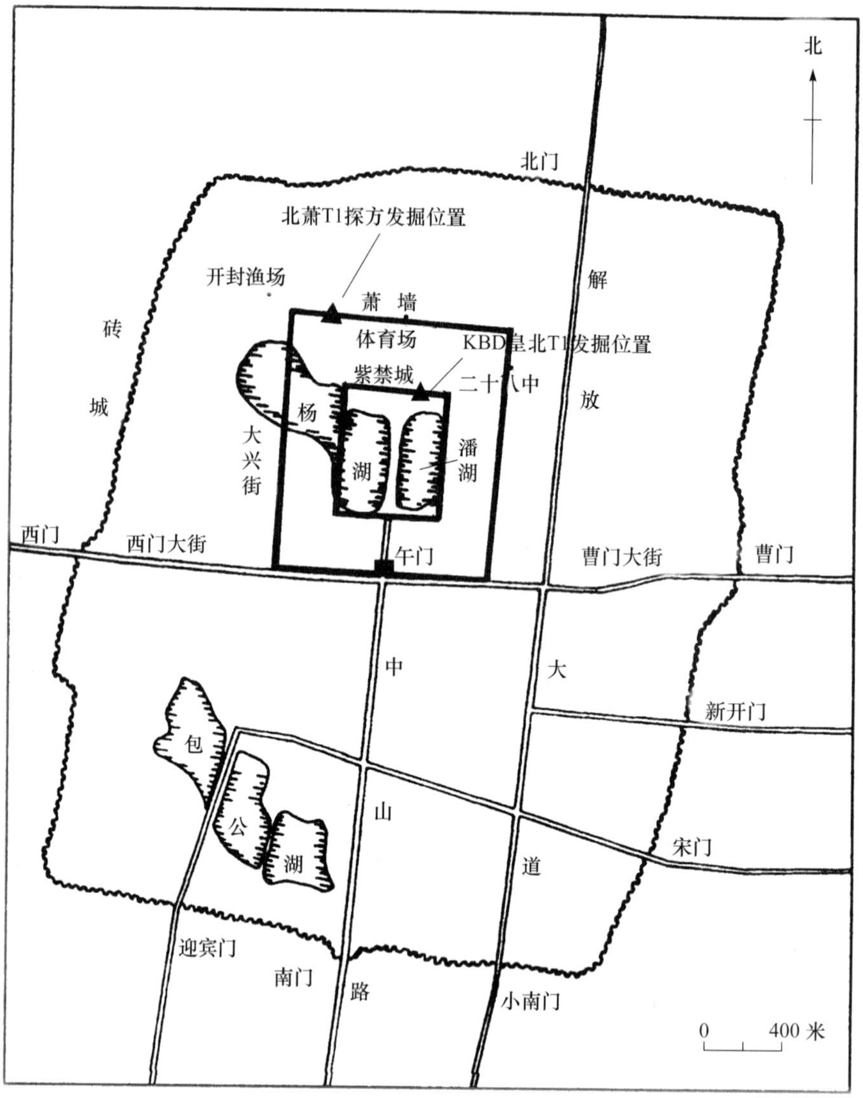

图九五　明周王府萧墙、紫禁城平面实测图

门；西门曰尊义门[①]。以上 4 座门址中，目前已有 3 座位置基本探明。

端礼门遗址：在今龙亭公园南大门前的午朝门广场处，门址残基距地表深约 3.5—4 米，东西长约 70 米，南北宽约 30 米，以夯土筑成，夯土内包含有大量的残碎砖瓦及白灰颗粒等遗物。据该基址的位置、形制、埋藏深度以及其中包含的文化遗物综合判断，应是明紫禁城南门端礼门遗址。基址之下距地表 6.5 米处还有一处砖瓦层，应为更早时期的一处门址[②]。

承智门遗址：在今龙亭大殿台基北 15 米处，探出一处宽约 30 米的城墙缺口，缺口两侧的城墙顶部距地表深约 3 米，残宽约 6—8 米，该缺口与南墙上已探明的端礼门遗址南北相对，据其位置及两侧墙体的深度判定，应为紫禁城北门承智门遗址。勘探中还发现，其下距地表约

① 孔宪易校注：《如梦录·周藩纪第三》，中州古籍出版社，1984 年。

② 开封市文物工作队：《河南开封明周王府遗址的初步勘探与试掘》，《文物》2005 年第 9 期。

7 米处还叠压着宋皇城北门拱宸门遗址[①]。

礼仁门遗址：在今东华门街北端与东明街南端的一东西横道附近，探出了紫禁城东墙上一处城墙缺口，缺口距地表深约 3—4 米，据其位置及深度判断，应为紫禁城的东门礼仁门遗址。因遗址两侧为现代建筑所压，范围暂未探清。该门址之下还叠压着宋皇城东门东华门遗址[②]。

紫禁城遗址西墙因大部分均位于杨湖范围以内，暂未开展考古勘探工作，若据现有的考古资料推测，西墙上的尊义门大致位于今杨湖中的断桥附近。

五、明开封周王府紫禁城内重要遗迹遗物分析

根据潘湖遗址考古发掘的整体概况，结合《如梦录》对明开封周王府的相关记载以及对周王府考古勘探情况的总体把握，我们认为，此次潘湖遗址所发掘出的明代的文化遗存，当属明开封周王府紫禁城内的遗迹和遗物。

发掘过程中揭示出的明代单元遗迹现象有夯土台基 TJ1—TJ2、墙体 Q1、门址 MZ1—MZ2、房址 F1—F10、亭子 TZ1、花坛 HT1—HT3、水池 C1 以及排水设施等，出土遗物有大量的砖、瓦、滴水、勾头、吻、兽等建筑构件和数百件的铁锅、瓷碗、瓷盘、瓷碟、酒盅、花盆、铜镜、铜钱、钥匙、骰子、玉佩、香炉、桌椅、床等。以上遗迹和遗物与日常生活起居息息相关，遗迹和遗物间的密切联系也显而易见，该区域无疑是明周王府紫禁城内的一处充满生活气息的院落遗址。

在潘湖遗址中发现的各类遗迹中，以 TJ1 的规模最大、分布范围最广。TJ1 东距探明的紫禁城遗址东墙约 250 米，北距潘湖北岸约 130 米，南距紫禁城南墙约 20 米，周长约 342 米、宽约 8.4 米、高约 0.9 米，两侧包砖，内为夯土。

根据潘湖遗址 TJ1 的发掘清理情况以及物理勘测的 TJ1 分布范围来看，今龙亭公园主干道恰巧是 TJ1 的中轴线位置。从已经揭露出的 TJ1 的路面铺设情况来看，除在其中轴线位置系采用大型石块铺设路面之外（如在今龙亭公园主干道位置的 MZ3 下发现有用大型石块铺设的路面），其他区域均采用立砖铺地。参照同样建于明代的今北京紫禁城的路面铺设情况，亦是仅在中轴线路面上铺砌大型石块，中轴线两侧及其他前朝后寝诸区域几乎全为立砖铺地，说明该遗址的建筑布局系采用中国古代建筑“中轴线对称”的传统布局方法。再比较已经揭露出的位于 TJ1 东墙东、西两侧的建筑规模可以明显看出，以 TJ1 东墙为分界线，位于其西侧 TJ1 范围之内的建筑基址 F10、MZ1、MZ2 等的规模明显大于东侧的 F1—F9、HT1—HT3，由此判定 TJ1 所包围的区域应为明周王府紫禁城的中心建筑区域，该区域以今龙亭公园主干道一线为轴心呈东、西对称分布。今龙亭公园主干道南北一线不仅是 TJ1 的中轴线、也是整个紫禁城中轴线。

结合中国古代院落传统布局的特点推测，TJ1 对称分布在整个紫禁城正中心区域的四周，

① 开封市文物工作队：《河南开封明周王府遗址的初步勘探与试掘》，《文物》2005 年第 9 期。

② 开封市文物工作队：《河南开封明周王府遗址的初步勘探与试掘》，《文物》2005 年第 9 期。

将该区域内 F10、MZ1、MZ2 等大型建筑包围其中，应是位于中心建筑四周、将中心区域建筑形成一封闭院落的廊庑基址。这处廊庑台基不见于史籍，但从所发现的房基的方向皆与之垂直或重合来看，它应起隔离墙的作用，将整个紫禁城内的建筑分为内外两部分。具体到已经考古发掘揭露的部分，TJ1 东墙西侧区域为整个紫禁城的中心庭院，TJ1 东墙以东，以 Q1 为界，以东区域为紫禁城的东部院落，主要由 F1—F9、HT1—HT3、TZ1、C1 等遗迹组成，而 TJ1 和 Q1 之间的区域，则自然形成了一个南北狭长的夹道，夹道的西、东两侧，内外有别，有明显的主次之分，也是紫禁城内中心庭院和东部院落间的过渡地带。

MZ1 位于 TJ1 东墙南部，东、西横跨廊庑基址，南北面阔 5 间，东西进深 2 间，且南北中心 3 间的东、西两侧均有台阶接应，应是位于中心庭院东南部的一个从中心庭院通往东部院落的门径。MZ2 位于紫禁城中心庭院的东南部，应是位于该处前、后院之间的一个过门。F10 虽然破坏严重，但从其残存部分仍可看出原规模极大，且位居紫禁城中心庭院的中部偏北，推测应为中心庭院中的核心建筑。位于东部院落的诸类建筑虽然规模明显较小，但出土遗物较丰富，包括大量的桌、椅、床、窗等漆木器，以及大理石桌面和椅背等起居用品，另有大量的瓷碗、碟、盘、酒盅以及铁锅、陶罐、盆景等日常生活遗物，所反映出的生活气息明显较中心庭院浓郁。

TJ2 位于东部院落已揭露诸遗迹的北部，西与房基 F1 相接、南与水池 C1 为邻，因破坏严重，仅存其南部局部，北部范围、边界不清，用途暂不明朗。从其位于东部院落的北部，与之相对有一较大规模的水池等迹象分析，疑为东部院落中的一处较大型建筑的台基遗址。

当年发掘时因为受湖水倒灌的影响以及探方壁易坍塌等条件的限制，紫禁城遗址未能系统性整体揭露，从已发掘部分来看，所揭示出明代遗迹尤其是中心庭院内的遗迹单体规模均较大且规格较高，而且多处房基或门址系建在高大的台基之上，台基高约 0.2 米—1.6 米不等，面阔亦从三间至五间不等。以 MZ1 为例，从清理出的柱洞来看，门址为东西向，南北面阔五间，共宽 22.7 米，其中明间面阔 5.1 米，次间面阔 4.7 米，稍间面阔 4.1 米；东西进深两间，共 9.2 米，每间 4.6 米。门址之下的夯土台基平面呈长方形，南北长 24、东西宽 10.8 米，高出当时的地面约 1.3 米。门址台基的南北两端与廊庑 TJ1 台基相连，门址台基比廊庑台基高 0.4 米，两侧各宽出 1.2 米。

根据《如梦录》等文献的记载，周王府紫禁城的布局主要分中路、东路和西路，其中中路建筑为前朝后寝，前朝有银安殿、存信殿等[①]，银安殿前有承运门，后寝为养老宫，养老宫后还有煤山；东路为世子府和周王斋戒的寝殿等；西路为世孙府和小花园等；王城外萧墙内居住有老幼宫眷，东边有寿春园，东南有家庙，西南有天地坛，西北有白衣庵、菜地、盐池和龙袍作等，北边有停辇庄。结合潘湖遗址的总体考古发掘以及潘湖周边周王府遗址的勘探情况，若将已经发现的明代诸遗迹与《如梦录》等所记载的王府布局比照分析，推测 TJ1 为中路前朝周围的廊庑台基；F10 为存信殿；门址 MZ1 与勘探中界定的紫禁城东华门的位置大致相对，应是从东华门进入紫禁城中心的一个门径；MZ2 为承运门；F1—F9、HT1—HT3、TZ1、C1 等则为

---

① 《如梦录》记载，银安殿后被朝廷责令拆除。而明代规定王府内的三殿统称为承运殿、圜殿、存信殿，没有银安殿，周王府因建于宋、金故宫之上，府内殿宇也与其他王府不同。

东路世子府内的房屋及其附属配套建筑。

通过对潘湖遗址出土遗物的初步整理观察，许多器物无论从质地、纹饰、造型、款识等方面，均颇具皇家之气、王者风范，不仅与明周王府所处的时代完全一致，和当年使用者——周王府主人的身份也是完全相符的。

首先，从部分出土器物的款识、铭文等来看。潘湖遗址出土瓷器以青花瓷为主，也有少量的酱釉、白釉瓷器。青花瓷器常见纹饰主要有花卉纹、青花弦纹、龙纹、变形龙纹、山水人物纹、鱼藻纹等，另有少量的"福、禄"纹和"万寿"纹；常见器型主要有碗、碟、盘、瓶、杯等。以上纹饰都显具明代瓷器的时代特征。不仅如此，部分器物的款识和铭文更是直接标注了其生产铸造年代。例如，多件龙纹、花卉纹、人物诗文、暗八仙纹青花碗以及部分松鹿纹、花卉纹青花碟的底部，均在两周青花弦纹内有"大明成化年制"六字双行楷书款；一件外腹饰四组"卍寿"纹青花碗的底部，在两周青花弦纹内有"大明成化年造"六字双行楷书款；一件龙纹青花碗的底部有"大明嘉靖"四字双行楷书青花款；一件鱼藻纹青花碗的底部有"大明嘉靖年制"六字双行楷书款；一件人物诗文青花碗的底部有"大明崇祯年制"六字双行楷书款；一件花鸟纹青花碟的底部有"隆庆年制"（1567—1572 年，明穆宗朱载垕的年号）四字双行青花款等。另外，在整个潘湖遗址的发掘中，共出土钱币 18 枚，尽管均锈蚀严重，年款字迹模糊难辨，但仍能判定年号的有 15 枚，亦均为明代历任皇帝铸造，分别为万历通宝 4 枚（直径约 2.6 厘米）、天启通宝 2 枚（直径分别为 2.5、2.6 厘米）、至元通宝 1 枚（直径约 2.5 厘米）、崇祯通宝 8 枚（直径约 2.3 厘米），其他三枚钱文不清。

其次，从部分出土器物的质地和纹饰来看。在潘湖遗址出土的诸类遗物中，以青花瓷器居多，青花瓷器多见龙纹碗、变形龙纹碗、龙纹碟、变形龙纹碟等器型。除青花瓷器外，潘湖遗址还出土有大量的建筑构件，种类主要有砖、勾头、滴水、板瓦、筒瓦、条砖、群色条、吻、垂脊兽和吻座等，若按质地划分，可分为琉璃和灰陶两类，且以琉璃质者居多；纹饰除素面者外，多见龙纹和菊花纹，如大量的龙纹和菊花纹瓦当和滴水等。

明代，对建筑材料及图案纹样等的使用有着严格的等级制度。在我国漫长的封建社会中，形成了严格的封建等级制度，规范、约束着人们日常生活、行为举止的方方面面，建筑中的等级制度是封建礼制在建筑上的反映。按明制，琉璃仅限于皇家的宫殿、园林、陵墓、坛庙，亲王的府第，以及民间的寺庙道观使用，而普通官僚、百姓建筑则严禁使用。若有违例，《大明律》中有明确的惩罚措施，"凡官民房舍车服器物之类，各有等第，若违式僭用，有官者杖一百，罢职不叙，无官者笞五十，罪坐家长、工匠并笞五十"[①]。不仅如此，在明代建筑材料的使用上，不同色彩的琉璃也代表着不同的等级。根据调查统计的大量明代建筑中琉璃的使用情况来看，其色彩以黄、红等级最高，青（绿）色次之，黑色最低。《周礼·考工记》中有："五色，东方谓之青，南方谓之赤，西方谓之白，北方谓之黑，天谓之玄，地谓之黄。"黄居于中央，象征着权力，自西汉中叶始，历代帝王开始重土德，尚黄，黄色只能为天子专用，这一制度一直延续到明清。青色象征着东方、日出、大地和春天，五行属木，在木、火、土、金、水

① （明）刘惟谦等：《大明律 30 卷》，齐鲁书社，1996 年。

五材中，木气是生命的有机体。除了黄色琉璃以外，青（绿）色琉璃的广泛使用，大概也源于此[①]。明清故宫，明孝陵，十三陵等使用的都是黄色琉璃，明代的亲王府第则可以用青（绿）色琉璃瓦。《明史》舆服四“亲王府制”条中有“（洪武）九年定亲王宫殿、门庑及城门楼，皆复以青琉璃瓦，又命中书省臣，惟亲王宫得饰朱红大青绿，其他居室止饰丹碧……弘治八年定王府之制，颇有所增损”[②]。此次在潘湖遗址中出土的琉璃勾头、板瓦、筒瓦、瓦当、滴水等均为绿釉，与明朝相关的色彩等级制度是完全一致的。

明代，对图案纹样等的使用也同样有所限制。“明初，禁官民房屋，不许雕刻古帝后，圣贤人物及日月，龙凤、狻猊、麒麟、犀象之形”[③]。在诸多的图案纹样中，对龙纹的管理使用最为严格，如洪武八年（1375 年），德庆侯廖永忠僭用龙凤花纹，就曾被处极刑（见《明史·廖永忠传》）。华夏民族自古就被称作“炎黄子孙、龙的传人”，说明从“龙”的概念产生伊始就与炎帝、黄帝有直接的联系。秦汉以后，龙逐渐演变成为我国古代帝王的象征，遂亦成为了古代帝王的专属品，比如皇帝即位称为“龙飞”，皇帝的身体叫“龙体”，皇帝的脸面叫“龙颜”，皇帝穿的衣服叫“龙袍”、坐的椅子叫“龙椅”、睡的床叫“龙床”等，就连皇帝的子孙也叫“龙子龙孙”。在周王府居住的历代周王，都是名正言顺的“龙子龙孙”，因此在潘湖遗址的发掘中，有大量“龙”的纹饰出现也就不足为奇了。

另外，在潘湖遗址 T27 的发掘中，还出土了一批有特殊款识的“周府上用”青花瓷盘，共 12 件，堪称弥足珍贵。这批青花瓷盘形制相似，器形大小、青花呈色和纹饰略有不同，均为撇沿，弧腹，圈足。按照底部款识和纹饰的不同，大致可分为两种类型，一种是底部圈足内沿饰两周青花弦纹，弦纹内饰莲瓣纹，莲瓣中心有“周府上用”字样，瓷盘外壁饰花卉纹；另一类是底部圈足内饰两周花卉纹，花卉纹中间有“周府上用”字样，瓷盘外壁仍饰花卉纹。这批瓷盘均残，出土时款识有的残存为“周府上□（用）”尚存“周府上”三字；有的为“周府□（上）□（用）”仅存“周府”二字；有的为“□（周）□（府）上□（用）”仅存“上”一字；有的为“□（周）□（府）□（上）用”仅存“用”一字，有的为“□（周）□（府）□（上）□（用）”仅存“周”“上”二字的上部；有的为“□（周）□（府）□（上）□（用）”仅存“府”字右上角；有的为“□（周）府□（上）□（用）”仅存“府”字右半部等。该批器物系在同一探方内集中出土，经过整理时细致对比分析，原款识均应为“周府上用”无疑。这批青花瓷盘的出土，不仅直接指明了其使用者为周王府的“龙子龙孙”，同时也说明这是一批专为周王府烧造的特供瓷器。此外，在紫禁城东路院落的发掘中，还随处可见大量精美的朱漆木器，特别是在房址 F2 内还发现有设计专业规范、砌筑考究的大型地下取暖设施等等，这些显然都是普通人家所望尘莫及的，彰显了生活在紫禁城内历代皇亲贵戚们的尊贵地位。

总之，根据相关历史文献对潘湖区域历史沿革的记载，结合本次考古发掘所揭露诸遗迹的

① 汪永平：《明代建筑琉璃的等级制度》，《古建园林技术》1989 年 8 月。
② （清）张廷玉：《明史·卷六八·舆服四·亲王府制》，中华书局，1974 年。
③ （清）张廷玉：《明史·卷六八·舆服四·百官第宅》，中华书局，1974 年。

性质和特征，以及遗迹的规模和遗迹所彰显出主人的尊贵地位，进而得出潘湖遗址明代遗存即为明周王府遗址的结论，是毋庸置疑的。

潘湖遗址的发掘为研究明代藩王府制提供了大量、重要的实物资料，但同时由于受发掘面积和条件的限制，此次发掘揭露的仅是周王府紫禁城遗址的局部区域，欲复原周王府的整体面貌还需以后在附近区域开展进一步的考古工作。

六、明周王府的“逾制”及与宋、金皇宫的关系

朱元璋最早在洪武三年（1370年）分封诸王时，对王府的建造规格尚未统一规定，洪武四年，才开始对王城城墙的高阔、大殿及廊房台基的高度以及社坛和宗庙的位置等作出了规定：“王城高二丈九尺五寸，下阔六丈，上阔二丈，女墙高五尺五寸，城河阔十五丈，深三丈。正殿基高六尺九寸五分，月台高五尺九寸五分，正门台高四尺九寸五分，廊房地高二尺五寸，王宫门地高三尺二寸五分，后宫地高三尺二寸五分。正门，前后殿，四门城楼饰以青绿点金……立社稷山川坛于王城内之西南，宗庙于王城内之东南。”[①]洪武七年（1374年），又对诸王府城门和主要大殿的名称作出了规定，“定亲王国中所居，前殿曰承运，中曰圜殿，后曰存心。四城门，南曰端礼，北曰广智，东曰体（疑为礼）仁，西曰遵义”[②]。洪武十一年，经过朝议，又以建好落成的晋府的规模为准，对全国诸王府的占地规模作出规定：“（七月乙酉）工部奏，诸王国宫城纵广未有定制，请以晋府为准。周围三里三百九步五寸，东西一百五十丈二寸五分，南北一百九十七丈二寸五分。制曰：‘可！’”[③]

按之前的考证，开封周王府的营建始于洪武十二年，按理，是应该遵循上述规定的。然而事实却并非如此，开封周王府的建设在很多方面均远远超过了明朝政府所制定的标准。

根据《如梦录》中的记载可知，明周王府共有两道城垣围护，其外围的城墙名曰萧墙，“周围萧墙九里十三步，高二丈许，蜈蚣木镇压，上覆琉璃瓦，下有台基高五尺”，是明朝政府对诸王府的定制中所没有的。其内的紫禁城，亦即王城，也仅有四个城门名称符合政府定制，其高度五丈，已远远超过了所应有的“王城高二丈九尺五寸”的标准。周王府紫禁城的规模，《如梦录》中未有记载，但据明周王府遗址的考古材料可知，紫禁城遗址完全叠压在宋东京皇城遗址之上，周长约2520米，即5里左右，也大大超过了明政府规定的“周围三里三百九步五寸”的标准。

那么，明开封周王府的修建，为何会远超明制规定的各项标准呢？考诸史实，应缘于以下三方面原因：

首先，周王府之所以形成如此规模和布局，正如《如梦录》所记，“周府本宋时建都宫阙旧基，坐北朝南，正对南薰门，即宋之正阳门也。北有大门五间三开，即宋之大宋门也”，系

① 《明实录·太祖·卷六十·洪武四年正月戊子》，“中研院”历史语言研究所校印本，1962年。

② 《明实录·太祖·卷八七·洪武七年正月乙亥》，“中研院”历史语言研究所校印本，1962年。

③ 《明实录·太祖·卷一一九·洪武十一年七月乙酉》，“中研院”历史语言研究所校印本，1962年。

和建在宋、金故宫基址之上有直接关系。

北宋时期的皇城，是在五代时期东京皇城的基础上，经北宋初年扩建改造而成。“今大内，即宣武军节度使治所。朱梁建都，遂以衙署为建昌宫；晋天福初，又为大宁宫，但改名号而已；周世宗虽加营缮，犹未合古制。建隆三年，发开封、浚仪民广皇城。四年五月，太祖命有司画洛阳宫殿，按图修之，自是皇居始壮丽矣”[①]。经本次扩建后，皇城“周围五里”，后至大中祥符五年（1012年）正月，真宗又下诏“以砖垒皇城”[②]，皇城由原来的夯筑土墙改为砖砌。靖康元年（1126年），金兵攻破开封，宋皇城遭破坏。1153年，大金皇帝完颜亮改称汴京为南京开封府，作为陪都，在宋皇城废墟上重新营建宫室，作为宫城，并在宫城之外新筑一道城作为皇城，完成了皇城与宫城的正式分离，从而使其宫室制度更趋于完善和合理[③]。明洪武初年，尽管开封城内原宋、金时期的皇宫早已成为废苑残壁，但其精巧合理的布局还依稀可见，故当时周王府的营建者，就巧妙地把原金汴京皇宫中周围九里十三步的皇城改造为王府的外垣萧墙，把金周围五里的宫城改造为紫禁城，同时把朱元璋敕令修建的砖城作为王府的外围防护设施，如此多重城垣环环相套，共同构成了周王府完善的防御体系[④]。KBD北萧T1发掘中明周王府萧墙、金皇城北墙、宋内城北墙以及KBD皇北T1发掘中明周王府紫禁城北墙、宋皇城北墙两组地层叠压关系的揭示，就是明周王府与宋、金皇宫遗址间直接渊源关系的充分证据。利用宋、金故宫基址修建王府，不仅可以节省大量的人力物力，同时周王还可以借助于原宋、金故宫的王者之气庇佑自己，抬高自己在诸王间的身价和地位。在这种情况下修建的周王府，不仅其规模大大超过了明朝政府的标准，而且府内宫殿修建的华丽程度也远在其他王府之上，“势若两京”“天下藩封数汴中”，正是对明开封周王府的客观反映和真实写照。

在明初朱元璋分封的十几位亲王中，只有燕王府的规模和布局与周王府较为相似，其原因系燕王府也是建在金（都燕京，今北京）、元（都大都，今北京）皇宫故基上所致。《明太祖实录》记载：“（洪武十二年十一月）甲寅，燕府营造讫，工绘图以进。其制：社稷山川二坛在王城之右，王城四门，东曰礼仁，西曰遵义，南曰端礼，北曰广智，门楼廊庑二百七十二间。中曰承运殿，十一间，后为圆殿，次曰存心殿，各九间。……王城之外周垣四门，其南曰灵星，余三门同王城门名，周垣之内堂库等室一百三十八间，凡为宫殿室屋八百一十一间。”[⑤]上文中有“王城之外周垣四门”之说，可知在燕王府王城之外也有一道城垣，其布局颇像周王府的萧墙和紫禁城之制。由此可见，周王府和燕王府的结构布局，应是明代诸多王府中的两个特例，其格局形成的原因，也是大致相同的。

其次，周王府规制超标的原因，与其营建者的特殊地位及其与周王的特殊关系有关。周王府是朱元璋于洪武十二年八月“遣使斋敕谕宋国公冯胜，时胜督工建周王宫殿于开封府”，可

① （清）徐松辑：《宋会要辑稿·方域·十一》，上海古籍出版社，2014年；（元）脱脱等：《宋史》卷八五·地理志·京城》，中华书局，1977年。

② （宋）李焘：《续资治通鉴长编·卷七七·大中祥符五年春正月丁酉》，上海古籍出版社，1986年。

③ 刘春迎：《金汴京皇宫考略》，《文物》2005年第9期。

④ 刘春迎：《明代分封制与黄河水患影响下的开封城》，河南大学学报（社会科学版）2016年第5期。

⑤ 《明实录·太祖·卷一二七·洪武十二年十一月甲寅》，“中研院”历史语言研究所校印本，1962年。

见周王府是由当时被封为宋国公的冯胜督工建造的。冯胜与周王朱橚有特殊的关系，是周王的岳父。而且冯胜也是明朝政权中军功卓著的大臣，“时诏列勋臣望重者八人，胜居第三”①。在营建周王府的时候，冯胜掌握着河南等处的军政大权，对于贵婿、爱女的“安乐窝”自然也会多费一些心机。特别是在以金汴京故宫九里十三步的皇城作为王府外围城墙这件事上，更是煞费苦心。萧墙，也叫门屏，原意是指古代宫室用以分隔内外的小墙，周王府的外围城墙取名“萧墙”，应是有故意遮掩、避嫌的寓意。在修建萧墙时，因为“越制”过多，担心引起明政府的注意，还用心良苦，制定了精密的对策，如尽量降低它的高度“仅二丈许”，同时在墙体之上沿不用花垛口，而是用“蜈蚣木镇压，上覆琉璃瓦，下有台基高五尺，上安栏杆”②，这样做的目的也是进一步淡化其视觉效果，借以掩人耳目。

最后，开封周王府规制上的逾越，的确也与周王朱橚政治上的不安分有关。早年，朱橚就曾因觊觎皇位，险些被朱元璋流放云南。后在建文元年（1399 年），朱橚又“与燕、齐、湘、代、岷五府通谋”，直接参与了皇位争夺，最后以失败告终。明惠帝即位之后，周王朱橚仍“时有异谋”，令惠帝“颇疑惮之”，并最终将其流放到了云南蒙化。甚至直至明成祖永乐皇帝即位之后，朱橚仍有“谋不轨”的举动，还因此被永乐皇帝诏至北京问罪，后又被放回开封③。

正是因为周王朱橚政治上的不安分以及王府的逾制过多，王气太重，后来才发生了明惠帝（史又称建文帝）在开封“铲王气”这一著名的历史故事。《如梦录》记载“(紫禁城内）存信殿前，旧有银安殿。因周藩王气太盛，敕贬诸蒙化，即复取回，将银安殿拆毁，并将唱更楼，及尊义门楼拆去……”。关于周王被“敕贬诸蒙化”的原因及经过，孔宪易先生在对《如梦录》进行校注时引《皇明通纪》注之云：“建文即位，以明年洪武三十二年为元年。废周王橚为庶人；先是周王与燕、齐、湘、代、岷五府通谋，至是，乃命曹国公李景隆调兵猝至河南，围之，执周王及世子，阖宫眷属，送到京师，削为庶人，迁之云南，永乐即位，是日复周王橚爵土。”

《如梦录》所记拆除周王府内“银安殿”，“唱更楼”，“尊义门”之事，史称“铲王气”。银安殿为周王朱橚所建，原是紫禁城内最主要的大殿。朱橚在明建文元年（1399 年）因参与皇位争夺失败被废为庶人发配云南蒙化之后，建文帝仍认为朱橚在开封所建的宫室王气太重，遂在开封大铲王气。宫外铲除城西南角的繁塔，“塔七级去其四，止遗三级”。宫内拆毁银安殿，并将宫内唱更楼与紫禁城西门之尊义门楼亦一同拆去。又禁开东华门，把门下的四角石用钉钉死，并取郑州之土，用火炼熟，在东华门前推土作台，使其寸草不生。“铲王气”是我国封建社会的一种特殊现象，历代屡有此事。此次在开封针对周王的铲王气，按《如梦录》所记，其所为大有讲究：“毁银安殿所以去龙心，拆唱更楼所以去龙眼，定四角石所以制龙爪，推土作台所以尅水，使龙不能飞腾。东华门不许开，谓之文官闭口；拆尊义门楼，谓之武将去头。”后来燕王朱棣发动“靖难之役”，攻占南京，登上皇帝宝座，是为明成祖，改元永乐，立即下

① （清）张廷玉：《明史・卷一二九・冯胜传》，中华书局，1974 年。

② 孔宪易校注：《如梦录・周藩纪第三》，中州古籍出版社，1984 年。

③ （清）张廷玉：《明史・卷一一六・朱橚传》，中华书局，1974 年。

令恢复周王爵位。但此时的周王朱橚毕竟已受到很大打击，复位后亦不再建银安殿，以后历代周王亦不复建，只保留原殿位置。

综上所述，周王朱橚越轨之举及其府邸的“王气之重”，不仅在《如梦录》等史籍中有明确记载，而且亦为近年来的考古发现所证实。根据周王府紫禁城的勘探结果，其周长五里左右，事实上已经大大超过了当时工部所制定的“周围三里三百九步五寸”的标准，若再加上紫禁城四周方圆九里十三步的萧墙，超得就更多了。这种僭越行为，本是我国封建社会的大忌，然而在特定历史环境下的明代开封周王府，却又破例地发生了。这种僭越现象其实也是古城开封历史底蕴深厚、当年周王势力强大的客观反映。有些史书中关于周王府“周围三里九步五寸”的记载，与事实及考古发掘结果均不相符，推测可能是当时周王为应付明廷对诸王府规模的统一规定，经修改粉饰后对外宣传的数据[①]。如此看来，《如梦录》中有详细记载、在古城开封民间流传已久的“铲王气”的故事，不仅历史上确有其事，而且亦确属事出有因。

第三节　对于清代文化遗存的认识

崇祯十五年（1642 年）李自成攻打开封，黄河水倒灌开封城，历经二百六十余年的周王府连同整个开封城一起，被洪水挟带而来的巨量泥沙掩埋。清初，开封城荒无人烟，顺治十六年（1659 年）开始在周王府旧址上设贡院，有房舍五千多间。康熙三十一年（1692 年）又在贡院内、原周王府煤山之上修建了一座万寿亭，改煤山为龙亭山。后因附近居民常在贡院周围挖掘周王府遗物器皿，以致贡院内坑洼不平，常年积水，十分潮湿，贡院不得不迁至新址（今河南大学明伦校区内）。雍正十二年（1734 年）改万寿亭为万寿宫，后更名为万寿观，成为道教场所[②]。清中后期，万寿观前逐渐形成了湖泊——即今天的潘湖和杨湖。民国冯玉祥主豫期间遣散道人，改名为龙亭公园，即今龙亭公园前身，原万寿宫历经多次修缮遂成为今日的龙亭大殿。

清代中后期潘湖、杨湖的形成，使许多清早期的文化遗存遭到破坏。此次发掘的大多数探方均开口于潘湖湖底，故几乎不见清代文化遗迹，仅在潘、杨湖之间的道路上（T46 内）清理出一座门址 MZ3，从门址的规模和结构来看，应有一定的级别，推测应是清代贡院或万寿观的建筑遗迹。

① 李合群：《明代开封城布局初探》，《河南文物考古论集·2》，中州古籍出版社，2000 年。

② 开封博物馆：《古都开封》，中州书画社出版，1982 年，第 44 页。

后　　记

上了年纪的开封人大多都记得，1981年春季，开封市园林部门在龙亭大殿前潘湖清淤、堆筑湖心岛过程中，伴随着推土机的轰鸣声，被掩埋了数百年的明周王府紫禁城部分遗迹在湖底初露端倪。随后，文物工作者在潘湖一带展开了开封当时最大规模的考古发掘工作，由此拉开了开封城市考古的帷幕。

时光荏苒，距当年开封家喻户晓、妇孺皆知的潘湖考古已经40多个年头了，令人遗憾的是，期间由于机构改革、人事变动及文物库房迁移等原因，潘湖遗址发掘出土的珍贵文物仅在太阳光下露了一下脸，就又一直沉睡库房。时至今日，当年举城关注、轰动一时的潘湖考古在开封人的记忆中已逐渐淡去，参与这项工作的考古人员也大多年近古稀，若再不及时编写、公布考古报告，这批重要的考古资料也许将永久尘封，开封城考古、明代藩王制度等相关方面的研究也将会留下永久的缺憾。

虽无缘参加潘湖遗址的发掘，但本人长期工作在开封文物考古第一线，心中一直牵挂潘湖遗址考古资料的整理，早在任职开封市文物考古研究所所长时，就曾经启动过该项工作，后因北宋东京城顺天门遗址的发掘而中途搁置。2013年，本人调到河南大学工作后，在原单位开封市文物考古研究所的鼎力支持下，“河南开封潘湖遗址考古发掘报告”获批2015年度国家社会科学基金重点项目，为潘湖遗址考古资料的整理赢得了良机。

通过课题组全体成员的齐心协力、精诚合作，项目于2018年7月顺利结项。之后，河南省文物局、河南大学历史文化学院又为本课题资助了专项出版经费，如今，《开封潘湖遗址考古发掘报告》终于可以正式出版了。在报告即将付梓之际，作为课题组负责人，既深感欣慰，又满怀忐忑。欣慰的是，尘封多年的潘湖遗址考古资料终于可以重见天日、了却开封考古人多年的夙愿了；忐忑的是，由于潘湖考古已属陈年往事、报告编写年代跨度过长、原始考古资料缺陷较多，加之课题组成员水平有限等原因，致使报告中难免有诸多不足和不正之处，在此恳请方家不吝赐教、批评斧正。

刘春迎

2021年6月

开封潘湖遗址考古发掘项目工作分工

发掘领队：李京华

发　　掘：王一沙、李克修、董祥、丘刚、孙新民、李健等

器物修复：翟渊民、魏成龙

绘　　图：董祥、曹金萍、葛超、寇小石

摄　　影：张继忠、祝贺、胡永庆、魏成龙

资料整理：刘春迎、王三营、葛奇峰、曹金萍

执　　笔：刘春迎、曹金萍

被淤没于地下的玉皇阁下层部分

彩版二

1. 今开封潘湖及湖心岛

2. 龙亭公园门前广场内的宋代石狮

潘湖湖心岛和龙亭公园门前石狮

1. 本课题组工作人员和李克修老师（左一）、董祥老师（左二）会审图纸

2. 课题负责人刘春迎（左一）和李克修老师（左二）、董祥老师（左三）

3. 李克修老师（左一）、董祥老师（左二）回忆当年发掘情景

课题组成员和顾问一起工作场景

1. ⑥层出土碎陶、瓷片

2. ⑧层出土碎陶、瓷片

3. ⑨层出土碎陶、瓷片

I潘T8出土器物残片

1. 标本T1k：20

2. 标本T1k：24A

3. 标本T1k：24B

4. 标本T1k：24C

5. 标本T1k：24

6. 标本T1k：25

7. 标本T2F2：23

8. 标本T2F2：38

龙纹琉璃勾头之一

1. 标本T21：1

2. 标本T5：24

龙纹琉璃勾头之二

1. 标本T1k：21A

2. 标本T1k：21B

3.标本T1k：21C

4. 标本T1k：21D

5. 标本T1k：21E

菊纹琉璃勾头

彩版八

1. 标本T4：16

2. 标本T5：23

3. 标本T2：？（出土地层号、编号不详）

龙纹灰陶勾头

1. 标本T1②：22A

2. 标本T1②：22B

3. 标本T1②：22C

4. 标本T1②：23

5. 标本T1F1：23

6. 标本T1②：35

菊纹灰陶勾头之一

1. 标本T1：23

2. 标本T2：36

3. 标本T2F2：37

4. 标本T4：15

5. 标本T4：17

6. 标本T4：18

菊纹灰陶勾头之二

1. 标本T1②：15A

2. 标本T1②：15B

3. 标本T1②：15C

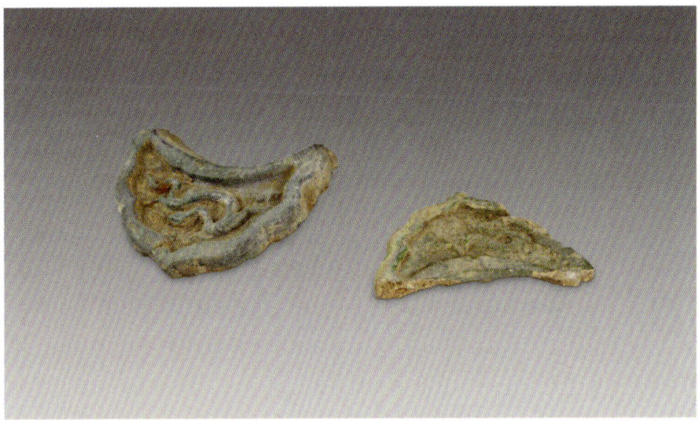

4. 标本T1②：15D

5. 标本T1：17A

6. 标本T1：17B

7. 标本T2：25

8. 标本T1：18

龙纹琉璃滴水

1. 标本T1②：32

2. 标本T2：27

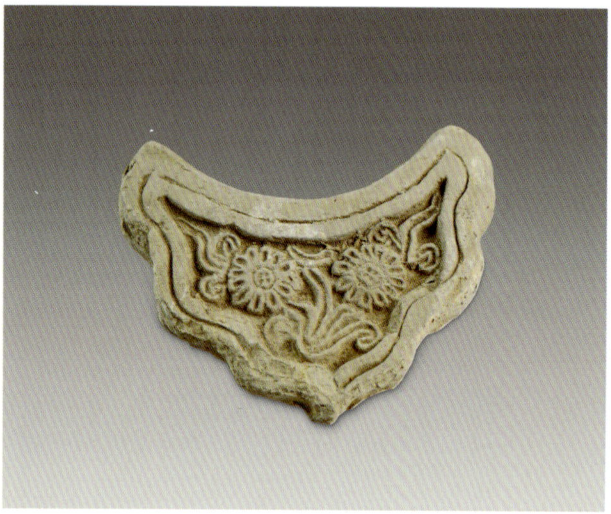
3. 标本T2：35

4. 标本T2：39

5. 标本T2：40

6. 标本T2：41

菊纹灰陶滴水之一

1. 标本T2：42

2. 标本T2：43

3. 标本T2：44

4. 标本T4F4：12

5. 标本T4：13

6. 标本T4：14

菊纹灰陶滴水之二

彩版一四

1. 板瓦组图

2. 标本T1②：14

3. 标本T1：6

4.标本T1：7

板瓦

1. 筒瓦组图

2. 标本T1②：19

3. 标本T5：17

筒瓦

1. 标本T1②：26（左侧）

2. 标本T1②：26（前）

3. 标本T1②：26（后）

4. 标本T3：1（右侧）

5. 标本T3：1（左侧）

6. 标本T3：1（前）

7. 标本T3：1（后）

8. 标本T3：2（左侧）

走兽之一

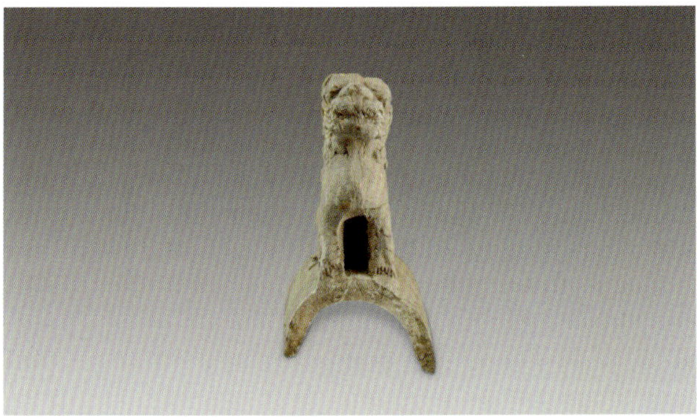

1. 标本T3：2（前）

2. 标本T3：2（后）

3. 标本T3：3（左侧）

4. 标本T3：3（前）

5. 标本T3：3（后）

6. 标本T1：31

7. 标本T2：34

8. 标本T42：4

走兽之二

1. 标本T1②：28

2. 标本T1②：36

3. 标本T1②：37

平口条

1. 组图

2. 标本T1②：29

3. 标本T1：38

4. 标本T1②：39

绿釉卷草纹条砖

1. 标本T2：20

2. 标本T2②：21

博脊瓦

1. 标本T1②：27（左侧）

2. 标本T1②：27（前）

3. 标本T1②：27（后）

脊兽

1. 吻座标本T2：33

2. 兽尾（出土探方、编号不详）

吻座与兽尾

1. 标本T2：45（侧一）

2. 标本T2：45（侧二）

当勾

1. 标本T2：10（侧）

2. 标本T2：10（内）

3. 标本T2：10（侧）

4. 标本T2：11（底）

5. 标本T2：11（侧）

6. 标本T2：11（内）

7. 标本T2：12（底）

8. 标本T2：12（内）

龙纹碗之一

1. 标本T2：13（侧）

2. 标本T2：13（底）

3. 标本T2：13（内）

4. 标本T25：1

5. 标本T25：1

6. 标本T16F8：3

7. 标本T16F8：32

8. 标本T16F8：32

龙纹碗之二

1. 标本T2F2：5（侧）

2. 标本T2F2：5（内）

3. 标本T2：14（侧）

4. 标本T2：14（内）

5. 标本T4：1（侧）

6. 标本T4：1（内）

7. 标本T4：17（侧）

8. 标本T4：17（内）

变形龙纹碗之一

1. 标本T5：3（侧）

2. 标本T5：3（内）

3.标本T5：15（侧）

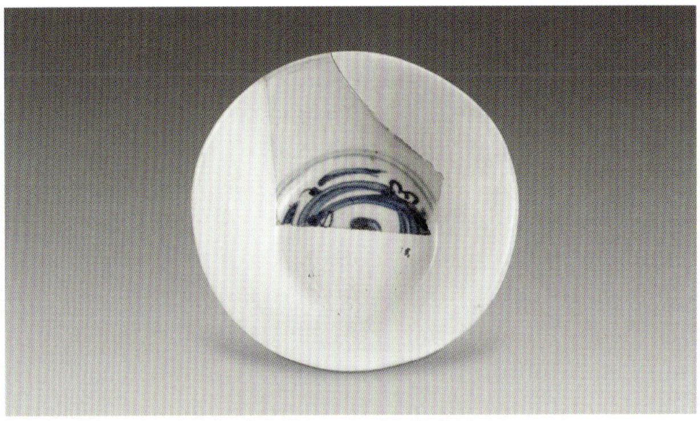

4. 标本T5：15（内）

5. 标本T16：33（侧）

6. 标本T16：33（内）

7. 标本T25：2（内）

8. 标本T25：2（底）

变形龙纹碗之二

彩版二八

1. 标本T5：10

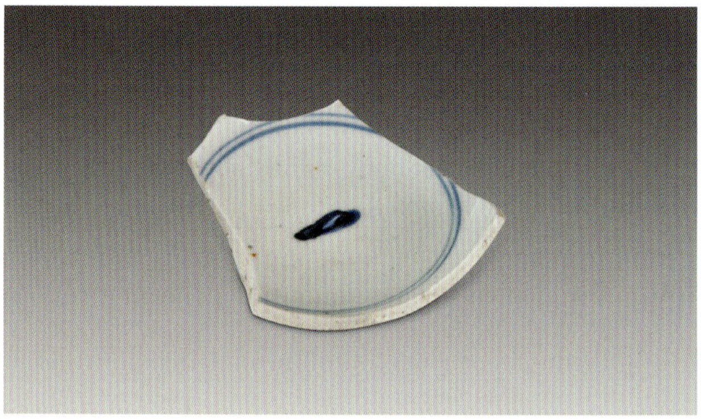

2. 标本T5：11

3. 标本T5：22（侧）

4. 标本T5：22（内）

5. 标本T27：1（侧）

6. 标本T27：1（内）

7. 标本T27：1（底）

花卉纹碗

1. 标本T16：34（内）

2. 标本T16：34（侧）

3. 标本T42：3

山水人物纹碗

彩版三〇

1. 标本T2F2：3（内）

2. 标本T2F2：3（底）

3. 标本T2F2：3（侧）

4. 标本T16F8：28（侧）

5. 标本T16F8：28（底）

6. 标本T16：29

人物诗文碗

1. 标本T5：9（侧）

2. 标本T5：9（内）

3. 标本T16F8：10（侧）

4. 标本T16F8：10（内）

5. 标本T16：27（侧）

6. 标本T16：27（内）

鱼藻纹碗

1. 标本T5：4（侧）

2. 标本T5：4（内）

3. 标本T5：6（侧）

4. 标本T5：6（内）

5. 标本T5：7（侧）

6. 标本T5：7（内）

"福"字碗之一

1. 标本T5：8（内）

2. 标本T5：8（侧）

3. 标本T5：16

“福”字碗之二

彩版三四

1. 标本T24：1（底）

2. 标本T24：1（内）

3. 标本T24：1（侧）

“万寿”纹碗

1. 标本T5：5（内）

2. 标本T5：5（侧）

“状元及第”碗

1. 标本T2F2：2（侧1）

2. 标本T2F2：2（侧2）

3. 标本T2F2：2（侧3）

4. 标本T2F2：2（侧4）

5. 标本T2F2：2（内）

6. 标本T2F2：2（底）

暗八仙纹碗之一

1. 标本T4：2（底）

2. 标本T4：2（内）

3. 标本T4：2（侧1）

4. 标本T4：2（侧2）

5. 标本T4：2（侧3）

6. 标本T4：2（侧4）

暗八仙纹碗之二

彩版三八

1. 标本T2F2：4（底）

2. 标本T2F2：4（内）

弦纹碗

1. 标本T2：1（侧）

2. 标本T2：1（底）

白釉碗

1. 标本T20：1（内）

2. 标本T20：1（侧）

龙纹碟

1. 标本T5：13（侧）

2. 标本T5：13（内）

3. 标本T5：21（内）

4. 标本T5：21（侧）

变形龙纹碟

彩版四二

1. 标本T16F8：1（底）

2. 标本T16F8：1（内）

3. 标本T16F8：1（侧）

4. 标本T16F8：2（侧）

5. 标本T16F8：2（内）

6. 标本T16F8：2（底）

松鹿纹碟之一

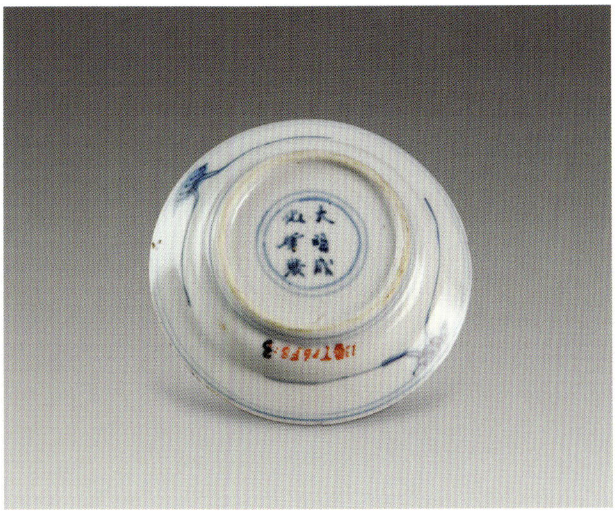

1. 标本T16F8：3（底）

2. 标本T16F8：3（内）

3. 标本T16F8：3（侧）

4.标本T16F8：4（侧）

5. 标本T16F8：4（内）

6. 标本T16F8：4（底）

松鹿纹碟之二

彩版四四

1. 标本T16F8：5（侧）

2. 标本T16F8：5（内）

3. 标本T16F8：5（底）

4. 标本T16F8：6（底）

5. 标本T16F8：6（内）

6. 标本T16F8：6（侧）

松鹿纹碟之三

1. 标本T16F8：7（侧）

2. 标本T16F8：7（内）

3. 标本T16F8：7（底）

4. 标本T16F8：8（底）

5. 标本T16F8：8（内）

6. 标本T16F8：8（侧）

松鹿纹碟之四

彩版四六

1. 标本T16F8：9（内）

2. 标本T16F8：9（底）

3. 标本T16F8：9（侧）

4. 标本T16F8：11（侧）

5. 标本T16F8：11（内）

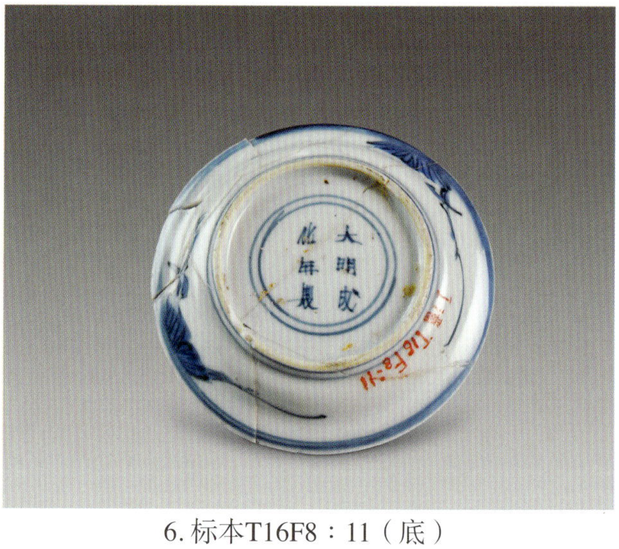

6. 标本T16F8：11（底）

松鹿纹碟之五

1. 标本T16F8：12（侧）

2. 标本T16F8：12（内）

3. 标本T16F8：12（底）

4. 标本T16F8：13（侧）

5. 标本T16F8：13（内）

6. 标本T16F8：13（底）

松鹿纹碟之六

1. 标本T16F8：14（内）

2. 标本T16F8：14（底）

3. 标本T16F8：14（侧）

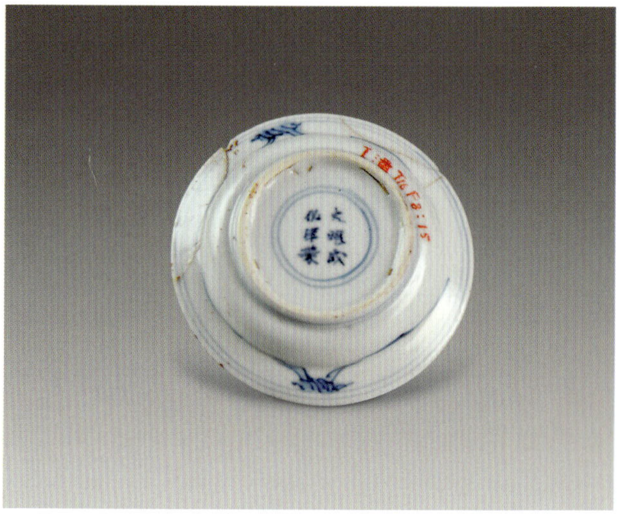

4. 标本T16F8：15（底）

5. 标本T16F8：15（内）

6. 标本T16F8：15（侧）

松鹿纹碟之七

1. 标本T16F8：16（底）

2. 标本T16F8：16（内）

3. 标本T16F8：16（侧）

松鹿纹碟之八

1. 标本T2F2：6（内）

2. 标本T2F2：6（侧）

3. 标本T2F2：7（侧）

4. 标本T2F2：7（内）

5. 标本T2F2：8（侧）

6 标本T2F2：8（内）

7. 标本T4：3（内）

8. 标本T4：3（侧）

花卉纹碟之一

1. 标本T4：4（侧）

2. 标本T4：4（内）

3. 标本T4：4（底）

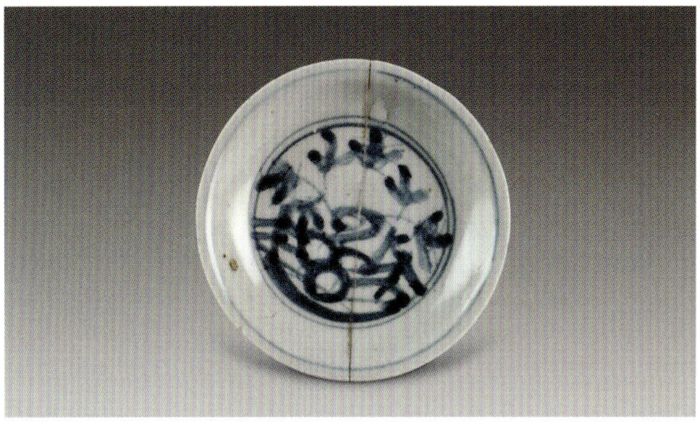
4. 标本T5：1（内）

5. 标本T5：1（侧）

6. 标本T5：2（内）

7. 标本T5：2（侧）

花卉纹碟之二

彩版五二

1. 标本T5：12（侧）

2. 标本T5：12（内）

3. 标本T5：12（底）

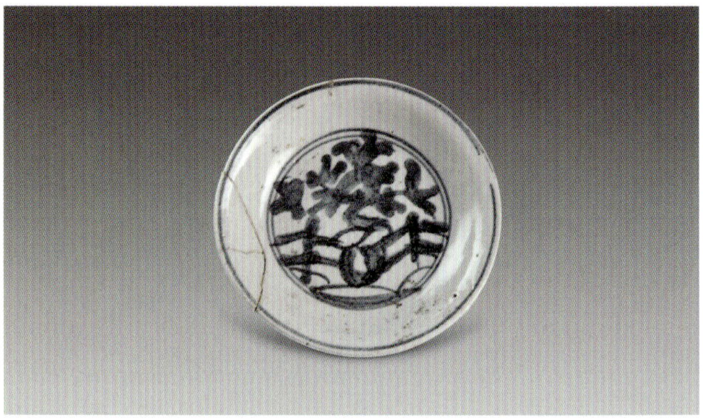

4. 标本T5：18（内）

5. 标本T5：18（底）

6. 标本T5：18（侧）

7. 标本T5：14（侧）

8. 标本T5：14（内）

花卉纹碟之三

1. 标本T5：19（侧）

2. 标本T5：19（内）

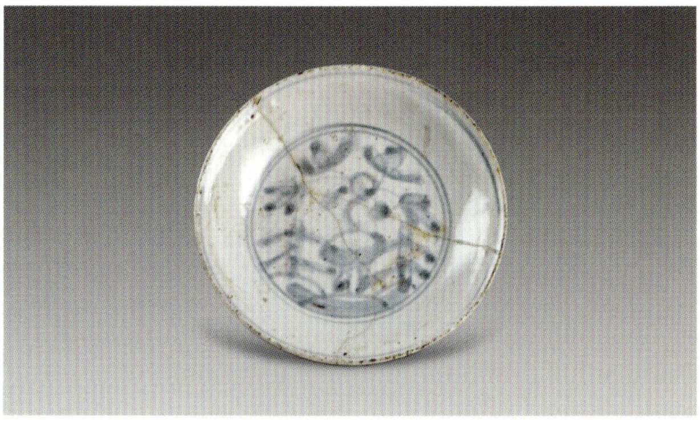

3. 标本T5：20（内）

4. 标本T5：20（底）

5. 标本T16F7：2（侧）

6. 标本T16F7：2（底）

7. 标本T16F7：2（内）

花卉纹碟之四

1. 标本T42：1（侧）

2. 标本T42：1（内）

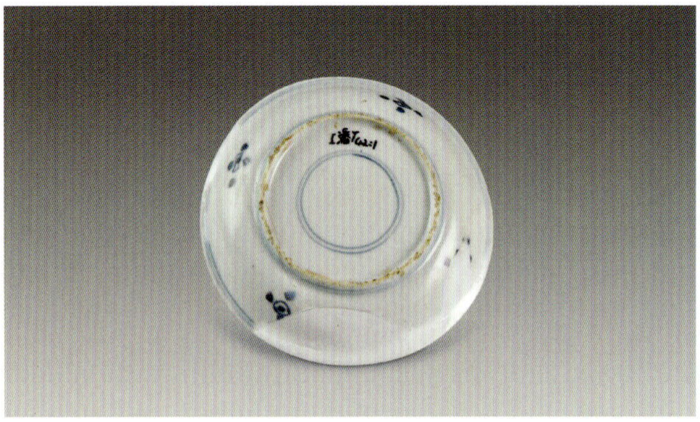

3. 标本T42：1（底）

4. 标本T42：2（内）

5. 标本T42：2（底）

6. 标本T42：2（侧）

7. 标本T43：1

花果纹碟之一

1. 标本T44：1（侧）

2. 标本T44：1（内）

3. 标本T44：2（内）

4. 标本T44：2（底）

5. 标本T44：2（侧）

6. 标本T44：3（底）

7. 标本T44：3（内）

8. 标本T44：3（侧）

花果纹碟之二

彩版五六

1. 标本T4：5（内）

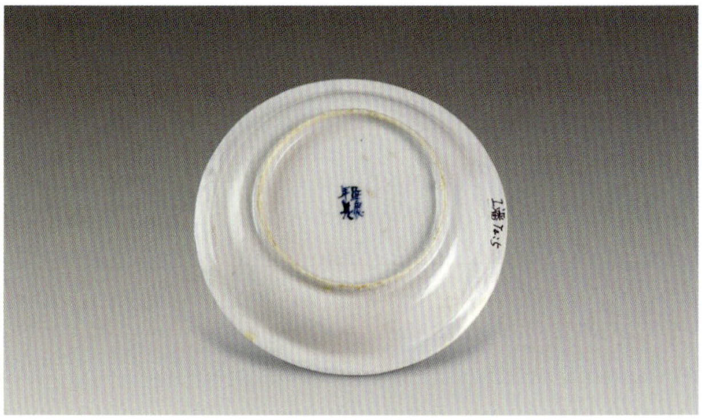

2. 标本T4：5（底）

3. 标本T4：5（侧）

4. 标本T2F2：9（内）

5. 标本T2F2：9（侧）

6. 标本T4：6（内）

7.标本T4：6（底）

花鸟纹碟 山水纹碟 花卉纹盘

1. 标本T27：2（内）

2. 标本T27：2（侧）

3. 标本T27：3（侧）

4. 标本T27：3（内）

5. 标本T27：4（内）

6. 标本T27：4（侧）

7. 标本T27：5（外）

8. 标本T27：5（内）

“周府上用”盘之一

1. 标本T27：6（外）

2. 标本T27：6（内）

3. 标本T27：7（内）

4. 标本T27：7（外）

5. 标本T27：8（内）

6. 标本T27：8（外）

“周府上用”盘之二

1. 瓶残片（标本T1：1）

2. 高足杯（标本T16F8：17）

3. 高足杯（标本T16F8：17）

4. 高足杯（标本T16F8：17）

瓶与高足杯

1. 标本T4：7

2. 标本T4：8

3. 标本T4：9

4. 标本T4：10

酒盅

1. 标本T4：11

2. 标本T16：18（左）；标本T16：19（右）

其他类瓷器之一

彩版六二

1. 标本T28②：1（外）

2. 标本T28②：1（内）

3. 标本T28②：1（底）

其他类瓷器之二

1. 标本T54：1

2. 标本T32：1

3. 标本T3：8

其他类瓷器之三

1. 标本T1③：11

2. 标本T1③：12

3. 标本T6：1

4. 标本T1：4

罐、花盆、砚

1. 炉 标本T2：46（侧1）

2. 炉 标本T2：46（底）

3. 炉 标本T2：46（侧2）

4. 铜镜 标本T2：15

5. 铜镜 标本T16F8：20

6. 壶 标本T4：20

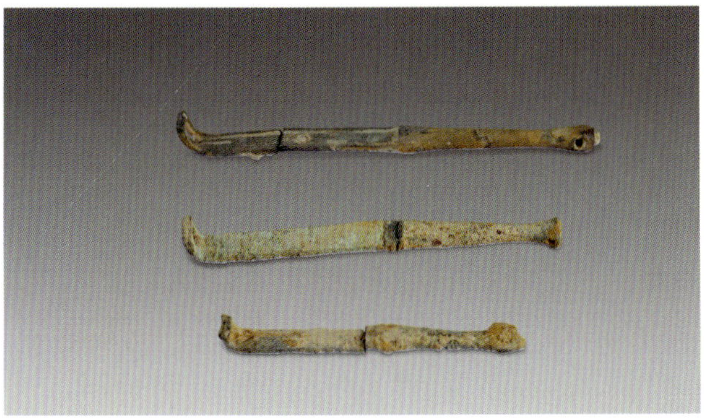

7. 钥匙

8. 钱币组图

铜器

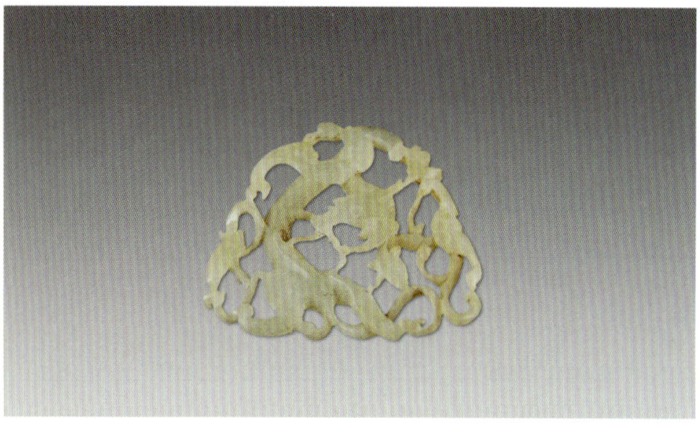

1. 玉佩 标本T2：16

2. 翠环 标本T2：17

3. 香座 标本T16F8：25

5. 印泥盒 标本 T2：18

6. 残印章 标本T4：19

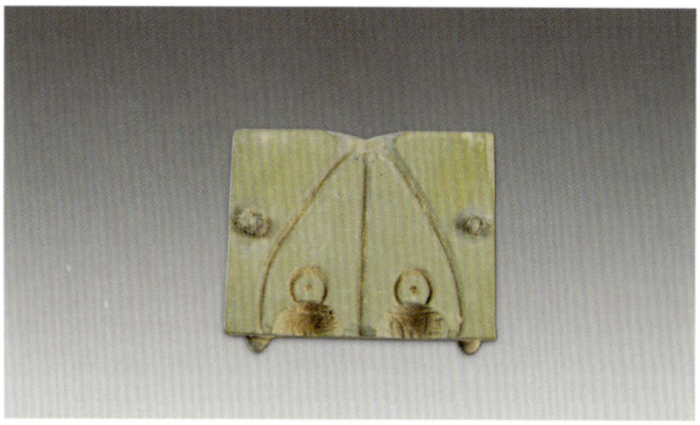

7. 铸范 标本T3：7

8. 石球 标本T27：9

玉石器

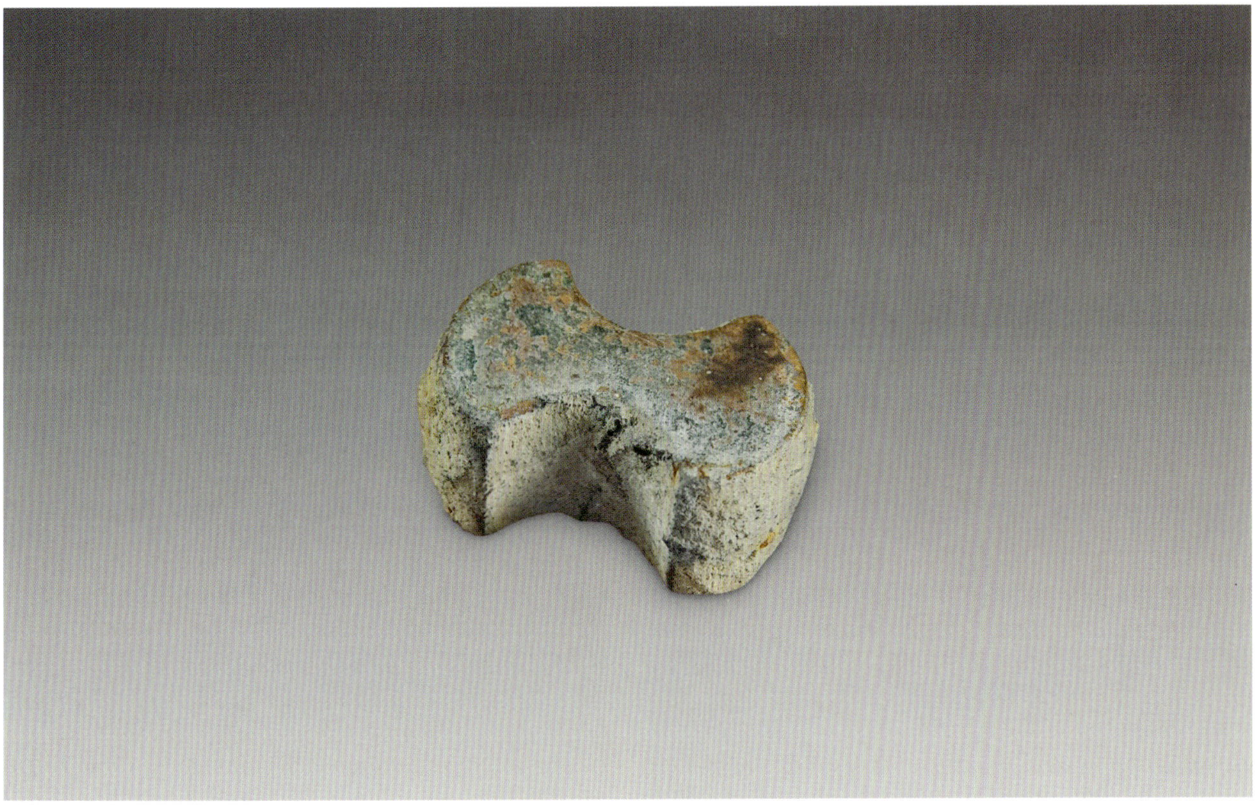

1. 权 标本T16F8：23

2. 饰件

银器

1. 木棒

2. 牛肋骨

3. 景观石

4. 铁器

5. 锡器

其他

1. 潘湖遗址第一次发掘探方全景

2. 潘湖遗址第一次发掘工作现场

潘湖遗址第一次发掘现场

图版四

1. I潘T8工作棚

2. 潘湖遗址被湖水淹没场景之一

3. 潘湖遗址被湖水淹没场景之二

潘湖遗址被湖水淹没场景

1. 第一次发掘清理出的大型廊庑台基（局部）

2. 第一次发掘清理出的大型建筑台基

第一次发掘清理出的大型建筑台基

1. 北萧T1发掘现场

2. 北萧T1清理出的城墙夯土夯层

北萧T1

T46清理出的清代门址MZ3

1. 东部

2. 西部

T46清代门址MZ3中的柱础石

1. I潘T46发掘工作照

2. I潘T46发掘工作照

I潘T46发掘场景

图版一〇

1 皇北T1清理出的墙体夯土

2 皇北T1清理出墙体夯土中的夯窝

KBD皇北T1

皇北T1清理出明代砖铺地面

图版一二

1. I潘T8夯土中的夯窝

2. I潘T8灰褐色硬土层

I潘T8中的夯窝和硬土层

1. I潘T12明代立砖铺地

2. 明周王府萧墙北墙（竖）

明代立砖铺地与萧墙北墙

1. 皇北T1清理出墙体夯土中的夯窝

2. 紫禁城北墙外侧包砖

紫禁城北墙夯窝与外侧包砖

1. 金皇城北墙底部铺垫的青砖

2. 宋内城北墙夯土中的夯窝

金皇城北墙底部铺砖与内城北墙夯窝

图版一六

皇北T1北侧宋代铺砖地面残迹

1. T32—T25探方中的铺地砖

2. T25中的柱础石与室内铺地砖面

T25、T32中的铺砖地面

图版一八

1. 探方T16中的铺砖地面

2. 探方T27中的室内铺砖地面

T16、T17中的铺砖地面

1. 探方T20中的铺砖地面

2. 探方T34内的铺砖地面

3. TJ1与Q1夹道内的铺砖地面

T20、T34等处的铺砖地面

1. 探方T45内的台基（远景）

2. 探方T35内的台基和基槽

T45和T35内的TJ1

1. 探方T45内的台基和立面

2. 探方T45内台基西侧基槽和包砖

TJ1立面、基槽和包砖

1. I潘T45内清理出的台基柱础坑

2. 探方T43内发现的分支台基和基槽

TJ1柱础坑和分支台基

1. I潘T43内台基南端及台基面上的拢土坑

2. I潘T43内台基面上的砖渣和小坑

I潘T43内台基上的砖渣和小坑

图版二四

I潘T20内的TJ2

MZ1全景（东—西）

1. I潘T32、T25、T28中的MZ2（东—西）

2. T25中的MZ2(西—东）

MZ2全景

1. MZ2南侧立面(东南—西北)

2. T25中的MZ2柱础石

MZ2南立面与柱础石

图版二八

1. I潘T19中的MZ2南侧台阶

2. I潘T1F1全景 影集T1全景

I潘MZ2南侧台阶和T1F1全景

1. I潘T1F1中清理出的大理石桌面

2. I潘T1F1出土的大理石椅背

I潘T1F1出土的大理石桌面和椅背

1. I潘T1F1出土的木椅

2. I潘T1F1北侧砖墙

I潘T1F1出土的木椅和北侧砖墙

1. I潘T1F1坍塌的屋顶

2. I潘T1F1坍塌屋顶中木梁

3. I潘T1F1坍塌屋顶中的板瓦

I潘T1F1坍塌屋顶

1. I潘T2F2全景（南—北）

2. I潘T2F2全景（东南—西北）

I潘T2F2全景

1. I潘T2F2北墙白灰墙壁

2. I潘T2F2I潘T2F2全景残墙砖堆

3. I潘T2F2北墙上的木门及门槛

I潘T2F2的北墙

1. I潘T2F2地下取暖设施（东向西）

2. I潘T2F2地下取暖设施（北向南）

I潘T2F2地下取暖设施

1. F2地下取暖设施工作坑位置

2. F2地下取暖设施工作坑

3. F2地下取暖设施炉口

I潘T2F2地下取暖设施工作坑、炉口

图版三六

1. 小青花碗

2. 青花碗

3. 棕床（北向南）

4. 棕床（东南向西北）

5. 漆盒

6. 带款识漆器

7. 象棋子

I潘T2F2出土遗物

1. I潘T3F3（南向北）

2. I潘T3F3木门槛-1

3. I潘T3F3木门槛-2

I潘T3F3

1. I潘T3全景及F4西北局部

2. I潘T3F4门槛、篾子

3. I潘T3F4柱础石

I潘T3F4

1. I潘T3F4出土木食盒

2. I潘T3F4出土朱漆盘

3. I潘T3F4北侧的排水道进水口

4. I潘T3F4北侧的石雕莲花盆盆景

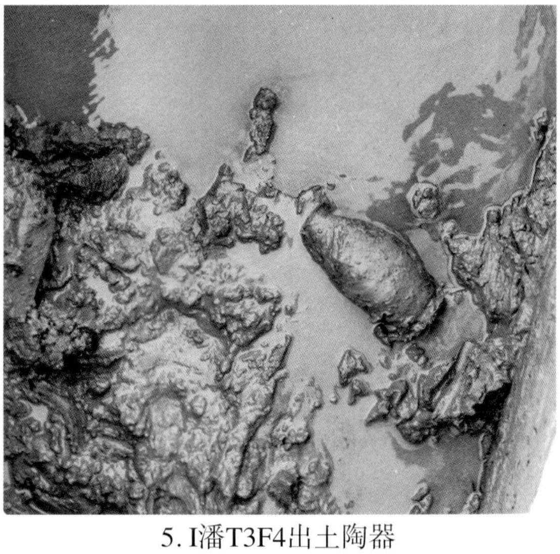

5. I潘T3F4出土陶器

I潘T3F4

1. I潘T4F5灶台

2. I潘T4F5灶台旁的木锅架

3. I潘T4F5出土瓷碗

I潘T4F5

1. I潘T7F6（东—西）

2. I潘T7F7（东—西）

3. I潘T7F6石雕莲花瓣花盆

4. I潘T7F7中的残炉灶和木门槛、木隔扇

I潘T7F6和T7F7

图版四二

1. F8全景（东—西）

2. F8全景（南—北）

I潘T16F8

I潘T1F9（东—西）

图版四四

F6、F7、F9位置关系（东—西）

1. 全景（西南—东北）

2. 西侧立面（西—东）

I潘T4HT2

I潘T6HT3刚清理出时的情形（西北—东南）

1. I潘T20C1全景（东—西）

2. I潘T20C1局部铺砖（东—西）

I潘T20C1

T3内发现的枯树残骸

1. I潘T46MZ3（南—北）

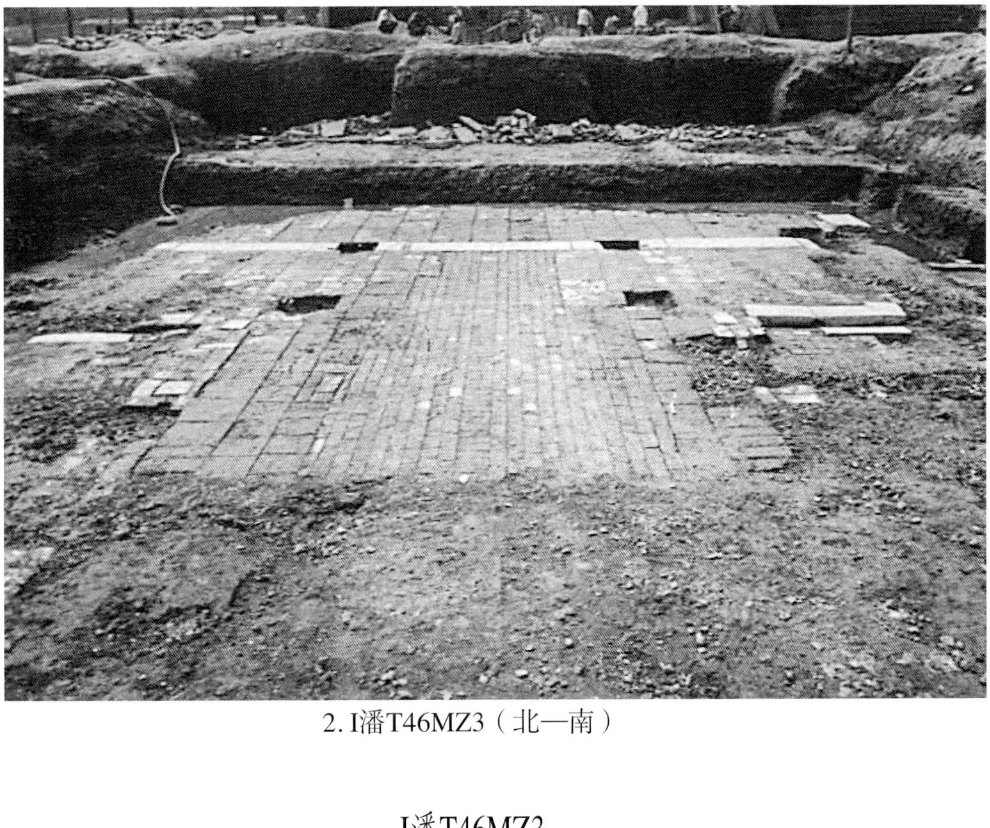

2. I潘T46MZ3（北—南）

I潘T46MZ3

1. I潘T46柱础坑与青石条

2. I潘T46条柱础坑与门枕石

I潘T46MZ3柱础坑